高职高专旅游与酒店管理专业系列教材

旅游心理与服务策略

（第3版）

薛英 主编　钱小梅 副主编

清华大学出版社
北京

内 容 简 介

本书以旅游企业岗位能力需求为线索进行编写，采用项目任务编写体例，全书共分为六大模块，分别是导论、旅游者心理与旅行社服务、旅游者心理与导游服务、旅游者心理与酒店服务、旅游者心理与其他服务、旅游工作者心理。总体来看，本书具体阐述了旅游者心理、旅游服务中的心理学问题及旅游工作者心理三方面内容。本书的项目内容设计侧重对学生岗位能力的培养与训练，以企业岗位真实项目任务为载体，进行职业技能的训练和考评。本书共设计十八项旅游企业岗位真实项目任务，涵盖旅游企业多种岗位技能的训练，实现了知识向技能的正向迁移，充分体现了"教、学、做"一体化的教学理念。

另外，本书紧密结合旅游企业工作实际，载入大量的真实案例并融入丰富的拓展学习资料，以增强读者对理论知识的理解和运用能力。

本书可作为高职高专院校旅游服务类专业的教材，也可作为应用型本科院校旅游服务类专业的教材，还可作为旅游行业从业人员的培训参考书。

本书提供配套学习资料，请读者扫描书中二维码获取；同时提供课件，请读者扫描封底二维码获取。

本书封面贴有清华大学出版社防伪标签，无标签者不得销售。
版权所有，侵权必究。举报：010-62782989，beiqinquan@tup.tsinghua.edu.cn。

图书在版编目（CIP）数据

旅游心理与服务策略 / 薛英主编. -- 3版. -- 北京：清华大学出版社, 2025.3. -- (高职高专旅游与酒店管理专业系列教材). -- ISBN 978-7-302-68493-0

Ⅰ．F590

中国国家版本馆CIP数据核字第2025MN1941号

责任编辑：施　猛　王　欢
封面设计：常雪影
版式设计：恒复文化
责任校对：马遥遥
责任印制：杨　艳

出版发行：清华大学出版社
　　　　　网　　址：https://www.tup.com.cn，https://www.wqxuetang.com
　　　　　地　　址：北京清华大学学研大厦A座　　邮　编：100084
　　　　　社 总 机：010-83470000　　　　　　　　邮　购：010-62786544
　　　　　投稿与读者服务：010-62776969，c-service@tup.tsinghua.edu.cn
　　　　　质 量 反 馈：010-62772015，zhiliang@tup.tsinghua.edu.cn
印　装　者：三河市人民印务有限公司
经　　销：全国新华书店
开　　本：185mm×260mm　　印　张：17.25　　字　数：399千字
版　　次：2014年1月第1版　　2025年3月第3版　　印　次：2025年3月第1次印刷
定　　价：59.00元

产品编号：104412-01

前　言

在全域旅游和文旅融合的新时代背景下，旅游业正逐渐从传统的观光旅游向体验式、个性化、情感化旅游转变。如今，旅游已不再是单纯的地标打卡活动，而是现代人表达情感、寻求心灵慰藉和释放压力的一种方式。这种转变不仅对旅游目的地的服务设施提出了更高的要求，同时也对旅游从业者的专业素质和综合能力提出了新的挑战。

党的二十大报告明确指出："我们要坚持教育优先发展、科技自立自强、人才引领驱动，加快建设教育强国、科技强国、人才强国，坚持为党育人、为国育才，全面提高人才自主培养质量，着力造就拔尖创新人才，聚天下英才而用之。"这一论述不仅凸显了人才在国家发展中的重要作用，同时也为旅游业的人才培养明确了方向。作为现代服务业关键分支的旅游业对专业人才的需求日益增长，唯有培育出既具备高素质又掌握高技能的旅游专业人才，方能促进旅游业的持续健康发展。

正是基于上述背景，在清华大学出版社的大力支持下，《旅游心理与服务策略》一书展开了第三次修订工作。本次修订更加注重实践性和可操作性，力求为旅游管理相关专业的学生和旅游从业者提供一本全面、系统、实用的教材和参考书籍。

本书第3版(2025年)更新内容如下所述。

一、全面贯彻党的教育方针，落实立德树人根本任务

教育的核心在于培养德行，本次修订紧贴立德树人根本任务，强调"德技并重"的职业教育新理念。我们不仅关注学生在知识和技能方面的进步，更注重对学生在思想道德、人文素养、创新能力等方面的培育，强调实践在育人过程中的重要性。例如，在项目目标中增设了素质目标。通过设计多样化的项目实训任务和引入创新的教学方法和手段，如案例分析、项目式教学、角色扮演等，让学生在参与中学习、在体验中成长，从而实现素质培养与知识、能力提升的全面融合。

二、岗位能力导向，重构教材体系

本次修订更新了内容体系，具体包括：第一，以岗位核心能力培养为主线，重新构建六大模块，从旅游者心理与旅行社服务、导游服务、酒店服务以及其他服务的关系切入，延伸至旅游工作者心理赋能，形成覆盖旅游服务全场景的能力矩阵。第二，增加了"模块一　导论"，奠定了旅游心理学的方法论基础。六大模块涵盖基础理论、服务场景应用与职业能力发展三大维度，体现知识体系的内在关联与实践导向特征。第三，重新整合并确定学习项目，采用"项目知识—案例(拓展阅读)—项目测验—项目实训"四步学习路径，融入文化自信、至诚服务等元素，强化职业核心能力培养。

三、融入数字化元素，满足自主学习需要

本次修订紧跟时代步伐，深度融入二维码技术，精心打造了一套独具特色的立体化教学资源体系。该体系涵盖"视频在线课程""任务成果范例""项目测验"以及"心理测试结果分析"等多元模块，以视频演示、图文并茂、题库测试、结果分析等多种形式呈现教学内容，实现了专业教学与职业能力培养的深度融合，有效解决了课程教学中"学与训""训与评"的难点问题，为学生课后自主学习提供了全方位、强有力的支持。

四、任务驱动+数字赋能，构建技能迁移新模式

通过十八项真实岗位项目实训任务(例如云南"奖励游"线路产品人员推介方案)驱动学习，结合数字资源中的视频解析(例如问卷设计中的常见错误)、任务范例实操模板(例如云南"奖励游"线路产品需求调查问卷)、心理测试工具和在线测验，推动学生将理论认知转化为实战技能。

本教材由大连职业技术学院旅游管理专业薛英担任主编，钱小梅担任副主编。具体编写分工如下：钱小梅编写模块一、模块二和模块六项目三；薛英编写模块三至模块六项目一、项目二；全书由薛英进行总纂和定稿；大连尊途国际旅游社有限公司导游员(中级)吴悠参与了教材模块三、模块四数字资源任务成果范例的撰写和视频在线课程的录制工作；沐航国际旅行社集团有限公司陈凯宏总经理依据行业前沿动态，更新了教材部分案例和拓展阅读内容。

在本书修订过程中，大连体育中心皇冠假日酒店人力资源总监马艺赫结合实践经验，在教材服务场景应用方面提供了专业指导，同时我们还广泛参考了众多国内外专家、学者的研究成果及相关文献，并得到了清华大学出版社编辑团队以及相关工作人员的具体指导和大力支持，在此一并致谢。

鉴于编者的知识和经验有限，书中可能存在疏忽和不足，恳请广大读者不吝指正，以便我们进一步修订和完善。反馈邮箱：shim@tup.tsinghua.edu.cn。

编　者

2024年8月

目 录

模块一 导论

项目一 心理学与旅游心理学 ………… 002
  项目目标 …………………………… 002
  项目知识 …………………………… 002
    一、认识心理学 ………………… 002
    二、认识旅游心理学 …………… 006
  项目测验 …………………………… 009
  项目实训 …………………………… 010

项目二 问卷调查法 …………………… 012
  项目目标 …………………………… 012
  项目知识 …………………………… 012
    一、问卷的基本结构 …………… 013
    二、问卷设计的原则 …………… 015
    三、问题形式的设计 …………… 017
    四、答案的设计 ………………… 019
    五、问卷设计中的常见错误 …… 020
  项目测验 …………………………… 022
  项目实训 …………………………… 022

模块二 旅游者心理与旅行社服务

项目一 旅游者的需要 ………………… 028
  项目目标 …………………………… 028
  项目知识 …………………………… 028
    一、认识需要 …………………… 028
    二、马斯洛需要层次理论 ……… 030
    三、旅游者外出旅游的内在原因 … 034
    四、旅游者的一般需要 ………… 036
    五、不同年龄旅游者需要分析 … 039
  项目测验 …………………………… 040

  项目实训 …………………………… 041

项目二 旅游动机 ……………………… 043
  项目目标 …………………………… 043
  项目知识 …………………………… 043
    一、认识旅游动机 ……………… 043
    二、旅游动机的分类 …………… 046
    三、旅游动机的激发 …………… 049
  项目测验 …………………………… 052
  项目实训 …………………………… 053

项目三 旅游购买决策 ………………… 055
  项目目标 …………………………… 055
  项目知识 …………………………… 055
    一、认识旅游购买决策 ………… 055
    二、影响旅游购买决策的因素 … 061
    三、旅游购买决策的风险知觉 … 063
    四、旅游者的态度与购买决策 … 068
  项目测验 …………………………… 070
  项目实训 …………………………… 071

模块三 旅游者心理与导游服务

项目一 旅游知觉 ……………………… 074
  项目目标 …………………………… 074
  项目知识 …………………………… 074
    一、感觉与知觉 ………………… 074
    二、感受性 ……………………… 075
    三、感觉的特性 ………………… 076
    四、旅游知觉及其特性 ………… 080
    五、错觉 ………………………… 083
    六、影响旅游知觉的因素 ……… 086

项目测验 ……………………………… 088
项目实训 ……………………………… 090

项目二　旅游人际知觉 …………… 092
项目目标 ……………………………… 092
项目知识 ……………………………… 092
　　一、认识人际知觉 ………………… 092
　　二、影响人际知觉的因素 ………… 094
项目测验 ……………………………… 101
项目实训 ……………………………… 101

项目三　旅游服务中的人际关系 …… 103
项目目标 ……………………………… 103
项目知识 ……………………………… 103
　　一、认识人际关系 ………………… 104
　　二、影响人际关系的因素 ………… 104
　　三、良好人际关系的建立 ………… 108
　　四、旅游服务中的客我关系 ……… 110
项目测验 ……………………………… 114
项目实训 ……………………………… 115

项目四　旅游者的气质与性格 ……… 119
项目目标 ……………………………… 119
项目知识 ……………………………… 119
　　一、旅游者的气质 ………………… 119
　　二、旅游者的性格 ………………… 126
　　三、气质与性格的区别与联系 …… 130
项目测验 ……………………………… 131
项目实训 ……………………………… 132

模块四　旅游者心理与酒店服务

项目一　前厅服务心理 ……………… 138
项目目标 ……………………………… 138
项目知识 ……………………………… 138
　　一、认识前厅服务 ………………… 138
　　二、前厅心理需求分析 …………… 139
　　三、前厅服务心理策略 …………… 141
项目测验 ……………………………… 146
项目实训 ……………………………… 147

项目二　客房服务心理 ……………… 149
项目目标 ……………………………… 149
项目知识 ……………………………… 149
　　一、客房心理需求分析 …………… 149
　　二、客房服务心理策略 …………… 153
项目测验 ……………………………… 159
项目实训 ……………………………… 159

项目三　餐厅服务心理 ……………… 161
项目目标 ……………………………… 161
项目知识 ……………………………… 161
　　一、餐厅心理需求分析 …………… 161
　　二、餐厅服务心理策略 …………… 165
项目测验 ……………………………… 176
项目实训 ……………………………… 177

模块五　旅游者心理与其他服务

项目一　旅游商品服务心理 ………… 180
项目目标 ……………………………… 180
项目知识 ……………………………… 180
　　一、旅游商品心理需求 …………… 181
　　二、旅游商品服务心理需求 ……… 182
　　三、旅游商品购买行为分析 ……… 183
　　四、旅游商品导购服务技巧 ……… 185
　　五、旅游商品的开发 ……………… 187
　　六、旅游商品的销售 ……………… 189
项目测验 ……………………………… 192
项目实训 ……………………………… 193

项目二　旅游交通服务心理 ………… 195
项目目标 ……………………………… 195
项目知识 ……………………………… 195
　　一、旅游条件知觉 ………………… 195
　　二、旅游交通服务心理需求 ……… 203
　　三、旅游交通服务心理策略 ……… 204
项目测验 ……………………………… 205
项目实训 ……………………………… 206

项目三　旅游投诉服务心理 ……… 208
项目目标 …………………… 208
项目知识 …………………… 208
　　一、引起旅游投诉的原因 ……… 208
　　二、旅游投诉心理分析 ………… 210
　　三、旅游投诉服务心理策略 …… 212
项目测验 …………………… 216
项目实训 …………………… 216

模块六　旅游工作者心理

项目一　良好记忆力的培养 ……… 220
项目目标 …………………… 220
项目知识 …………………… 220
　　一、认识记忆 …………………… 220
　　二、认识遗忘 …………………… 223
　　三、记忆力提升策略 …………… 227
项目测验 …………………… 231
项目实训 …………………… 232

项目二　情绪与情感调控 ………… 234
项目目标 …………………… 234
项目知识 …………………… 234
　　一、认识情绪和情感 …………… 234
　　二、情绪的要素 ………………… 237
　　三、情绪和情感的种类 ………… 240
　　四、情绪的调控 ………………… 242
项目测验 …………………… 248
项目实训 …………………… 249

项目三　心理健康的维护 ………… 253
项目目标 …………………… 253
项目知识 …………………… 253
　　一、认识心理健康 ……………… 253
　　二、心理健康的标准 …………… 254
　　三、维护心理健康的方法 ……… 255
　　四、挫折与压力应对 …………… 256
项目测验 …………………… 260
项目实训 …………………… 260

参考文献 …………………………… 266

数字资源目录

模块	数字资源	页码
模块一 导论	视频在线课程1-1　编写项目知识学习提纲	10
	视频在线课程1-2　问卷设计中的常见错误	20
	项目测验　项目一	9
	项目测验　项目二	22
	任务成果范例　"心理学与旅游心理学"项目学习提纲	10
	任务成果范例　调查问卷常见错误识别报告	25
	测试结果分析　测出你的幸福感	11
模块二 旅游者心理与 旅行社服务	视频在线课程2-1　旅游者的一般需要	37
	视频在线课程2-2　旅游动机产生的条件	45
	视频在线课程2-3　消除旅游产品购买风险的方法	66
	项目测验　项目一	40
	项目测验　项目二	52
	项目测验　项目三	70
	任务成果范例　云南"奖励游"线路产品需求调查问卷	42
	任务成果范例　"海岛游"动机激发方案	54
	任务成果范例　云南"奖励游"线路产品人员推介方案	72
模块三 旅游者心理与 导游服务	视频在线课程3-1　旅游知觉的特性	80
	视频在线课程3-2　晕轮效应对旅游服务的影响	97
	视频在线课程3-3　人际关系的功能	104
	视频在线课程3-4　认识气质	119
	项目测验　项目一	88
	项目测验　项目二	101
	项目测验　项目三	114
	项目测验　项目四	131
	任务成果范例　"浪漫大连三日游"导游心理服务策略	91
	任务成果范例　旅游人际知觉理论应用	102
	任务成果范例　客我人际交往策略集锦	116
	任务成果范例　气质识别与旅游接待策略	134
	测试结果分析　人际关系心理行为问卷	117
	测试结果分析　你是否有很重的疑心病？	118
	测试结果分析　陈会昌气质量表	136

(续表)

模块	数字资源	页码
模块四 旅游者心理与 酒店服务	视频在线课程4-1　前厅心理需求分析	139
	视频在线课程4-2　制定酒店客房接待服务策划案	159
	视频在线课程4-3　满足客人卫生需求的餐厅服务要点	172
	项目测验　项目一	146
	项目测验　项目二	159
	项目测验　项目三	176
	任务成果范例　酒店前厅接待服务策划案	148
	任务成果范例　酒店客房接待服务策划案	160
	任务成果范例　酒店餐厅接待服务策划案	178
模块五 旅游者心理与 其他服务	视频在线课程5-1　旅游商品心理需求	181
	视频在线课程5-2　旅行社交通服务策略	205
	视频在线课程5-3　旅游投诉心理分析	210
	项目测验　项目一	192
	项目测验　项目二	205
	项目测验　项目三	216
	任务成果范例　大连海产品导购技巧	194
	任务成果范例　旅游交通服务策略	207
	任务成果范例　旅游投诉接待服务小贴士	218
模块六 旅游工作者 心理	视频在线课程6-1　采用适当助记法提高记忆能力	229
	视频在线课程6-2　情绪调节的合理化作用法	246
	视频在线课程6-3　旅游工作者维护心理健康的方法	255
	项目测验　项目一	231
	项目测验　项目二	248
	项目测验　项目三	260
	任务成果范例　导游资格证备考助记法集锦	233
	任务成果范例　情绪管理实践报告	250
	任务成果范例　自我解脱故事分析报告	262
	测试结果分析　荒岛寻宝记忆力测试	233
	测试结果分析　情绪稳定性测试	252
	测试结果分析　心理健康自我测试	264
	测试结果分析　躯体化症状自评表	265

模块一

导论

模块背景

心理学和旅游心理学是相互关联的两个学科。旅游心理学是心理学在旅游领域的应用,主要研究旅游者在旅游活动中的心理活动和行为规律。考虑到部分学习者可能欠缺心理学基础知识,会影响其对旅游心理研究内容及研究方法的理解和运用,本模块在阐述心理学基础知识时引入旅游心理学,从知识体系上更利于学习者明确两者的关系,增强对旅游心理学的认知。

学以致用是职业教育的本质特征。为了提高旅游心理学的应用性和可操作性,本模块增设了旅游心理学在实践中应用较为普遍的一种研究方法——问卷调查法的相关内容。掌握问卷调查法,有助于学习者在进行旅游相关研究和决策时获得更客观、更科学的数据支持。

模块结构

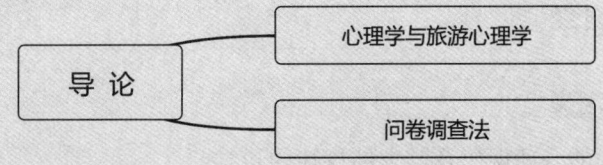

项目一 心理学与旅游心理学

项目目标

◇ **知识目标**
1. 掌握心理学及旅游心理学的定义。
2. 掌握心理现象包括的内容。
3. 掌握旅游心理学的研究对象。
4. 掌握旅游心理学的研究方法。

◇ **能力目标**
1. 理解心理过程与个性心理的相互关系。
2. 理解心理的实质。
3. 理解心理学研究方法的实践意义。
4. 理解学习旅游心理学的意义。

◇ **素质目标**
1. 形成辩证唯物主义的科学世界观。
2. 形成积极、乐观的人生态度。
3. 学以致用,提高文化素养。
4. 理解"顾客至上、宾至如归"的服务宗旨。

项目知识

一、认识心理学

(一) 心理学的定义

心理学是研究人的心理现象及其发展规律的科学。

(二) 心理现象

心理现象(简称心理)的形式是多种多样的,心理学通常把心理现象划分为心理过程和个性心理两大类。

1. 心理过程

心理过程是指心理现象的动态过程,通常包括认知过程、情感过程和意志过程3个方面。

(1) 认知过程。认知过程是人们获取知识、应用知识的心理活动过程，包括感觉、知觉、记忆、思维、想象等。认知过程的核心是思维，思维是人类心理发展高于动物的本质标志，恩格斯称它为"地球上最美丽的花朵"。

(2) 情感过程。情感过程是人们对客观事物是否符合自身需要的态度体验，包括喜、怒、哀、乐、爱、恶、惧等情感体验。

(3) 意志过程。意志过程是人们为了实现预定目标而自觉努力、克服困难，以达到预定目的的心理过程，包括动机斗争、决心、行动的调节等。

心理过程是一个统一的过程，认知过程、情感过程和意志过程之间既有区别又相互联系。认知过程是基本的心理过程，它是情感过程和意志过程的基础；情感过程是认知过程和意志过程的动力；意志过程对人的认知过程和情感过程具有调控作用。

2. 个性心理(简称个性)

人的心理现象的另一个方面是个性心理。个性心理包括个性心理特征和个性心理倾向，两者共同构成个体的独特性和差异性。古语道："人心不同，各如其面。"这里的"心"，就是指个性心理，这句话的意思是人的个性心理犹如人的相貌一样，千差万别，各不相同。

(1) 个性心理特征。个性心理特征是指个体身上经常表现出来的本质的、稳定的心理特点，它包括能力、气质和性格。这些特征是人们在不同情境下表现出来的独特行为和思维方式，具有相对稳定性和持久性。例如，有的人记忆力好，有的人有丰富的想象力，有的人善于分析，有的人长于总结……这都是能力方面的特征表现。有的人精力充沛，动作迅猛；有的人活泼好动，动作敏捷；有的人老练沉稳，喜怒不形于色……这些是气质方面的特征表现。

(2) 个性心理倾向。个性心理倾向是指个体在认知、情感、动机和价值观等方面的心理倾向，它决定了个体的态度、行为和选择。个性心理倾向包括需要、动机、兴趣、理想、信念和世界观等。这些倾向是人们在不同情境下选择不同行为和思考方式的基础，具有动态性和可塑性。例如，前往同一旅游目的地的不同旅游者，常表现出需求、出游动机、兴趣等方面的差异。

个性心理特征和个性心理倾向相互影响，共同构成个体的个性；同时两者相互依存，共同构成个体的独特性和差异性。

我们通常所说的心理现象就是指人的心理特征和心理倾向两个方面，这两个方面是密切联系、不可分割的。心理特征是心理倾向形成的基础，而心理倾向一旦形成会直接影响心理特征。例如，人只有在认识某种事物的过程中，才能表现出认知能力的高与低。反过来，已经形成的心理倾向对人的心理特征也有影响作用。例如，能力、性格都会直接影响人们认知事物的效率和深度。

(三) 心理的实质

1. 人的心理是脑的机能

现代科学表明，脑是心理的器官，心理是脑的机能。正如肺是呼吸的器官，呼吸是肺的机能一样。

在整个生物圈中，人类本可以说是很平凡的物种。人类的解剖特征和功能远不如大多数动物。例如，比起鹰的视觉、狗的嗅觉，人类只能自叹不如；人跑起来远不如梅花鹿迅速；比起猫的行走，人类显得很笨拙……但是，人类却成为地球上的"万物之灵"，这种优势的获得，得益于人脑。人脑由高级神经中枢和低级神经中枢构成。

大脑是高级神经中枢，位于脑的顶部，是脑的主要部分，占脑重的80%。大脑分为左右两个半球，两者通过由神经纤维构成的胼胝体相连。大脑表面覆盖着3~4毫米厚的灰质层，称为大脑半球皮质，简称皮层。皮层是控制整个机体活动的最高管理者和调节者，它由140亿个脑细胞按不同的密度、大小和类型互相交错分6层组成。皮层表面凹凸不平，有许多弯弯曲曲的沟裂，称为脑沟，其间凸出的部分称为脑回。灰质下面是白质，白质由脑细胞延伸出来的神经纤维组成。这些纤维上下左右纵横交错，相互联系，组成一个十分复杂的"有线通信网络"。大脑皮层以主要的沟或裂为界可分为4个部分，即额叶、顶叶、颞叶和枕叶。人的额叶得到充分发展，占大脑皮层表面积的29%(类人猿的额叶只占其大脑皮层表面积的16%，狗的额叶仅占其大脑皮层表面积的7%)。

低级神经中枢是指大脑以下的中枢神经各部位，包括脑干(中脑、脑桥、延脑)、间脑、小脑和脊髓。低级神经中枢除了有传递和过滤神经信息(又称神经冲动)的功能外，还对维持生命的基本活动起着重要的作用，如维持心跳、血压，发生吞咽、咳嗽、喷嚏反射，平衡和协调身体运动，调节植物性神经活动等。同时，低级神经中枢还具备接收感觉信息、调节情绪和维持机体觉醒状态的功能。低级神经中枢的活动受高级神经中枢的控制。

脑和脊髓构成中枢神经系统，中枢神经系统向全身各部位发出的大量神经纤维构成了外周神经系统。外周神经与感觉器官及肌肉、骨骼、内脏、腺体等联系，形成从中枢到外周又从外周到中枢的神经信息环路。神经信息在这个环路中以360公里/小时(即100米/秒)的速度迅速传递，一条信息在1/10秒内便可传遍全身。

拓展阅读

损伤大脑的生活习惯

①长期饱食；②长期熬夜；③长时间看电子产品；④不良饮食习惯(饥饿、饱食、饮食过甜、油炸食物摄入过多、饮食过咸)；⑤吸烟、饮酒；⑥蒙头大睡；⑦不爱动脑；⑧带病用脑；⑨过度忧思；⑩缺乏运动锻炼；⑪少言寡语；⑫长期处于嘈杂环境；⑬空气污染。

2. 人的心理是客观现实的反映

没有人脑就没有人的心理活动。那么，人脑能不能单独产生人的心理呢？如果没有人所生活的客观现实的作用，人脑是不可能凭空产生人的心理的。也就是说，人的心理是由大脑中的神经元活动所引发的，而这些活动又受到外部环境刺激的影响。

例如，如果一个人在成长过程中受到了良好的教育和关爱，他就可能会形成积极向上的心理状态，具有自信、乐观、坚韧等品质。相反，如果一个人在成长过程中受到了忽视、虐待或者不公正的待遇，他就可能会形成消极的心理状态，表现出自卑、抑郁、焦虑等情绪和行为。

印度"狼孩"事例也可以说明，人没有经历过社会生活是不能产生人的心理的。尽管"狼孩"是人的孩子，具有正常的人脑，也不可能产生人的心理。因此，人的心理现象，无论是简单的，还是复杂的；无论是寻常的，还是离奇的，其内容材料都来自客观现实。正是由于客观现实中复杂的事物作用于人脑，人才能产生认知、情感、意志等心理特征和心理倾向。所以说，客观现实是人的心理活动的内容和源泉。

拓展阅读

印度"狼孩"

1920年，在印度一个名叫米德纳波尔的小城，人们在狼窝里发现了两个女孩，大的约7岁，小的约2岁。人们把这两个女孩送到孤儿院，大的取名卡玛拉，小的取名阿玛拉。第二年，阿玛拉去世，而卡玛拉一直活到1929年。据记载，这两个女孩刚被发现时呈现"狼孩"特征，比如，两人均用四肢行走；白天躲藏起来，夜间潜行；怕火、光和水；不用手取食物，而是将食物放在地上用牙齿撕扯；每天午夜到凌晨3点，她们会像狼一样引颈长嚎。卡玛拉刚被发现时，只有6个月婴儿的智商，两年后学会直立，6年后才学会独立行走，4年内只学会了6个词，7年后才学会45个词并勉强会说几句话。卡玛拉于16岁左右去世，当时只有三四岁孩子的智商。

3. 人的心理具有主观能动性

人的一切心理现象，从简单的感觉、知觉到复杂的观念与意识，都是客观现实的各种特性、关系在人脑中的反映。人的心理从内容、源泉及其发生方式的角度来说是客观的，但就产生心理的人这一主体来说，任何心理都属于一定主体并产生于具体的人的脑中。每个人的知识经验、生活经历、世界观、需要、态度、个性特征以及当时的心理状态不同，其心理活动必然带上鲜明的个人色彩，在反映客观事物时表现出主观性。因而，不同的人对同一个事物的反映不同，甚至同一个人在不同时期、不同情境下对同一事物的反映也不同。例如诗人李白两次游君山，由于心境不同，所作诗词对君山的反映也完全不同。一句是"淡扫明湖开玉镜，丹青画出是君山"，另一句却是"划却君山好，平铺湘水流"，反映出李白截然不同的心理状态。所以说，人的心理是对客观现实的主观反映。

人对客观现实的反映，并不是机械的、刻板的、照镜子式的，更不是对客观现实的简单复制，而是通过人和客观现实的相互作用，对客观现实进行积极、能动的反映。人不仅可以反映客观现实的表面现象和外部联系，而且可以反映客观现实的本质和规律，从而有目的、有计划地改造客观现实。

因此，人的心理活动不仅具有客观性，而且具有主观性和能动性，是对客观现实的主观的、能动的反映。这种主观能动性是人类智慧和创造力的体现，也是人类文明和社会进步的重要推动力量。

(四) 心理学的相关学科

人类很早就对自身的心理现象发生兴趣，古代许多思想家发表过不少有关心理现象的见解。公元前4世纪，古希腊哲学家亚里士多德(公元前384—前322)就曾在他的名著《论灵魂》中，对人的心理现象进行系统论述。我国远在春秋战国时期，就有许多学者争论过有关人的心理的问题。例如孟子提出"性善论"，荀况提出"性恶论"等。但两千多年来，心理学一直只是哲学的一个部分，没有成为一门独立的心理学科。直到1879年德国心理学家威廉·冯特在德国莱比锡大学创立了世界上第一个心理实验室，采用科学的实验方法对人的心理现象进行研究。从此，心理学才开始从哲学中分离出来，成为一门独立的学科。

随着社会的进步和科学技术的日益发展，心理学研究领域以及应用范围越来越广泛，心理学在社会的各个领域发挥着越来越重要的作用。随着实践的需要，心理学产生许多面向社会实践、为社会各部门服务的分支学科，例如发展心理学、教育心理学、管理心理学、医学心理学、社会心理学、体育心理学等。

二、认识旅游心理学

(一) 旅游心理学的定义

旅游心理学是研究在旅游活动中，旅游者、旅游工作者心理和行为规律的科学。旅游心理学是将心理学的基本原理运用到旅游活动中而形成的一门新型的交叉学科。

(二) 旅游心理学的研究对象

1. 旅游者心理

旅游者是旅游活动的主体。旅游者心理与行为是指旅游者在系列心理活动支配下，为实现预定的旅游活动目标而做出的各种反应活动。这些反应活动包括旅游知觉、旅游动机、旅游态度、旅游活动中的情绪及情感、旅游者人格等。在旅游活动中的每一个环节，对于选择哪个地方作为旅游目的地、确定哪些旅游内容、采取何种旅游方式、逗留多长时间、选购何种旅游商品、花费多少等，旅游者都要做出相应的心理反应，进行分析、比较、选择、判断。旅游者心理是旅游者根据自身需要与偏好，选择和评价消费对象的心理活动，它支配着旅游者的旅游行为，并通过旅游行为加以外现。

2. 旅游工作者心理

旅游服务工作具有工作时间长、突发事件多、工作要求高等特点，因此旅游工作者应适应体力和脑力负荷量大、心理压力大、与旅游者处于互动关系中的工作要求。旅游工作者的心理素质、服务质量、工作效率、技术技巧直接关系到旅游服务产品质量、旅游者的心理感受等问题。因此，旅游心理学应研究旅游企业中从事具体服务工作的旅游工作者的心理活动特点、应具备的心理品质，以及怎样锻炼和培养良好的心理品质。

3. 旅游服务心理

旅游企业的服务宗旨是"顾客至上、宾至如归"。通过分析旅游企业服务过程中旅游者的心理因素，可以揭示并遵循旅游者的心理和行为规律，有助于旅游工作者采取积极的服务措施，从而不断改进和提高旅游服务质量。具体实施时，可在分析旅游者心理活动规律的基础上，总结在酒店服务、导游服务、商品服务和旅游交通服务等方面，迎合和满足旅游者的心理需求的旅游服务心理原理和策略，从而帮助旅游工作者有效地开展工作，争取最佳的服务效果。

(三) 旅游心理学的研究方法

由于心理现象的复杂性，旅游心理学的研究方法也是多种多样的，下面介绍常用的观察法、自然实验法、调查法和经验总结法。

1. 观察法

观察法是指在自然状态下中，研究者通过有目的、有计划地观察旅游者在旅游过程中的行为和情绪表现，以及他们对景点、饮食、住宿等方面的体验，从而获取直观的研究数据，分析其内在的原因，进而发现其心理活动规律的一种方法。随着现代科技的发展，研究者不再局限于通过自己的视听器官进行观察，还可以运用先进的技术和仪器设备辅助观察，例如视听器材(包括摄像机、监测器、照相机等)，以增强观察效果。观察法可获取第一手资料，是科学研究中较为常用、方便使用的研究方法。

2. 自然实验法

自然实验法是指在旅游接待过程中，结合经常性工作，适当控制某些服务条件，对旅游者的心理和行为进行测试和分析，以了解他们对旅游活动的认知、态度和行为的研究方法。例如，在导购服务中，导游通过改变导购讲解时机、导购讲解内容及方法，观察旅游者的情绪反应及行为变化，从而研究旅游者的心理需求。

3. 调查法

当需要研究的心理现象不能直接观察时，可通过收集有关资料(旅游者的心理状态、需求和感受等信息)，间接了解被试者的心理活动，这种方法叫调查法。调查法的途径和方法是多种多样的，较常用的是访谈法与问卷法两种。

(1) 访谈法。访谈法是运用谈话的方式来研究被试者心理的调查方法。在访谈前，研究者要根据研究目的和访谈对象的特点，拟定访谈提纲。一般访谈的话题应该是被试者能够并乐于回答的，而且能有助于研究者从中分析被试者的心理活动。应详细记录访谈过程或录音，便于日后进行资料分析、整理。

(2) 问卷法。问卷法是通过被试者填写、回答事先拟定的表格和问题等形式来研究其心理的一种方法。例如，送团服务中，导游向旅游者发放旅游服务质量评价表让其填写，然后归纳、分析、研究旅游者对旅游服务的满意度。

4. 经验总结法

经验总结法是指研究者从心理学的角度，有目的地整理旅游服务工作经验，从而抽取和提炼出旅游者心理规律的一种研究方法。例如，通过分析旅游企业优秀员工的事迹和经验总结材料，归纳出优秀员工的心理素质特点，将其作为培训员工的依据和方向。

旅游心理学研究需要根据研究目的和对象的不同，选择合适的方法综合运用，如此才能获得更准确的研究结果。在实际应用中，研究者可以根据具体情况灵活选择一种或多种方法，以达到最佳的研究效果。

> **拓展阅读**

投射法

投射法是一种心理学研究方法，用于揭示个体潜意识中的心理特征、动机、情感和冲突。它通过向被试者呈现模糊或无结构的刺激材料，引导被试者自由表达其内在的心理状态，从而间接了解其心理活动。利用投射法设计的测验称为投射测验，由瑞士心理学家罗夏于1921年编制的罗夏墨迹测验(Rorschach test)是最著名的投射测验之一。

(四) 学习旅游心理学的意义

学习旅游心理学具有多方面的重要意义，主要体现在以下几个方面。

1. 提升旅游服务质量

通过学习旅游心理学，旅游从业者可以深入了解旅游者的心理需求和行为模式，从而提供更加个性化、情感化的服务。例如，了解旅游者的动机、决策过程和偏好，可以帮助旅游企业设计出更符合旅游者需求的旅游产品。这种基于心理学的应用不仅能够提高旅游者的满意度，还能增强旅游企业的市场竞争力。

2. 提高旅游企业经营管理水平

旅游心理学的研究成果有助于提高旅游企业的管理水平。通过分析旅游者的心理规律，旅游企业可以更有效地开展旅游宣传和招徕活动，及时调整经营策略。此外，旅游心理学还能帮助旅游企业管理者了解员工的心理状态和个性差异，从而更好地调动员工的积极性，提高团队协作效率。

3. 促进旅游资源的合理开发

旅游资源的开发和利用需要充分考虑旅游者的兴趣、爱好、知觉特点和审美习惯。通过应用旅游心理学的知识，可以科学合理地开发旅游资源，提升旅游目的地的吸引力。例如，旅游设施的设计和建设需要以旅游者的心理需求为出发点，以确保其科学性和实用性。

4. 培养旅游人才的专业素养

学习旅游心理学有助于旅游管理专业学生提升专业素养。通过系统学习旅游心理学的基本理论和方法，学生可以更好地理解旅游者的心理和行为，掌握旅游服务和管理的技巧，为未来的职业发展打下坚实的基础。这种教育模式不仅能提升学生的实践能力，还能为旅游业培养更多具备心理学知识的专业人才。

5. 推动心理学在实践中的应用

旅游心理学为心理学的一个分支，其研究成果不仅在旅游业中具有重要的应用价值，还可以为其他服务行业提供借鉴和参考。例如，旅游心理学中的服务心理研究可以为酒店、餐饮、交通等服务行业提供有益的指导，帮助这些行业提升服务质量，优化客户体验。

6. 提升旅游者的体验和满意度

了解旅游者的心理需求和行为模式，有助于旅游从业者在面对突发情况时(如天气恶劣、航班延误等)采取有效的沟通策略和解决方案，减轻旅游者的负面情绪，提高其整体体验。此外，通过提供符合旅游者心理需求的服务，可以提高旅游者的满意度和忠诚度。

总之，学习旅游心理学对于提升旅游服务质量、提高旅游企业经营管理水平、促进旅游资源的合理开发、培养旅游人才的专业素养、推动心理学在实践中的应用以及提升旅游者的体验和满意度等方面都具有重要意义。

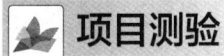 

一、单选题

1. "人心不同，各如其面"，这句话中的"心"指的是(　　)。
   A. 个性心理　　　B. 心理过程　　　C. 个性倾向性　　　D. 认识过程
2. 印度"狼孩"的案例反映了(　　)。
   A. 人的心理是脑的机能　　　B. 人的心理具有主观能动性
   C. 人的心理是客观现实的反映　　　D. 脑是心理的器官
3. 诗人李白两次游君山，留下了描写君山景色迥然不同的诗句，体现了(　　)。
   A. 心理是脑的机能　　　B. 心理是客观世界的反映
   C. 个性心理　　　D. 心理具有主观能动性
4. (　　)年，德国心理学家威廉·冯特在莱比锡大学创建了世界上第一所心理学实验室。
   A. 1897　　　B. 1789　　　C. 1879　　　D. 1798
5. (　　)是科学研究中较为常用、方便使用的研究方法。
   A. 调查法　　　B. 测量法　　　C. 经验总结法　　　D. 观察法

二、多选题

1. 心理过程包括(　　)。
   A. 情感过程　　　B. 个性心理　　　C. 意志过程　　　D. 认识过程
2. 大脑皮层以主要的沟或裂为界，分为(　　)。
   A. 额叶　　　B. 顶叶　　　C. 枕叶　　　D. 颞叶
3. 中枢神经系统由(　　)和(　　)构成。
   A. 脑神经　　　B. 脑　　　C. 脊神经　　　D. 脊髓
4. 旅游心理学的研究方法有(　　)。
   A. 调查法　　　B. 测量法　　　C. 经验总结法　　　D. 观察法
5. 旅游心理学的研究对象是(　　)。
   A. 旅游者心理　　　B. 导游心理
   C. 旅游工作者心理　　　D. 旅游服务心理

项目实训 | 编写"心理学与旅游心理学"项目学习提纲

视频在线
课程1-1

编写项目知识
学习提纲

◇ **任务导入**

通过编写"心理学与旅游心理学"项目学习提纲这一任务，加强知识间的联系，培养学生构建知识框架体系的能力；同时，帮助学生掌握知识学习的方法，提高自主学习能力和逻辑思维能力等综合素养。

◇ **任务要求**

一、编写一份"心理学与旅游心理学"项目学习提纲

二、"心理学与旅游心理学"项目学习提纲内容要求

1. 运用WPS思维导图工具来构建学习提纲。
2. 确保项目知识体系的表述思路清晰明确。
3. 展示项目知识之间的相互联系。
4. 根据知识点设计思维导图的层级结构。

三、项目任务成果提交形式

提交"心理学与旅游心理学"项目学习提纲Word文档。

四、"心理学与旅游心理学"项目学习提纲文档排版要求

1. 版面设计美观，纸张横向，格式规范。
2. 标题：小二号字，宋体，加粗，居中。
3. 思维导图字号分别为22px、12px。
4. 纸型：A4纸，单面打印。
5. 页边距：上2.5cm，下2cm，左2.5cm，右2cm。

◇ **任务实施**

一、教学组织

1. 教师向学生阐述项目任务及要求。
2. 由4~5名学生组成学习团队，以团队形式完成项目任务。
3. 学习团队查阅教材、教师授课资料、办公软件应用资料等，完成任务要求。
4. 教师解答学生的相关咨询，监督、指导、检查、评价项目任务的实施。
5. 提交项目任务成果，教师进行成果评定和提升性总结。

二、知识运用

1. 心理学与旅游心理学。
2. WPS办公软件应用。

◇ **任务成果范例**(参见二维码)

心理测试

测出你的幸福感

你误闯一家黑店,老板端出4杯饮品,告诉你只有1杯没毒,剩下3杯是有毒的,你直觉哪一杯饮品没毒?

A. 刚刚挤出来的鲜牛奶

B. 浓浓的美式咖啡

C. 热腾腾的珍珠奶茶

D. 一杯纯净的白开水

测试结果分析(详见二维码)

项目二 问卷调查法

项目目标

◇ **知识目标**

1. 掌握问卷的基本结构和设计原则。
2. 掌握问卷问题形式和答案设计要求。
3. 认识问卷设计中的常见错误。

◇ **能力目标**

1. 能够识别问卷设计中的常见错误。
2. 能够独立设计一份内容全面的调查问卷。
3. 能够熟练使用办公软件制作Word文档。
4. 能够独立分析并正确解决问题。

◇ **素质目标**

1. 培养创新思维和团队合作意识。
2. 树立游客至上、以人为本的服务理念。
3. 培养科学、严谨、求实的职业素养。

项目知识

问卷调查法也称"书面调查法"或"填表法",是用书面形式间接收集研究材料的一种调查手段,是通过向被调查者发出简明扼要的征询单(表),请被调查者填写对有关问题的意见和建议来间接获得材料和信息的一种方法。根据调查所需资料和条件的不同,问卷调查可以分为人工操作调查(由调查者提出问题并记录答案)、计算机操作调查(计算机技术在整个调查中发挥重要作用)和自我管理调查(由被调查者阅读问卷并直接将答案写在问卷上)3种基本的调查法。在实际调查时,研究人员还可以采用拦截访问、办公室访问、传统意义上的电话访问、集中电话访问、计算机辅助电话访问、全计算机化访问、留置问卷调查、邮寄调查等调查方式来获得第一手资料。

问卷调查法的主要优点:标准化程度高、收效快;能在短时间内调查很多研究对象,获得大量资料;便于对资料进行数量化处理,经济省时。

问卷调查法的主要缺点:被调查者由于各种原因(如自我防卫、理解和记忆错误等)可能对问题做出虚假或错误的回答;在许多场合无法验证被调查者的回答是否正确。因此,为了确保做好问卷设计并能对调查结果做出合理的解释，调查者应具备丰富的心理学知识和敏锐的洞察力。

一、问卷的基本结构

通常情况下，一份完整的问卷包括标题、前言、指导语、个人基本资料、问题与选择答案、结束语等。

(一) 标题

标题是调查内容的高度概括，它既要与调查研究内容一致，又要注意对被调查者的影响。

(二) 前言

前言是问卷的开头，有人称之为封面信，一般包括以下内容。

(1) 调查的内容、目的与意义。

(2) 关于匿名的保证，以消除被调查者的顾虑。

(3) 对被调查者回答问题的要求。

(4) 调查者的个人身份或组织名称。

(5) 如是邮寄的问卷，写明最迟寄回问卷的时间。

(6) 对被调查者的合作与支持表示感谢。

范例

尊敬的朋友：

您好！为了给您"十一"假期出游提供更好的服务，我们特进行此次调查，旨在了解您在"十一"期间的出行需求。您的回答对我们至关重要，调查数据将作为旅游线路产品设计的依据。

本问卷不用填写姓名，答案也没有对错之分，请您根据自己的情况如实填写，我们将对调查内容严格保密。

衷心地感谢您对我们工作的支持！

大连××旅行社

2024年3月

(三) 指导语

指导语是用来指导被调查者填写问卷的一组说明或注意事项，如有需要，还可以附有样例。指导语要简明易懂、一目了然，方便调查者快速明白如何填写问卷。如果问卷的题型比较单一，这部分内容可以与前言部分合并在一起。

指导语主要有以下几种类型。

1. 答案作记号的说明

一般用圆括号"(　)"或方框"□"来限定答案前或后的空间，并要求被调查者在他要选择的答案前或后的圆括号或方框内作记号。

例如：

请在你所选答案前的( )内打"√"。

您孩子的性别：( )男　　　　( )女

请在你所选答案前的 □ 内打"√"。

您计划出游的天数：□1天到2天　□3天到4天　□5天到6天　□6天以上

2. 答案数目的说明

如果问卷的题型有多种，一般在填写须知中说明；如果问卷的题型不多，可以直接在问题的后面注明答案数目，例如"选择一项""有几项选几项""可以多选"等。

3. 答案要求的说明

在问卷中，如需选择"其他"一项作为答案，一般要求用简短的文字说明实际情况。

例如：

填写须知：如果遇文字提示"可以多选"，则可选择多于一个的选项，只要是您认为合适的都要选上；如果您选择"其他"这一选项，请务必在后面的横线上或空格内写明相关内容。

4. 调查者适用范围的说明

问卷中有的问题可能只针对某一类被调查者，当这类问题出现时，可说明由特定的被调查者填写，其他被调查者则跳过这些问题。

(四) 个人基本资料

问卷要求填写的个人基本资料项目，一般都是在研究中考虑到的变量。例如，要比较男生和女生的兴趣差异，性别就是一个变量；要了解父亲和母亲的文化程度对子女的学业成就是否有影响，父亲和母亲的文化程度就是一个变量。研究中不涉及的项目，不必在个人基本资料中出现，以保持问卷的简洁。

个人基本资料涉及被调查者的个人基本信息，是基本的自变量，也是开展研究的基础，只有了解这些基本的事实问题，研究工作才能顺利进行，分析问题才能有说服力。尽管这部分问题是事实问题，很容易填答，但是涉及被调查者的弱项或隐私的问题，如年龄问题、经济收入问题等，会让被调查者产生抗拒或戒备心理，可能会出现拒答问卷的情况。因此，应在指导语中强调问卷填写采用匿名形式，同时让被调查者了解本问卷对研究的意义。也有一些研究者认为，可以把这部分问题放到最后，以便减少拒答的样本人数。

例如：

1. 您的性别：(1) 男　 (2) 女
2. 您的年龄：(1) 18周岁以下　 (2) 18～35周岁　 (3) 36～55周岁　 (4) 55周岁以上
3. 您的学历(含在读)：(1) 高中或中专　 (2) 大专　 (3) 本科　 (4) 硕士　 (5) 博士
4. 您的家庭月收入：(1) 7000元以下　 (2) 7000～12 000元　 (3) 12 001～15 000元
(4) 15 000元以上

(五) 问题与选择答案

问题和选择答案是问卷的主体部分。问题是问卷的核心内容，应简洁明了，适应被调查者的理解程度，符合研究的目的和要求。至于用开放式答案还是封闭式答案，则应根据实际情况而定。如采用封闭式答案，应按标准化测验的要求设计题目和答案，答案要准确，符合实际，便于被调查者选择。

(六) 结束语

结束语一般采用以下表述方式。

(1) 对被调查者的合作再次表示感谢，并提醒被调查者复核，以免漏填。这样做的目的在于表现调查者的礼貌，同时督促被调查者填写完整及消除有差错的答案。

例如：

问卷到此结束，请您再从头到尾检查一次是否有漏答与错答的问题。最后，衷心地感谢您对我们本次调查的热情支持！

(2) 提出一个或几个与本次调查研究相关的重要问题，通常采用开放式答案，放在问卷的结尾。

例如，在"教师出游线路产品需求"调查问卷的结尾处，可安排如下开放式问题。

您认为当前旅行社提供的旅游服务主要存在哪些不足？_____

您对本次出游的全陪导游员有哪些要求？_____

二、问卷设计的原则

目前，问卷调查是调查行业中广泛采用的调查方式，它严格遵循概率与统计原理，具有较强的科学性，同时也便于操作。采用问卷调查法时，除了样本选择、调查员素质、统计手段等因素会对调查结果产生影响外，问卷设计水平的高低也会影响调查的成功与否。科学合理地设计问卷是顺利开展问卷调查的前提条件，问卷设计应遵循以下原则。

(一) 合理性

合理性指的是问卷内容必须体现调查主题。违背了这一点，再精美的问卷都是无益的。所谓的"问卷内容必须体现调查主题"，实质是在问卷设计之初要找出与调查主题相关的要素。例如"调查某化妆品的用户消费感受"，这里并没有现成的选择要素的法则。但从问题出发，特别是结合一定的行业经验与商业知识，要素是能够确定的：一是使用者，可认定为购买者，具体包括她(他)的基本情况，即自然状况，如性别、年龄、皮肤性质等；使用化妆品的情况，即是否使用过该化妆品、使用周期、使用化妆品的日常习惯等。二是购买力和购买欲，具体包括她(他)的收入水平、受教育程度、职业等；化妆品消费特点，体现在品牌、包装、价位、产品外观等方面；使用该化妆品的效果。这里需注意的是，评价问题应具有一定的多样性，但要限制在某个范围内，如价格、使用效果、心理满足等。三是产品本身，具体包括对包装与商标的评价、广告等促销手段的影响力、与市场上同类产品的横向比较等。应该说，具备这几个要素对于调查的顺利进行是有直接帮助的，同时便于被调查者了解调查员的意图，从而予以配合。

(二) 一般性

一般性即问题的设置是否具有普遍意义。这是问卷设计的基本要求之一，但我们仍然能够在很多问卷中发现违背一般性原则的设计错误。这类错误不仅不利于调查成果的整理分析，而且会导致调查委托方轻视调查者的水平。

例如：

问题：您通常选择哪一种广告媒体？

答案：a. 网络　b. 电视　c. 报纸/杂志　d. 广播　e. 户外　f. 其他

如果统计指标划分得过于细致(或根本没必要)，就会导致"特殊性"错误，这将导致被调查者对某些问题的回答实际上对调查是无用的。例如，将上例答案换为以下选项，就会产生特殊性错误。

a. 报纸　b. 车票　c. 电视　d. 幕墙广告　e. 气球　f. 大巴士　g. 广告衫　h. ……

在遵循一般性问卷设计原则时，需要注意的是，不能出现问题内容上的错误。

例如：

问题：您拥有哪一种信用卡？

答案：a. 长城卡　b. 牡丹卡　c. 龙卡　d. 维萨卡　e. 金穗卡

其中"d"项的设置是错误的，应该避免。

(三) 逻辑性

问卷设计要有整体感，这种整体感是指问题与问题之间要具有逻辑性，独立的问题本身也不能出现逻辑上的谬误。有效规避问卷在逻辑上的谬误，可以使问卷成为一个相对完善的小系统。

例如：

1. 您每日通常读几份报纸？

a. 不读报　　　b. 1份　　　c. 2份　　　d. 3份以上

2. 您通常用多长时间读报？

a. 10分钟以内　　b. 半小时左右　　c. 1小时　　d. 1小时以上

3. 您经常读的是下面哪类(或几类)报纸？

a. 《×市晚报》　　b. 《×省日报》　　c. 《人民日报》　　d. 《参考消息》

e. 《中央广播电视报》　　f. 《足球报》　　g. 其他

以上几个问题设置紧密相关，因而能够获得比较完整的信息，被调查者也会感到问题集中、提问有章法；相反，假如问题是发散的，被调查者就会感到问卷很随意，不够严谨，那么，将市场调查结果作为经营决策的一个科学依据的企业就会对调查失去信心。

逻辑性的要求是与问卷的条理性、程序性分不开的。在一张综合性问卷中，调查者可将问题差异较大的问卷分块设置，从而保证每个"分块"的问题都密切相关。

(四) 明确性

所谓明确性，事实上是指问题设置的规范性，具体是指命题是否准确、提问是否清晰明确且便于回答、被调查者能否对问题作出明确的回答等。

如前文示例中的"10分钟以内""半小时左右""1小时"的设计就是十分明确的。统计结果会告诉调查者，用时极短(浏览)的概率为多少，用时一般(粗阅)的概率为多少，用时较长(详阅)的概率为多少。反之，若答案设置为"10～60分钟"或"1小时以内"等，则不仅不明确，难以说明问题，还会令被调查者感到很难作答。

此外，问卷中常会安排是非式命题。

例如：

问题：您的婚姻状况如何？

答案：1. 已婚　　2. 未婚

显而易见，此题还有其他答案(离婚、丧偶、分居)。如按照以上方式设置问题，则不可避免地会使某些被调查者因找不到符合自身情况的选项而无法作答，导致问卷有效信息的流失，其症结即在于问卷设计违背了"明确性"的原则。

(五) 非诱导性

不专业的记者经常会在采访中使用诱导性的问题。采用这种提问方式，通常是缺乏职业素质的表现。问卷调查有充分的时间做准备，通常可以避免这种错误。非诱导性原则之所以成为必要原则，是由于高度竞争的市场对调查业的发展提出了更高的要求。

非诱导性原则指的是问题要设置在中性位置，不参与提示或主观臆断，完全将被调查者的独立性与客观性摆在问卷操作的限制条件的位置上。

例如：

问题：您认为这种化妆品对您的吸引力在哪里？

答案：a. 色泽　b. 气味　c. 使用效果　d. 包装　e. 价格　f. ……

这种设置是客观的，若换一种答案设置：

a. 迷人的色泽　b. 芳香的气味　c. 满意的效果　d. 精美的包装……

这种设置就具有诱导性，在不经意间掩盖了事物的真实一面。

(六) 便于整理、分析

成功的问卷设计除了要遵循上述原则，还要考虑到调查结果是否容易得出和调查结果是否具有说服力，以便在调查结束后开展问卷的整理与分析工作。

首先，要求调查指标是能够累计和便于累计的；其次，要保证指标的累计与相对数的计算是有意义的；最后，能够通过数据清楚明了地说明所要调查的问题。满足这些要求，问卷调查才能取得预期的效果。

三、问题形式的设计

根据形式的不同，可将问题分为开放式问题与封闭式问题两种。

(一) 开放式问题

开放式问题无须列出答案，形式很简单。在设计时，只需要提出问题，然后在问题下方留出一块空白以供被调查者书写答案即可。

(二) 封闭式问题

封闭式问题包括问题及答案两部分，主要有以下几种形式。

1. 选择式

选择式问题要求被调查者从列举的多个答案中挑选最适合个人实际情况的答案，有的要求选择多于一个答案，此种情况需在题后注明。

例如：

你喜欢看哪类书籍？____(最多可选择3个选项)

a. 科普读物　b. 侦探小说　c. 世界名著　d. 科幻小说　e. 人物传记　f. 童话故事　g. 其他

2. 是否式

是否式问题的答案只有"是"和"不是"(或其他肯定形式和否定形式)两种，被调查者根据自己的情况选择其一。

例如：

你是否喜欢上网？

a. 喜欢　b. 不喜欢

3. 等级式

等级式问题要求被调查者在两个以上分出等级的答案中进行选择。对于外在事物进行评价的等级式问题，称为外在等级式问题；对于主观感受与心理体验进行描述的等级式问题，称为内在等级式问题。

(1) 外在等级式问题。

例如：

您所在的学校的绿化如何？

——很好

——一般

——很差

(2) 内在等级式问题。

例如：

您对目前的工作报酬是否满意？

——十分满意

——比较满意

——一般

——不太满意

——很不满意

四、答案的设计

(一) 答案应具有穷尽性和互斥性

(1) 穷尽性。穷尽性是指答案包括所有可能的情况。

例如：

您的性别是什么？(请选一项打"√")

① 男　　② 女

对于任何一个被调查者来说，问题的答案中总有一个符合其自身的情况。

(2) 互斥性。互斥性是指不同答案之间不能相互重叠或相互包含，即对于每个被调查者来说，最多只能有一个答案适合他的情况。如果一个被调查者可同时选择针对某一问题的两个或更多的答案，那么这一问题的答案就不是互斥的。

例如：

您外出旅行通常选择哪种类型的酒店？(请在合适的答案号码上打"√")

① 经济型酒店　② 三星级酒店　③ 四星级酒店　④ 高端豪华酒店

在所列的答案中，经济型酒店和三星级酒店可能不互斥、有重叠。例如，部分三星级酒店可能被同时归类为经济型酒店。

(二) 根据研究需要确定变量的测量层次

不同的变量具有不同的测量层次，高层次的变量可转化为低层次的变量来使用。设计问卷时，应先确定所测变量属于什么层次，然后根据这一层次的特征来决定答案的形式。例如，如果我们要测量"人们每月的工资收入"这一变量，就应首先明确它属于最高层次的变量，然后根据研究的具体要求来决定采用哪种形式的答案。

(1) 如果研究需要准确地了解每一个被调查者的具体收入，那么就可以采用填空形式。

例如：

您每月的工资收入是多少？＿＿＿＿

(2) 如果研究想了解样本总体中人们的工资收入在不同等级的分布情况，那么，就可以把月工资收入转化成定序变量来测量。

例如：

您每月的工资收入落在下列哪个范围中？(请选一项)

① 5000元以下　② 5000～8000元　③ 8001～10 000元　④ 10 000元以上

(3) 如果研究只需要了解某一个群体的月工资收入水平低于全国平均水平(假设为8000元)的比例，那么，就可以把月工资收入转化成定类变量来测量。

例如：

您的月工资收入属于下列哪一类？(请选一项)

① 高于8000元　　② 低于或等于8000元

(三) 注意编制问题的语言及提问方式

书面语言是编制问题的基本材料，要确保问题含义清楚、简明易懂，就必须高度重视书面语言的运用。除了语言外，提问方式对调查也有一定影响。因此，在编制问题时，应遵循以下规则。

(1) 问题所用语言要尽量简单。无论是设计问题还是设计答案，所用语言的第一标准应该是简单。要尽可能使用简单明了、通俗易懂的语言，而不要使用一些复杂的、抽象的概念以及专业术语。

(2) 问题的陈述要尽可能简短。问题的陈述越长，就越容易产生含糊不清的问题，被调查者的理解就可能越不一致；而问题越短小，产生含糊不清的问题的可能性就越小。

(3) 问题要避免带有双重含义。双重含义指的是一个问题同时询问两件事情，或者一句话同时问了两个问题。

(4) 问题不能带有倾向性。提问方式和所用语言不能引导被调查者作答，即不能对被调查者产生诱导性，应采用中立的提问方式，使用中性的语言，避免使被调查者感到调查者是想得到某种特定的回答，或是在鼓励他、期待他作出某种回答。

(5) 不要用否定形式提问。在日常生活中，除了某些特殊情况外，人们往往习惯于肯定陈述的提问，而不习惯于否定陈述的提问。

(6) 不要问被调查者不知道的问题。也就是说，应该确保所提问题是被调查者能够回答的。

(7) 不要直接询问敏感问题。直接提问某些涉及个人隐私或对领导看法的问题时，被调查者往往会产生一种本能的自我防卫心理，从而导致较高的拒答率。对于这类问题，最好采取间接询问的形式，并且语言要委婉。

五、问卷设计中的常见错误

在问卷设计中，常见的错误有如下几种。

视频在线
课程1-2

问卷设计中的
常见错误

(一) 概念抽象

例如：
请问您外出旅游会选择下列哪种类型的旅游产品？
① 全包价旅游产品　　② 半包价旅游产品　　③ 小包价旅游产品
④ 零包价旅游产品　　⑤ 其他

答案中所列的旅游产品类型均为旅行社专业术语，普通大众可能并不了解全包价、半包价、小包价、零包价旅游产品的具体含义，因此很难作答。

(二) 问题含糊

例如：
您觉得您所在的单位近几年来情况怎样？
① 几乎没有变化　　② 变化不大　　③ 变化较大　　④ 变化很大

这一问题没有明确说明询问的是单位的什么情况，是多方面情况，还是某一方面或某些方面的情况。

(三) 问题带有倾向性

例如：

你反对旅行社安排旅游者到指定购物店购物吗？

① 是的　　② 不是的

这种提问方式明显带有肯定的倾向性，容易诱导被调查者做出特定的选择。因此，诸如支持、反对、赞成、认同等带有强烈态度倾向的词汇，不应出现在问题中。

(四) 问题有双重含义

例如：

你觉得你的知识水平和实践经验能否满足工作的需要？

① 能满足　　② 不能满足　　③ 不知道

这个问题实际询问了两件事，即"你的知识水平能否满足工作需要"和"你的实践经验能否满足工作需要"。因此，那些认为自己在其中某一方面能满足工作需要，而在另一方面不能满足工作需要的人，就无法回答这一问题。

(五) 问题提法不妥

例如：

您现在的文化程度相当于哪个等级？

① 小学毕业　　② 初中毕业　　③ 高中毕业　　④ 大专毕业以上

人们可以根据自己实际达成的教育水平来填写自己的文化程度，但很难评估自己的文化程度相当于哪个等级。即使人们尝试这样做，不同人的评价标准也会存在差异。因此，这种提问方式并不妥当，直接询问"您的最高学历是什么"会更为恰当。

(六) 问题与答案不协调

例如：

您最喜欢的旅游产品是什么？

① 旅游纪念品　　② 旅游食品　　③ 文化艺术类商品　　④ 其他

旅游产品一般是指旅行社提供的包含交通、住宿、餐饮、导游服务以及景点门票等在内的团体旅游服务。然而，本题给出的答案却是旅游商品的分类，这与题目要求不一致。

(七) 答案设计不合理

例如：

您的职业是什么？

① 工人　② 农民　③ 商业人员　④ 售货员　⑤ 司机

在上题列出的答案中，有的是彼此包含的。例如，工人类别包含司机，商业人员类别包含售货员。同时，上题提供的答案并未覆盖所有职业类型，答案设计既不互斥，也未穷尽。

拓展阅读

问卷的信度和效度

信度即可靠性，是指采用同一方法对同一对象进行调查时，问卷调查结果的稳定性和一致性。如果多次测量结果相似，说明信度较高。

效度即有效性，是指测量工具或手段能否准确测量出所需测量的事物的程度。它反映了问卷是否真正测到了目标内容。

只有信度和效度都高的问卷，才能确保调查结果的科学性和可靠性。

项目测验

一、判断题

1. 结束语的内容是对被调查者的合作再次表示感谢。（ ）
2. 问题答案要具有穷尽性和互补性。（ ）
3. "你反对吸烟吗"，这种提问容易诱导回答者作答。（ ）
4. 开放式问题包括问题及问题下留出的以供被调查者书写答案的一块空白。（ ）
5. 涉及个人基本信息的问题容易让人产生抗拒或戒备心理，在问卷设计中此项内容可以省略。（ ）

二、多选题

1. 通常情况下，一份完整的问卷包括(　　)。
   A. 结束语　　　B. 前言　　　C. 问题　　　D. 指导语
   E. 选择答案　　F. 标题
2. 问题从形式上分为(　　)。
   A. 开放式　　　B. 选择式　　C. 封闭式　　D. 是否式
3. 问卷设计的原则包括(　　)。
   A. 一般性　　　B. 非诱导性　C. 合理性　　D. 互斥性
4. 指导语的类型包括(　　)。
   A. 答案作记号的说明　　　　B. 答案数目的说明
   C. 答案设计的说明　　　　　D. 答案要求的说明
5. 封闭式问题包括(　　)和(　　)两部分。
   A. 问题　　　　　　　　　　B. 问题下留出的一块空白
   C. 选项　　　　　　　　　　D. 答案

项目实训 | 调查问卷常见错误识别训练

◇ 任务导入

问卷调查法是旅游心理学领域常用的研究方法，运用问卷调查法可以在短时间内收集数据。相较于其他研究方法，如访谈法或观察法，问卷调查法被广泛用于定量研究中。为了使学生能够掌握问卷调查法的基本理论，并能够正确运用问卷调查法开展旅游心理学研究，本书特设计调查问卷常见错误识别训练。

"五一"假期旅游线路产品需求调查问卷

尊敬的各位受访者：

您好！

为了给广大市民在假期出游期间提供优质的旅游线路产品，特组织此次问卷调查。问卷旨在了解您在即将到来的"五一"假期的出游需求，您的回答对我们至关重要，调查数据将作为我社"五一"假期旅游线路产品设计的依据。本问卷答案没有对错之分，请您根据自己的"五一"假期出游需求如实填写。

衷心感谢您对我们工作的支持！

海之韵国际旅行社有限公司

请您在所选答案前的字母下划√。如果您选择"其他"，请在后面的横线上写出您的答案。

1. 您是否打算外出旅游？
   A. 是　　　　　B. 否
2. 您出游的目的是什么？
   A. 审美　　　　B. 养生　　　　C. 怀旧
   D. 商务　　　　E. 购物　　　　F. 其他_____
3. 您打算同谁一起出游？
   A. 家人　　　　B. 同事　　　　C. 朋友　　　　D. 其他
4. 本次出游，您计划花费几天时间？
   A. 1~2天　　　B. 3~4天　　　C. 4~5天　　　D. 5天以上
5. 本次出游，您喜欢哪种出游方式？
   A. 随团　　　　B. 自助游　　　C. 自驾游　　　D. 其他_____
6. 本次出游，您将选择哪种交通工具前往旅游地？
   A. 飞机　　　　B. 旅游大巴　　C. 高铁
   D. 轮船　　　　E. 其他_____
7. 本次出游，您会选择的线路产品价格为多少？
   A. 1000元以下　B. 1001~2000元　C. 2001~3000元
   D. 3001~4000元　E. 4000元以上
8. 您认为本次出游去几座城市比较理想？
   A. 1座　　　　B. 2座　　　　C. 3座
   D. 4座　　　　E. 5座以上
9. 本次出游，您希望旅行社安排特色风味餐吗？
   A. 希望　　　　B. 不希望
10. 本次出游您将选择哪些省份？
    A. 浙江省　　　B. 云南省　　　C. 四川省　　　D. 甘肃省

11. 本次出游，您最关注什么？
    A. 车票预订难　　　　　　　B. 预订不到酒店
    C. 景区门票价格上涨　　　　D. 景区游客数量增多
    E. 天气情况
12. 您能接受的住宿费用是多少？
    A. 少于150元/天　B. 150～250元/天　C. 300～400元/天
    D. 400～500元/天　E. 500元/天以上
13. 您希望酒店的位置在哪里？
    A. 商业中心区　　B. 近商业区　　C. 僻静居住区　　D. 无所谓
14. 本次出游，您希望旅行社安排购物活动吗？
    A. 希望　　　　　B. 不希望
15. 您选择旅行社的主要依据是什么？
    A. 旅行社级别　　　B. 旅行社办公地点
    C. 旅行社信誉　　　D. 旅行社规模大小
16. 本次出游，您希望旅行社每天安排的自由活动时长是多少？
    A. 1小时以内　　B. 1～2小时　　C. 2～3小时　　D. 3小时以上
17. 您将选择下列哪种旅游线路产品？
    A. 全包价旅游　　B. 半包价旅游　　C. 小包价旅游　　D. 零包价旅游
18. 您将选择下列哪种旅游线路产品？
    A. 豪华型　　　　B. 标准型　　　　C. 经济型
19. 您对"五一"假期出游线路产品还有哪些需求？_____
问卷到此结束，海之韵国际旅行社全体员工感谢您的配合！

◇ 任务要求

一、阅读上述问卷，完成"调查问卷常见错误识别报告"

二、调查问卷常见错误识别报告内容要求

1. 指出"五一"假期旅游线路产品需求调查问卷各部分内容正确与否。
2. 写出"五一"假期旅游线路产品需求调查问卷中每种错误的类型。

三、项目任务成果提交形式

提交"调查问卷常见错误识别报告"Word文档。

四、"调查问卷常见错误识别报告"文档排版要求

1. 版面设计美观，格式规范。
2. 标题：小二号字，宋体，加粗，居中，与正文内容之间空一行。
3. 一级标题：小四号字，宋体，加粗，首行缩进2字符。
4. 正文：宋体，小四号字，首行缩进2字符。
5. 纸型：A4纸，单面打印。
6. 页边距：上2.5cm，下2cm，左2.5cm，右2cm。
7. 行距：1.5倍行距。

◇ **任务实施**

一、教学组织

1. 教师向学生阐述项目任务及要求。
2. 由4～5名学生组成一个学习团队，以团队形式完成项目任务。
3. 学习团队通过查阅教材、教师授课资料等，完成任务要求。
4. 教师解答学生的相关咨询，监督、指导、检查、评价项目任务的实施。
5. 提交项目任务成果，教师进行成果评定并进行提升性总结。

二、知识运用

1. 问卷调查法。
2. 旅游线路产品设计。

◇ **任务成果范例**(参见二维码)

模块二

旅游者心理与旅行社服务

模块背景

随着旅游消费升级,旅游者的消费需求日新月异,旅游者逐渐放弃那种"上车睡觉,停车撒尿,下车拍照"的枯燥旅行。随着收入的增加,中高收入群体更加关注旅游的体验和品质,追求个性化、专属化、"一对一"式的高品质旅游服务。例如,豪华邮轮之旅、直升飞机旅游、海岛蜜月、摄影之旅、时尚之旅、环保之旅、酒庄品酒之旅等。近年来,在年轻人群体中,一种新的旅游方式——"情绪旅游"悄然兴起,成为旅游市场发展的新趋势。

旅游企业从业者必须与时俱进,深入研究当下旅游者多元化的旅游需求和出游动机,在满足目标市场旅游需求的前提下进行线路产品设计及营销,这是旅游企业赢得市场竞争的关键。

模块结构

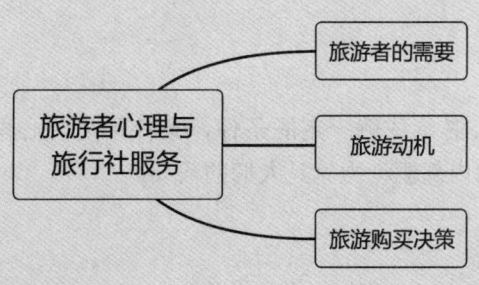

项目一　旅游者的需要

项目目标

◇ **知识目标**
1. 理解需要的概念、特点及种类。
2. 理解并掌握马斯洛需要层次理论。
3. 理解旅游者外出旅游的内在原因。
4. 掌握旅游者外出旅游的一般心理需求。
5. 掌握不同年龄旅游者的心理需求。

◇ **能力目标**
1. 能够分析目标群体外出旅游的主要心理需求。
2. 能够运用需要层次理论分析具体的旅游消费行为。
3. 能够使用问卷星(免费问卷调查平台)进行旅游心理需求调查。

◇ **素质目标**
1. 自觉践行社会主义核心价值观,增强社会责任感。
2. 培养勇于探索、积极创新的精神。
3. 树立游客至上、以人为本的旅游服务理念。

项目知识

一、认识需要

(一) 需要的概念

人们要生存和发展,必须依赖一定的条件,条件不足时心理上就会出现不平衡的状态,力求消除这一状态的内部驱动力就是人们的需要。

(二) 需要的特点

1. 对象性

需要总是指向一定的对象。例如,我们需要看书,书就是对象;我们需要听音乐,音乐就是对象;我们需要旅游,旅游产品及服务就是对象。没有对象的需要是不存在的。

2. 紧张感和驱动性

需要是人的一切积极性的源泉。人的饮食、工作、交友、旅游等活动，都是由需要来推动的。当某种需要产生之后，便会形成一种紧张感、不适感或烦躁感，直到需要满足了，这种感觉才会消失。人为了消除生理或心理上的紧张，就会采取有效措施以重新获得生理和心理的平衡，这就体现了需要的驱动性。例如，当一个人觉得饥饿难耐时，当然就不能再集中精力工作或学习，而是急不可待地四处寻找食物。当他找到食物并且吃下去之后，需要得到满足，他又可以专心工作或学习了。人们常言"饥不择食，寒不择衣"，就体现了需要带来的紧张感和满足需要的急迫性。

3. 起伏性和周期性

人一旦产生某种需要，就会推动行为的进行，只要满足了这种需要，这种需要对人的驱动作用就会减弱，人转而注意并试图满足其他需要，这就是需要的起伏性。但是需要被满足了一次，以后还有可能出现。需要不会因得到满足而终止，一般具有周期性。例如，一个饥饿的人吃了一个面包之后，他对食物的需要就会减弱，可能会转向对饮水的需要，或者是对休闲娱乐的需要。但是，过了几个小时之后，进食的需要又产生了。

4. 多样性和差异性

人需要的对象具有多样性，有生理的需要、安全的需要、社交的需要、尊重的需要、自我实现的需要等，满足需要的对象包括物质产品和精神产品。人类社会创造琳琅满目的产品都是为了满足自己的需要。人的需要由于受到职业、年龄、文化、道德、个性等因素的影响表现出差异性。对于不同的人而言，能满足自己需要的对象是不同的。例如，同样是为了满足进食的需要，有人会吃米饭，有人会吃水饺，有人会吃汉堡。

5. 社会性和发展性

人和动物都有需要，但人满足需要的对象和方式与动物有很大的不同。一些高层次的需要，如尊重的需要、自我实现的需要是动物所没有的。人具体需要什么，如何满足自己的需要，受社会经济发展水平、个人社会地位、生活经验等因素的影响。例如，古人对于实现空间转移的需要表现为对马车、船等交通工具的需要，而现代人满足这个需要则表现为对汽车、飞机、火车或轮船的需要；工薪阶层坐飞机时一般会选择经济舱，而富裕阶层则会选择头等舱，这是需要的社会性。

人的需要永远没有止境，表现出发展性。低层次的需要得到满足后又会产生高层次的需要，一种需要满足之后又会出现新的需要。由此促使人们为了满足需要而不断地创造物质和精神财富，从而推动社会的进步；反过来，社会的进步又会进一步推动需要的发展。

(三) 需要的类型

人类的各种需要并不是孤立的，而是相互联系并且重叠交叉的。人类的需要是一个整体结构，各种分类仅具有相对的意义。按照需要的起源划分，人的需要可分为自然需要和社会需要；按照需要的对象划分，人的需要可分为物质需要和精神需要。

1. 自然需要和社会需要

人既是自然人又是社会人，这决定了人的发展需要从两个方面进行，既要满足自然人的生命机体的生存需要，也要满足社会人的社会需要。

自然需要也叫生物学需要或生理(生存)需要，它源于生命现象本身，是维持生命和延续后代的必要条件。例如，人对食物和睡眠、防寒和避暑等方面的需要。这些需要对维持有机体的生命、延续后代有重要的意义。

社会需要是人类在社会生活中形成，为维护社会的存在和发展而产生的需要。例如，交往的需要、成就的需要、求知的需要等。社会性需要是在自然需要的基础上，在社会实践和教育的影响下发展起来的，它是社会存在和发展的必要条件。

社会需要是人类特有的。它受社会生活条件制约，具有社会历史性。不同历史时期、不同阶级、不同民族和不同风俗习惯的人们，社会需要也会有所不同。当人的社会需要得不到满足时，虽然不会威胁机体的生存，但会使人产生不舒服的感觉或不愉快的情绪。

2. 物质需要和精神需要

物质需要指的是满足人们需要的对象是一定的物质或物质产品，人们因占有这些物品而获得满足。这些物质或物质产品包括满足人们衣、食、住、行需要的生活物资；满足人们劳动、学习、科研等需要的工具、书籍、仪器等。在物质需要中，既包括自然需要，又包括社会需要。

精神需要是对精神生活和精神产品的需要，它是人类所特有的需要。例如，人对知识和知识产品、对审美和艺术、对交往和道德等方面的需要。

值得注意的是，人们的物质需要和精神需要不是完全分开的，两者关系密切。精神需要以物质需要为基础，对物质的追求中也包含一定的精神追求，体现为人们在追求美好的物质产品时，同样表现出对某种精神的需要。例如，人们不仅需要衣物防寒保暖，还需要衣物款式新颖漂亮。同样精神需要也离不开物质需要。例如，人们想要满足阅读的需要不能没有报纸、杂志、书籍等物质条件。

二、马斯洛需要层次理论

人的需要是多种多样的，在这个课题的研究领域里，著名心理学家亚伯拉罕·马斯洛提出的需要层次理论是国外心理学家试图用来解释需要规律的主要理论。

拓展阅读

亚伯拉罕·马斯洛(Abraham H. Maslow，1908—1970)，美国著名社会心理学家，人本主义心理学创始人。他提出了融合精神分析心理学和行为主义心理学的人本主义心理学，并在此基础上融合了美学思想。他的主要成就包括提出了人本主义心理学和马斯洛需求层次理论。他的代表作品有《动机和人格》《存在心理学探索》《人性能达到的境界》等。

(一) 需要层次理论的主要内容

1943年，马斯洛在他发表的论文《人类动机理论》中首次提出需要层次理论，把人的需要归纳为五大类，并按照需要发生的先后次序和强度，将其由低到高分为五个层次：第一个需要层次是生理的需要；第二个需要层次是安全的需要；第三个需要层次是社交的需要；第四个需要层次是尊重的需要；第五个需要层次是自我实现的需要，如图2-1所示。

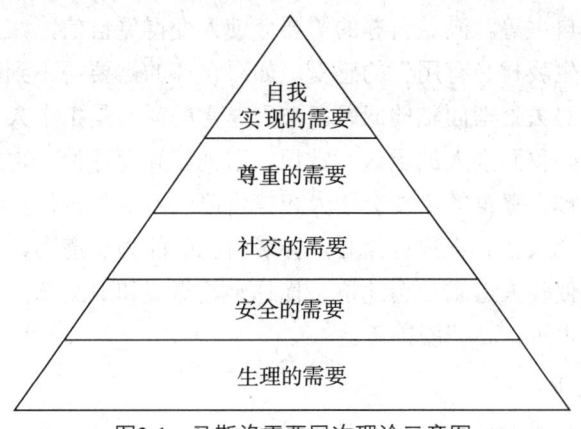

图2-1　马斯洛需要层次理论示意图

1. 生理的需要

生理的需要是指维持生存及延续种族的需要，包括人类对食物、水、氧气、性、排泄和睡眠的需要，这是人类维持生命和延续种族的基本需要。如果这些需要不能被满足，人类就无法生存，其他需要更无从谈起。例如，一个缺少食物、爱和自尊的人会首先需要获取食物，只要获取食物的需要还未得到满足，他就会无视或隐藏其他需要。马斯洛说："如果一个人极度饥饿，那么，除了食物之外，他对其他东西毫无兴趣。他梦见的是食物，记忆的是食物，想的也是食物。"生理需要是人的所有需要中最基本、最强烈、最明显的，这是其他需要产生的基础。与生理需要相对应的产品有食品、药品等。

2. 安全的需要

安全的需要是指人希望受到保护和免遭威胁从而获得安全感的需要，包括职业稳定、有一定的积蓄、社会安定和国际和平等。典型的安全需要有以下几种：一是生命安全。每个人都希望自己的生命不受到内外环境的威胁，希望在一个安全的环境中成长和发展。二是财产安全。每个人都希望自己的财产不被他人侵占，一旦遭到侵占就会寻求保护。三是职业安全。职业稳定会带给自身安全感，不固定的职业往往使人焦虑不安。与安全需要相对应的产品有各类保险、逃生装置、保险箱、汽车安全带、烟火报警器等。

3. 社交的需要

社交的需要即归属与爱的需要，它是指每个人都有被他人或群体接纳、爱护、关注、鼓励和支持的需要。这种需要是人类社会交往需要的表现，人是社会性动物，因而都具有团体归属感。处于这一需要层次的人，希望能拥有幸福美满的家庭，渴望得到一定社会团体的认同、接受，并与同事建立和谐的人际关系。如果这一需要得不到满足，个体就会产生强烈的孤独感、异化感、疏离感，产生极其痛苦的体验。这里的"爱"不等同于两性的爱情，还包括亲人、朋友间的爱。人类对爱的需要既包括给别人爱，也包括接受别人的爱。与社交需要相对应的产品有礼品、饰品、服装等。

4. 尊重的需要

尊重的需要主要包括自尊和被人尊重(他尊)两方面。其中，自尊是指个人渴求力量、成就、自强、自信和自主等。满足自尊的需要会使人变得更自信，在生活中变得更有能力和创造力，产生"天生我材必有用"的感受。如果自尊的需要得不到满足，人就会产生自卑感，没有足够的信心去处理面临的问题。被人尊重的需要是指个人希望别人尊重自己，希望自己的工作、才能得到别人的承认、赏识、重视和高度评价，也就是希望获得威信、实力、地位等。满足被人尊重的需要会使人相信自己的潜能与价值，从而进一步产生自我实现的需要；否则，个人就会丧失自信心，怀疑自己的能力和潜力，也无法产生更高层次的需要。尊重的需要促使人追求社会地位、优越感、声望和成就感，与这一需要相对应的产品有名车、豪宅、古董、高档服饰等。

5. 自我实现的需要

自我实现的需要是马斯洛需要层次理论中的最高层次需要，是指个体追求自我完善和充分发挥潜能的需要，即成为自己想成为的人，完成与自身能力相称的一切活动。与这一需要相对应的产品有教育、运动、探险、美食等。自我实现的需要具有复杂性和多样性，每个人的自我实现需要和满足自我实现需要的方式不尽相同。有人在体育领域崭露头角，有人在艺术领域获得成功，还有人在厨艺方面技艺超群。此外，自我实现的需要具有阶段性，可分为阶段性目标的自我实现和终极目标的自我实现。大部分人可以满足阶段性目标的自我实现，例如，升入自己理想的大学，竞赛摘得桂冠；运动员在奥运会上夺得金牌；第一次下厨得到家人的认可等。终极目标的自我实现是个人穷极一生所追求的目标的实现。例如，"世界杂交水稻之父"袁隆平、中国首位诺贝尔生理学或医学奖获得者屠呦呦、全国优秀教师张桂梅等，他们都是终极目标的自我实现需要的满足者。

(二) 需要层次之间的关系

1. 各层次需要出现的顺序为由低到高

马斯洛认为，5个层次的需要像阶梯一样由低到高依次出现。只有较低层次的需要得到基本满足之后，才会向高一层次的需要发展。也就是说，只有生理的需要得到基本满足之后，才会产生安全的需要；只有安全的需要得到基本满足之后，才会产生社交的需要。以此类推，一直到自我实现的需要产生和被满足。这与中国古代的"仓廪实而知礼节，衣食足而知荣辱"讲的是一个道理。当然，在具体的旅游消费活动中也有例外。例如，在探险旅游中，旅游者可能在安全的需要充分满足前就产生了高层次的需要。不过，这是较特殊的情况。

2. 各层次需要的发展是相互交叠的，而不是封闭的

值得注意的是，高层次需要的产生不是突然的、跳跃的现象，而是一种缓慢的、逐渐从无到有的过程。例如，当某人仅满足了一小部分生理的需要时，安全的需要还没有产生；当生理的需要得到较大程度的满足时，安全的需要就会出现；当生理的需要得到相当程度的满足时，安全的需要可能进一步增长；等等。由此可见，需要的发展是相互交叠的，而不是封闭的，如图2-2所示。

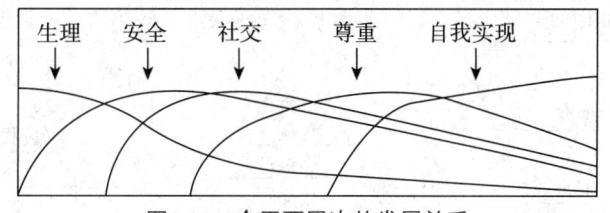

图2-2 5个需要层次的发展关系

3. 需要层次越高,这一需要得到满足的人口占世界人口比例越小

马斯洛认为,并不是每个人的5种需要都能得到满足。在需要层次金字塔中,越向下的需要得到满足的人口比例越大,越向上的需要得到满足的人口比例越小。马斯洛认为,真正达到自我实现的人在全世界人口中只占很小一部分,绝大部分人都停留在中间的某一层次。这也是他要用一个金字塔图形来描述5个层次需要及其关系的原因所在。

4. 5个需要层次可以概括为两种水平

马斯洛认为,生理的需要和安全的需要属于低级需要,社交的需要、尊重的需要、自我实现的需要属于高级需要。

低级需要是人在生活中因身体或心理上的某种缺失而产生的需要。例如,因饥渴而求饮食,因恐惧而求安全。马斯洛认为,低级需要直接关系人的生存,当低级需要得不到满足时,将直接危及人的生命。例如,得不到食物,人会饿死;处于战争环境中,人随时可能失去生命等。此外,低级需要有一个共同特征,那就是一旦需要获得满足,其需要强度就会降低,因为人在某一特定时间内所需要的目的物是有限的。例如,无论人饿到什么程度,吃了足够的食物之后,他的饥饿感很快就会消除。

高级需要则不同,它虽然以低级需要为基础,但同时它对低级需要有引导作用。高级需要不是维持人生存所绝对必需的,但满足这种需要会促进人的健康成长。居于顶层的自我实现的需要,对下面各层次需要都具有潜在的影响力。与低级需要不同的是,高级需要不但不随着人的满足而减弱,反而因人获得满足而增强,在高级需要的引导下,人追求的目的物是无限的。

5. 不同的人想要实现各层次需要的强烈程度不一样

(1) 同一时期,人可能同时存在多种需要,因为人的行为往往是受多种需要支配的,每一个时期总有一种需要占支配地位。

(2) 满足较高层次需要的途径多于满足较低层次需要的途径。

(3) 满足需要时不一定先从最低层次开始,有时可以从中层或高层开始,有时人为了满足高层次的需要会牺牲低层次的需要。

(4) 任何一种需要并不会因为满足而消失,高层次需要发展时,低层次需要仍然存在。在许多情景中,各层次需要相互依存与重叠。

不同的人想要实现各层次需要的强烈程度如图2-3所示。

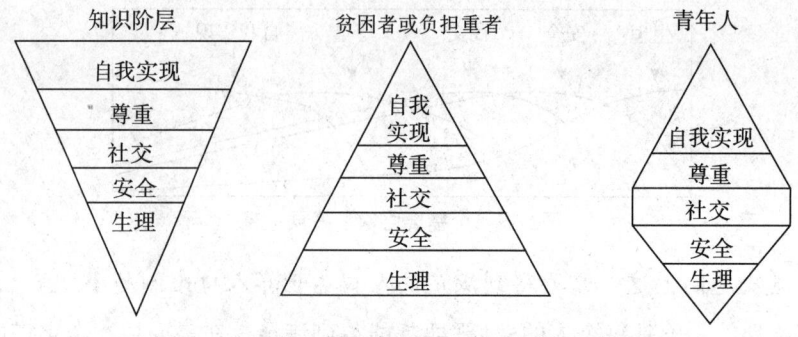

图2-3 不同的人想要实现各层次需要的强烈程度

拓展阅读

需要七层次理论

马斯洛在《动机与人格》一书中探讨了"认知"与"审美"两种需要。他认为，这两种需要与经典的五层次需要既相互重叠又有所区别，因此未将其纳入原有体系。部分学者主张将这两种需要置于尊重的需要与自我实现的需要之间，形成需要七层次理论。下面简要介绍这两种需要。

(1) 认知的需要是人类的基本驱动力，表现为对事物的好奇心、求知欲和探索欲望。马斯洛认为，这种需要与安全的需要相关，因为学习和探究的最终目的是获得生存与安全的方法。认知不仅能带来快乐，也是实现自我价值的重要途径，尤其体现在儿童的天性中，儿童可以通过探索获得极大的满足。

(2) 审美的需要体现了人类对美的本能追求，包括对对称性、秩序性、闭合性等形式美的欣赏，以及对结构与规律性的需要。这种需要超越了实用性，反映了人类对和谐与意义的深层向往。

三、旅游者外出旅游的内在原因

(一) 单一性需要和复杂性需要的统一

旅游者在旅游过程中所表现的不同特点，是心理学中单一性需要和复杂性需要的典型反映。在旅游过程中，旅游者满足了心理的单一性需要还是复杂性需要？探究这个问题，有助于深刻理解人们外出旅游的基本原因。

1. 单一性需要理论

单一性需要也称为一致性需要，是指人们在期望进行的活动中或做某一件事情的过程中，不希望出现意料之外的事情，即人们期望在其生活领域中保持平衡、和谐，不发生冲突并能预知未来。按照这一理论，在旅游情境中，个体表现出尽量寻找提供标准化旅游设施和服务的旅游地的倾向。人们认为，那些众所周知的名胜古迹、高速公路、酒店、商店能为旅游者提供一致性服务，会给旅游过程带来和谐和舒适感，旅游者能避免因为离家外出而遇到意想不到的麻烦。单一性需要理论可以解释在旅游情境中出现的许多现象，特别是从众行为。

2. 复杂性需要理论

复杂性需要也称为多样性需要，是指人们对新奇、出乎意料、变化和不可预见的事物的向往和追求。人们单纯依靠单一性需要是无法很好地享受生活和理解生活的，也不能获得生活上的满足和乐趣，因此，人们会产生对多样性生活的需求。

与其他形式的消遣和娱乐活动相比较，旅游能给人们不变的生活带来新奇和刺激，使人们解除由于生活单调而引起的心理紧张。如果旅游者认为日常生活比较平淡，那么他们就会希望在旅游环境里追求较剧烈的、多变的活动。

根据复杂性理论，旅游者愿意去从未去过的地方，接触从未接触过的人和事，做一些从未做过的事情。他们极力追求旅游活动和旅游环境的新、奇、异，希望能够暂时远离习惯的生活，从而满足他们寻求并体验另一种变化的需要。

3. 单一性需要和复杂性需要的平衡

单一性需要和复杂性需要都可以用来解释在旅游情境中出现的许多现象。虽然这两种需要看起来相互矛盾，但如果把两者结合起来，可以帮助我们进一步理解人们旅游的基本原因。

适应性良好的人们在日常生活中需要单一性需要和复杂性需要两者的结合。单一性需要通常由常规的家庭生活和工作来满足。大多数人在家里可能愿意过有相当程度的单一性和可预见性的生活，而工作环境中的单一性或者复杂性的程度存在很大的差别。例如，一个装配线上的工人可能会感到他的工作环境太单一，而高一级的公司行政管理人员则在相当不可预见的、多样的和复杂的环境中工作。

人们在家庭生活和工作中所面临的单一性、可预见性以及不变性，必须用一定程度的复杂性、不可预见性和变化性加以平衡，几乎没有人能够在一个具有百分之百可预见性的世界中正常地生活。在某些时候，一个人会对在家里和工作中所接触的有条不紊的常规性和单一性事物感到厌倦，一旦厌倦到一定程度，就需要新奇和变化来抵消由厌倦造成的心理紧张。显然，旅游为寻求摆脱厌倦的人们提供了一种较为理想的途径，为人们提供了变换环境、改变生活节奏、使生活丰富多彩的机会。相反，如果一个人长期生活在复杂的环境中，他就会需要一定程度的单一性来平衡。例如，有些人在旅游度假期间寻求的只是休息和放松，因此，对这些人来说，只在湖滨或海边晒晒太阳、看看风景或听听音乐就足够了。

人人都需要在"单一"和"复杂"之间找到一个"平衡点"，偏离这个"平衡点"就会产生两种不同的心理紧张：一种是由厌倦而引起的心理紧张，另一种是由恐慌而引起的心理紧张。生活过于单一会使人产生由厌倦而引起的心理紧张；当生活变得过于复杂的时候，又会使人产生由恐慌而引起的心理紧张。单一性、复杂性和心理紧张程度的关系如图2-4所示。

人们在旅游情境中产生这两种心理紧张的可能性都是存在的。一般来说，大多数人们会觉得日常生活中熟悉的东西太多、新奇的东西太少，因此希望在旅游中多接触一些新奇的东西，来消除日常生活中的厌倦心理。如果旅游中的所见所闻平淡无奇，让人觉得厌倦，那旅游者必然会感到扫兴、失望。但是如果旅游环境过于新奇，旅游者要参加的活动又过于复杂，他们就会产生一种近似恐慌的心理紧张，使本应该是"花钱买享受"的旅游变成"花钱买罪受"。

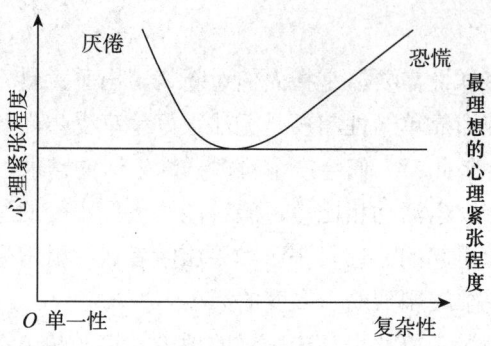

图2-4　单一性、复杂性和心理紧张程度的关系

旅游者常常要通过熟悉与新奇、简单与复杂的"搭配"来保持旅游中的心理平衡。例如，许多旅游者在进入一个陌生的"大环境"时，会希望自己的身边有一个由熟人组成的"小环境"，尤其是只身一人来到在地理和文化方面都与自己居住的地方有很大差距的异国他乡时，难免感到恐慌；如果有几个熟人结伴而行，心里就踏实多了。有经验的导游都知道，不仅自己想与游客保持融洽的关系，游客一般也想与导游保持融洽的关系。因为游客都知道，在一个"人生地不熟""两眼一抹黑"的地方，与朝夕相处的导游发生矛盾，可能会影响旅游的顺利进行。

美国夏威夷大学旅游学院院长朱卓任教授在天津讲学时曾提出："中国要发展(海外)旅游，要搞长期旅游，就必须提供西餐。"他主张："在旅游者旅行期间，每两顿饭中应安排一顿西餐，三餐中至少要有一餐是西餐，早餐一定要是西餐。"朱卓任教授认为，这是非常重要的，因为当一个人出去旅游的时候，周围的一切都是陌生的，他不了解当地的文化传统、生活习惯，于是他就想寻找一些对他来说比较熟悉的东西，而食品就是其中之一。这种把熟悉的东西与新奇的环境相搭配的做法，能使旅游者产生相应的安全感，从而在旅游中保持心理平衡。

(二) 好奇心

人为什么要旅游？其中一个深层原因是想要满足自己的好奇心。好奇心是人类和其他高等动物在面对新奇、陌生、怪诞或复杂的刺激时所产生的趋近、探索和实践，以求明白、理解和掌握的心理倾向。

人类有一种基本的心理性内在驱力——好奇心，这种内在驱力并不以生理需要为基础，也不是经过学习获得的，纯粹是由个体生活环境中的刺激而引发的，是一种先天的内在驱力。它是人类心灵正常发展的原动力之一，是人类维护心理健康的根本性动因之一。幼儿对于新奇事物总是表现兴奋，这种想要对外界事物进行探究的动机是天生的，因为这样可以尽量了解外部事物，从而避免危险，所以在人类个体和种族生存发展的过程中自然形成了这种需要。成人也需要好奇心的滋养，如果长时间处于单调的情境中，人的心智能力会过早地下降。能引起好奇心的刺激应具备"新奇性"和"复杂性"两个特点。这是因为，唯有新奇才能与日常生活不同，唯有复杂才需要仔细探究。旅游目的地同时具备这两个特征，才能成功激发人们的好奇心。如今人们可以去地球上的大多数地方旅游，在南极、北极、珠穆朗玛峰相继被人类征服之后，人们又把目光投向外太空。2001年4月

30日，美国商人丹尼斯·蒂托成为第一位太空游客。专家表示，未来太空旅游将呈现大众化、项目多样化、多家公司竞争、完善安全法规四大趋势。几千年来，人类一直没有放弃对新的旅游目的地的开发与探索，一个重要的原因就是旅游能满足人们的好奇心和求知欲，维护、健全心灵发展，促进人们获得更深层次的发展。

拓展阅读

潘多拉的盒子

古希腊神话中有这样一则故事：宙斯交给潘多拉一个精致的盒子，并告诫她绝不能打开这个盒子。因为盒子里封存着人类的全部罪恶，一旦释放，后果不堪设想。起初，潘多拉谨记警告。但日复一日，她的好奇心与日俱增。盒子里究竟藏着什么？为什么不能打开？这些问题在她脑海中挥之不去。终于，她忍不住掀开了盒盖。刹那间，贪婪、嫉妒、仇恨化作黑雾涌出，迅速蔓延人间。潘多拉惊慌失措，急忙关上盒子，却为时已晚。然而，盒底还留着一丝微光——那是希望。它轻轻飞出，为陷入苦难的人类带来慰藉。

从此，人间虽充满罪恶，但希望始终存在。潘多拉明白了好奇的代价，也懂得了希望的可贵。这个故事提醒我们，好奇心虽能驱动探索，但也需谨慎对待未知的力量。

四、旅游者的一般需要

旅游者的一般需要是人的各种需要在旅游过程中的反映，因为人的需要是多方面的，所以旅游者的需要也表现出多样性。结合马斯洛需要层次理论和旅游活动的特点，可以将旅游者的一般需要划分为天然性需要、社会性需要和精神性需要3个方面。

视频在线
课程2-1

旅游者的一般
需要

(一) 旅游者的天然性需要

旅游者的天然性需要是指旅游者在旅游过程中的生理需要和安全需要，即对衣、食、住、行、保健以及人身财物的安全需要等。在旅游过程中，旅游者首先要保障自身的生存、安全和健康等，在此基础上才能进行各种旅游活动。即使是喜爱探险的旅游者，也会采取各种措施保证自己的生命安全。有一些旅游者会为了享受美食、就医、缓解身心压力而外出旅游，相应的旅游产品有美食之旅、医疗旅游、"森林浴"等。

拓展阅读

医疗旅游

医疗旅游也称为健康旅游，是一种新兴的旅游方式。它将旅游与医疗服务相结合，旅游者在享受旅游的同时，也能得到高质量的医疗服务。这种旅游方式越来越受到人们的青睐，尤其是对于那些希望获得高水准医疗服务但受限于居住地医疗资源的人们来说，医疗旅游为他们提供了一个全新的选择。

医疗旅游涵盖范围广泛，包括健康检查、牙科治疗、复杂手术、康复护理等。泰国的心脏手术、韩国的整形美容、印度的试管婴儿等，都是全球知名的医疗旅游项目。这些服务以质量高、价格低、等待时间短的优势，吸引着世界各地的求医者。

饮食是旅游活动中的一个重要环节,旅游者不仅要吃饱还要吃好,他们想要品尝当地风味食物,也需要适合自己口味的饮食,同时要求食品卫生、质量有保证以及收费合理等。有的旅游者是专门为某地的特色食物而去该地旅游的,所以美食也是一个地方吸引旅游者的重要项目。例如,广州自古就有"食在广州"的美名。

酒店业是旅游业的支柱产业之一,从这点也可以说明住宿对旅游者的重要性。旅游者要求房间清洁卫生、安静隔音、用品齐全方便,有空调和卫生设备,以便于休息,从而能以饱满的精神投入旅游活动中。

旅游者要出门旅游离不开交通设施设备。例如,民航、铁路、公路及航运等。旅游者能否顺利到达目的地并开展旅游活动,除了依赖交通工具和交通设施的性能外,还会受到天气的影响。例如,恶劣的天气会导致航班延误,暴雨可能会引起山区塌方压毁公路导致交通中断等,这些情况都会影响旅游行程。

随着生活质量的提高,人们对健康也越来越关注,许多旅游地都将旅游、运动和娱乐结合起来,以满足旅游者休闲、保健的需要。例如,著名的迪士尼度假区吸引了成千上万的旅游者,人们在度假区里玩各种游戏项目,可以放松身心,缓解平时工作和学习的压力;温泉、沙漠能够缓解一些疾病的症状,因此吸引了不少旅游者前往进行"温泉疗"和"沙疗";森林因为含较高的负离子而被称为"氧吧",也对居住在城市的人们有一定的吸引力。

旅游者对安全的需要是多方面的。首先,他们希望旅游过程中能够保障人身安全,在旅途中不发生交通意外、不受伤;其次,他们希望能保障财产安全,不被抢劫、盗窃等;再次,他们需要得到心理上的安全感,不希望安全受到威胁,希望旅游目的地局势稳定,不要发生政变、动乱、战争等。所以,一些国家和地区虽然有很多旅游胜地,但由于战乱、政局不稳或治安不好,旅游者不敢贸然前往。

(二) 旅游者的社会性需要

旅游者的社会性需要主要表现在需要社会交往和需要尊重两个方面。

旅游者进行旅游活动时也需要进行社会交往,比如探亲访友、结交新朋友以及了解当地人并与之建立友谊等,所以多数旅游者喜欢到有热情好客传统的地方旅游。例如,提起夏威夷,除了令人想到旖旎的热带风光外,热情好客的当地居民也为旅游者所津津乐道,这一良好的风土人情吸引了更多旅游者的到来。

每个人都希望自己受到别人的尊重和欢迎,旅游者也同样需要被尊重。他们希望得到热情礼貌的接待,希望服务人员尊重他们的生活习俗、习惯,重视并能及时处理他们提出的要求,不希望受到歧视和猜疑。

(三) 旅游者的精神性需要

旅游者的精神性需要主要有认识新事物、增加人生经历和体验、追求美以及宗教信仰等方面的需要。

旅游者在旅游过程中,会积极、主动地认识各种新鲜事物,通过追新猎奇来增长见闻。他们希望参观当地的名胜古迹、博物馆和艺术馆等,见识当地的自然风貌,还需要了解当地的政治制度、风俗习惯和乡土人情等。总之,旅游者希望通过不同民族、不同时间、不同空间、不同行业等角度去了解一个国家和地区或旅游地，以满足他们的认识需要。

旅游者想要通过旅游活动增加人生经历、挑战自我和体验生活。例如，近年来电视台多次报道探险游事故的相关新闻，尽管专业人士一再警告，但仍有一些旅游者向往探险游和极限生存游，尤其是青年学生，往往以此来证明自我、挑战自我。

旅游者对美的需要表现为在游览过程中要求欣赏各种自然形成和人工完成的美好事物。例如，要求亲身体验美丽的自然风光、观赏精美的艺术作品以及品尝美味佳肴等；要求住宿的酒店环境优美，房间布置考究雅致；要求就餐的餐厅装饰富丽堂皇或清幽典雅等。

有宗教信仰的旅游者在旅游期间也需要开展宗教活动。例如，信奉佛教的旅游者在参观寺庙时会祈福。也有一些旅游者出于宗教目的而旅游，例如，每年都有数以万计的伊斯兰教信徒历尽艰辛前往圣城麦加朝圣。我国各大佛教名山每年的佛事活动也会吸引众多的旅游者前来观礼、祈福。

五、不同年龄旅游者需要分析

在旅游心理学中，了解不同年龄旅游者的需要是为旅游者提供个性化、高质量服务的基础。以下是针对儿童、青年人、中年人和老年人这4个主要年龄段旅游者的需要分析。

1. 儿童旅游者

儿童旅游者的旅游需要主要集中在安全、陪伴和便利性方面。由于儿童的自我保护能力较弱，在旅程中需给予他们高度的安全保障。旅游从业者应确保活动设施符合安全标准，同时提供明确的安全提示和监护指导。儿童旅游通常以家庭为单位，因此亲子互动和陪伴是核心需要。因此，旅游产品和服务应注重亲子活动的设计，如儿童俱乐部、亲子手工活动、亲子主题派对等，以增进亲子关系。此外，儿童旅游者还需要舒适的环境和便利的设施，如婴儿车租赁、儿童餐椅、儿童菜单以及适合家庭的住宿安排。旅游行程应考虑儿童的体力和注意力，避免时间过长的行程安排，确保儿童有足够的休息时间。

2. 青年旅游者

青年旅游者的旅游需要主要集中在个性化、自由度和社交互动方面。他们追求独特且自由的旅游体验，更愿意选择自由行或小团体旅行。因此，对于旅游产品和服务，应提供多样化的选择，允许青年旅游者根据自己的兴趣和时间安排进行灵活调整。青年人注重社交互动，喜欢在旅游中结交朋友，因此旅游从业者应设计适合青年旅游者的社交活动，如青年旅社的交流活动、户外俱乐部等。此外，青年旅游者对旅游的性价比较为关注，因此，旅游从业者在设计旅游产品时应注重经济实惠，提供丰富的优惠活动和套餐，帮助青年旅游者在有限的预算内获得丰富的体验。同时，旅游信息应丰富且易于获取，从而帮助青年旅游者更好地规划旅行。

3. 中年旅游者

中年旅游者的旅游需要主要集中在舒适、放松和文化体验方面。他们在旅游中追求高品质的服务和舒适的环境，以缓解工作和生活中的压力。旅游从业者在设计旅游产品和服务时，应注重提供舒适的交通和住宿条件，确保旅游行程能让他们感到放松和舒适。中年旅游者对文化、历史和自然景观有较高的兴趣，因此旅游活动应注重文化体验和知识传播，如参观博物馆、历史遗迹、自然保护区等。此外，中年旅游者注重旅游的社交功能，旅游从业者应设计适合中年旅游者的社交活动，如文化沙龙、主题聚会等，满足他们的社交需要。同时，旅游从业者应提供详细的安全提示和保障措施，确保旅游过程的安全性和可靠性。

4. 老年旅游者

老年旅游者的旅游需要主要集中在健康、安全、贴心服务和经济实惠方面。由于老年人的身体机能相对下降，他们在旅游过程中需要更多的健康保障和安全保障。旅游从业者在设计旅游产品和服务时，应提供全面的健康保障服务，如配备医疗急救设施、安排随队医生等，确保旅游活动的安全性和舒适性。老年旅游者需要更多的关怀和陪伴，旅游产品和服务应注重贴心服务，如协助他们搬运行李、帮他们安排舒适的座位等。此外，老年旅游者对旅游的性价比较为关注，旅游产品和服务应注重经济实惠，提供丰富的优惠活动和套餐，帮助他们在有限的预算内获得丰富的体验。同时，旅游行程应考虑老年人的体力和健康状况，避免过长时间的行程安排，确保有足够的休息时间。

总之，不同年龄段的旅游者在旅游需要上存在显著差异。旅游从业者应根据这些差异，提供有针对性的服务和产品，以满足不同旅游者的需要。例如，为儿童旅游者设计安全有趣的互动活动，为青年旅游者提供个性化和自由的旅游体验，为中年旅游者提供舒适的文化体验，为老年旅游者提供贴心的健康保障。通过深入了解旅游者的年龄特点，旅游从业者能够更好地提升服务质量，从而提高旅游者的满意度和忠诚度。

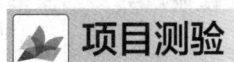 项目测验　　

一、单选题

1. 中国古代的"仓廪实而知礼节，衣食足而知荣辱"体现了需要的(　　)。
   A. 多样性　　　B. 指向性　　　C. 层次性　　　D. 驱动性
2. "顾客是上帝""顾客第一"口号的提出，是针对顾客的(　　)提出来的。
   A. 安全需要　　B. 社交需要　　C. 尊重需要　　D. 自我实现需要
3. 美国人本主义心理学家(　　)提出了需要层次理论。
   A. 斯金纳　　　B. 班杜拉　　　C. 马斯洛　　　D. 罗杰斯
4. 高级需要又称为(　　)需要。
   A. 生存性　　　B. 自然性　　　C. 生理性　　　D. 发展性
5. 名车是与(　　)相对应的产品。
   A. 生理需要　　B. 社交需要　　C. 物质需要　　D. 尊重需要

二、判断题

1. 旅游者一般不会为了生理需要而外出旅游。　　　　　　　　　　　　　(　　)
2. 旅游资源并不是越新奇越好，人们面对过于陌生的环境、事物时也会产生不安全感。
　　　　　　　　　　　　　　　　　　　　　　　　　　　　　　　　　(　　)

3. 只有较低层次的需要得到完全满足之后，高一层次的需要才会产生。（　　）
4. 真正达到自我实现的人在全世界的人口中只占很小的一部分，绝大部分人都停留在需要层次中间的某一层次。（　　）
5. 在生活中单一性需要与复杂性需要的满足应交替出现，才能使生活更加丰富多彩。
（　　）

三、多选题

1. 需要按照起源可分为(　　)。
   A. 自然需要　　B. 精神需要　　C. 物质需要　　D. 社会需要
2. 需要的特征有(　　)。
   A. 对象性　　B. 驱动性　　C. 多样性
   D. 紧张感　　E. 社会性
3. 尊重的需要主要包括(　　)。
   A. 自尊　　B. 被爱　　C. 爱　　D. 被人尊重
4. 与生理需要相对应的产品有(　　)。
   A. 健康食品　　B. 健身器材　　C. 药品　　D. 保险
5. 与社交需要相对应的产品包括(　　)。
   A. 个人饰品　　B. 健身器材　　C. 服装　　D. 礼品

项目实训｜云南"奖励游"线路产品需求调查问卷

◇ 任务导入

某公司计划委托旅行社安排180名年度优秀员工进行国内"奖励游"。多家旅行社得知这一信息后，纷纷为本次"奖励游"设计线路产品。如果你是旅行社领导，如何确保贵社的线路产品最能满足本次"奖励游"参与员工的心理需求？

某公司"奖励游"信息包括如下几项。

出游目的地：云南省；出游天数：7～8天；公司承担费用：5000元/人。若旅行社线路产品报价超出5000元/人，超出费用由员工自行承担。

◇ 任务要求

一、设计一份云南"奖励游"线路产品需求调查问卷

二、云南"奖励游"线路产品需求调查问卷结构

(一) 标题

(二) 前言

(三) 指导语

(四) 封闭式问题与答案

(五) 开放式问题(1～2项)

(六) 结束语

三、云南"奖励游"线路产品需求调查问卷要求

(一) 问题内容要求

1. 涉及线路产品价格、出游天数等方面。

2. 涵盖吃、住、行、游、购、娱等方面的需求。

(二) 问题设计要求

问题设计具有科学性，有效问题不得少于30个。

四、项目任务成果提交形式

1. 提交云南"奖励游"线路产品需求调查问卷Word文档。

2. 使用问卷星发放云南"奖励游"线路产品需求调查问卷。

五、云南"奖励游"线路产品需求调查问卷文档排版要求

1. 版面设计美观，格式规范。

2. 标题：小二号字，宋体，加粗，居中，与正文内容之间空一行。

3. 正文：宋体，小四号字，首行缩进2字符。

4. 纸型：A4纸，单面打印。

5. 页边距：上2.5cm，下2cm，左2.5cm，右2cm。

6. 行距：1.5倍行距。

◇ **任务实施**

一、教学组织

1. 教师向学生阐述项目任务及要求。

2. 由4~5名学生组成一个学习团队，以团队形式完成项目任务。

3. 学习团队查阅教材、教师授课资料、旅行社业务相关资料，完善项目任务知识。

4. 教师解答学生的相关咨询，监督、指导、检查、评价项目任务的实施。

5. 提交项目任务成果，教师进行成果评定并进行提升性总结。

二、知识运用

1. 旅游者的需要。

2. 问卷调查法。

3. 旅游线路产品设计。

◇ **任务成果范例**(参见二维码)

项目二 旅游动机

项目目标

◇ **知识目标**

1. 理解并掌握旅游动机及其分类。
2. 理解旅游动机的特性及产生的条件。
3. 掌握激发旅游动机的策略。

◇ **能力目标**

1. 能够识别目标群体的旅游主导动机。
2. 能够针对特定旅游产品提出激发旅游动机的策略。

◇ **素质目标**

1. 培养文化旅游的创新发展理念。
2. 学以致用,服务于美丽乡村建设。
3. 注重传承与保护,树立可持续发展的理念。

项目知识

一、认识旅游动机

(一) 旅游动机的定义

动机是个体活动的内部动力,个体的一切活动都是由动机引起的,并且指向一定的目标。旅游动机是直接引发、维持个体的旅游行为,并将行为导向某一个旅游目标的心理动力。旅游行为产生的直接心理动因是人的动机,而隐藏在动机背后的原因则是人的需要。需要和动机、动机和行为之间的关系如图2-5所示。

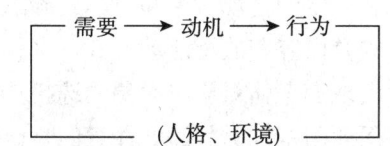

图2-5 需要和动机、动机和行为之间的关系

需要产生动机,动机产生行为,整个过程受到行为主体的人格因素和外在环境的影响。

(二) 旅游动机的特性

1. 强度特性

旅游动机是旅游行为的内部动力，它具有强度特性。不同的旅游动机的强度是不同的。旅游动机的强度是推动人们进行旅游的决定性因素。旅游动机的强度有绝对强度和相对强度之分。

(1) 旅游动机的绝对强度。旅游行为的产生与旅游动机的绝对强度和旅游的外界条件密切相关。一方面，当人们的旅游动机达到必要的强度，同时也具备进行旅游的其他条件时，就会直接推动人们加入现实的旅游活动中去。如果还不具备进行旅游所需的其他条件，则强烈的旅游动机会促使人们为实现旅游的愿望，去克服困难和创造旅游所需的必要条件。另一方面，如果旅游动机达不到必要的强度，旅游行为也不可能产生。虽然旅游行为暂时不能产生，但会以愿望(潜在的旅游动机)的形式储存于人们的意识之中，随着旅游内外部条件的不断变化和必要强度的形成，这种潜在的旅游动机就可能转化为旅游行为。

在实际工作中，我们也可以根据旅游动机强度的变化，将旅游者分为现实的旅游者和潜在的旅游者两种。现实的旅游者是旅游动机的强度达到足以转化为旅游行为的人，而旅游动机未达到必要强度的人则是潜在的旅游者。现实的旅游者决定着旅游市场的当前客源数量，决定着旅游业的发展规模；而为数众多的潜在旅游者是丰富的潜在客源市场，对未来旅游客源市场的变化将产生决定性影响。因此，旅游经营者应该把客源市场的竞争重点放在挖掘和争夺潜在旅游者上。

(2) 旅游动机的相对强度。旅游动机的相对强度是指旅游动机与其他动机相比较，在强度大小上的差别。每个人都有很多不同的动机，从而构成与他人不同的动机体系。一个具有旅游动机的人，也会有许多其他动机，旅游动机和其他动机就构成他的动机体系。动机体系中各个动机的强度是不相同的，最强的动机称为优势动机，也叫主导动机，其他动机则为辅助动机。在动机体系中，人的行为取决于优势动机。如果旅游动机和其他动机相比是强的，就成为优势动机，旅游行为才能产生；相反，如果旅游动机相对强度小，则不能成为优势动机，也就不会产生旅游行为，并在其他优势动机的支配下产生与之相适应的非旅游行为。此时，相对强度小的旅游动机亦将以个人愿望的形式潜存于个体的意识之中，成为潜在的旅游动机。以后在一定条件的作用下，当潜在的旅游动机达到必要的强度而成为优势动机时，旅游行为也会随之产生。

2. 指向特性

旅游动机是个体旅游需要的反映，而需要的满足总是要求有一定的对象、内容，从而实现动机，这就要求旅游动机有一定的客观对象和目标。旅游动机总是指向一定的方向和目标，指向一定的旅游对象、旅游内容和旅游活动方式，这就是旅游动机的指向特性。在现实中，旅游动机的指向特性表现为个体对旅游对象的选择，这是决定旅游开发对象的性质、内容和旅游客源流向等方面的因素。另外还要注意的是，对于不同的人来说，旅游动机是多种多样的，因此旅游开发对象应具有多种性质，包含多方面内容。

(三) 旅游动机产生的条件

旅游动机产生的条件

旅游动机源于旅游需要，但有了旅游需要不一定会产生旅游动机。旅游动机的产生必须同时具备两个条件，即主观条件和客观条件。主观条件是旅游者个体的内在条件，即心理类动机。例如，健康、交际、地位、声望、求知等需要。客观条件是旅游者产生旅游动机的外在条件，也就是外在刺激，即目标类旅游动机。旅游动机产生的外在条件是指能够满足旅游者旅游需要的对象以及相关的便利条件。当没有合适的外在条件时，人的旅游需要将以潜在的形式存在，直到与社会性外在条件结合之后才能产生旅游动机，进而产生旅游活动。社会性外在条件很多，主要有以下几种。

1. 经济条件

有了坚实的"经济基础"，才会有稳固的"上层建筑"。旅游是一种消费行为，因而要求旅游者具有一定的经济基础。当一个人的经济收入仅够维持其基本生活需要时，他不会有多余的财力去支付旅游花销，也不可能产生旅游动机。旅游业在世界各国的发展历程也证明了这一点。经济越发达、国民收入越高的国家和地区，外出旅游的人数就越多，反之就越少。可以用恩格尔系数来反映人们的出游能力情况，一般认为，恩格尔系数越高的国家和地区，人们出游的能力越低，反之就越高。最新研究表明，当一个国家和地区的人均GDP为500美元至700美元时，居民普遍会产生国内旅游动机；当人均GDP为3000美元至5000美元时，居民会产生国际旅游动机。所以，就实际情况来看，足够的可供旅游消费自由支配的金钱应该是影响旅游动机产生的首要因素，也是决定性因素之一。

拓展阅读

1857年，德国统计学家恩斯特·恩格尔阐明了这样一个定律：随着家庭和个人收入的增加，收入中用于食品方面的支出比例将逐渐减小，这一定律被称为恩格尔定律，反映这一定律的系数被称为恩格尔系数，其公式表示为

恩格尔系数(%)=食品支出总额/家庭或个人消费支出总额×100%

恩格尔定律主要表述的是食品支出占总消费支出的比例随收入变化而变化的一定趋势，揭示了居民收入和食品支出之间的相关关系，用食品支出占消费总支出的比例来说明经济发展、收入增加对生活消费的影响程度。一个国家和地区或家庭生活越贫困，恩格尔系数就越高；生活越富裕，恩格尔系数就越低。

国际上常常用恩格尔系数来衡量一个国家和地区的人民生活水平。根据联合国粮食及农业组织提出的标准，恩格尔系数在59%以上为贫困，50%～59%为温饱，40%～50%为小康，30%～40%为富裕，低于30%为最富裕。

2. 时间条件

在经济发达的社会里，时间是一种特别珍贵的资源，每个人所能支配的闲暇时间不是固定不变的，时间对旅游消费行为的影响往往大于金钱。旅游者有足够的可供自由支配的闲暇时间才能去旅游，闲暇时间具体可分为以下4类。

(1) 每日闲暇。特点是零星分散，不能进行旅游活动。

(2) 每周闲暇。适合进行短距离旅游。我国自1994年实行双休日制以来，旅游者人数大增，充分说明了闲暇时间对旅游活动的重要影响。

(3) 公共假日。双休日和公共假日结合，能够形成旅游黄金周，适合进行中、远距离旅游。

(4) 带薪假期。适合进行远距离旅游，尤其是国际旅游。

3. 社会条件

(1) 社会环境安定。国家政治局势稳定、社会安定、人民安居乐业的社会大环境是开展行旅游活动的必要条件。

(2) 经济发展繁荣。国家和地区的经济形势、经济政策、经济发达程度深刻地影响着旅游业的发展。一个国家和地区的旅游业发达程度，与这个国家和地区的经济水平成正比。只有国家和地区有足够的实力建设和改善旅游设施、开发旅游资源、发展交通运输业，才能增强本国和本地区的旅游综合吸引力，提高接待水平，从而激发人们前往旅游的兴趣和愿望。

(3) 旅游景观丰富、旅游设施完善、旅游业发达。旅游景观是旅游活动的客体，是促使旅游者前往旅游的吸引物；旅游设施是形成旅游业的物质基础；旅游业是沟通主体旅游者和客体旅游资源的中介体，为旅游者外出旅游提供方便的必要条件。

(4) 社会观念、风气对旅游活动的影响。周围人的消费观念、社会流行趋势深刻地影响着旅游者的消费心理。例如，同事、朋友、邻居的旅游行为及旅游经历往往能够感染潜在旅游者，或者形成攀比心理，激发人们产生外出旅游的冲动，从而形成一种效仿旅游的行为；反之，如果外出旅游被周围的人认为是生活不节俭、贪图享受的表现，那么这种观念会阻止人们产生旅游行为。

二、旅游动机的分类

人们外出旅游的动机表现出多样性，一方面是由需要的多样性所决定的，另一方面是由旅游活动本身是一项综合性、品类繁多的社会活动所决定的。旅游动机通常分为如下几类。

(一) 健康型动机

在紧张的生活和工作之余，为了消除身体的疲劳和心理的紧张感、枯燥感，放松身心，人们往往会选择到外地旅游，通过休息、休养来恢复和增进健康，通过游玩、娱乐暂时忘却烦恼，以保持心理平衡。

具有健康型动机的旅游者，在选择旅游目的地和旅游活动项目时，主要倾向于那些能够调节身心活动节律、增进身心健康、使人全身心投入的活动。例如，轻松愉快的参观游览、强度不大的体育健身活动、各种休养治疗活动以及令人开怀的文化娱乐活动等。因此，名山大川、历史古迹、公园、海滨、温泉疗养区以及有较好的艺术活动传统的地区，通常会成为具有健康型动机的旅游者的选择对象。

📷 案例

养生之旅受追捧

近年来，随着人们健康意识的提升，融合中医文化与旅游体验的"中医旅游"逐渐成为热门选择。这种新型旅游模式将传统中医诊疗、养生理念与休闲度假相结合，为游客提供身心调养的全新体验。

以浙江桐庐为例，当地依托丰富的中草药资源和深厚的中医文化底蕴，打造了"桐庐中医养生之旅"特色线路。游客不仅可以参观百年老字号药铺，了解中药材的种植与炮制过程，还能体验针灸、推拿等传统疗法，甚至参与定制化的中医体质调理方案。许多游客表示，这种沉浸式的中医体验不仅让他们放松身心，更深入了解了中华传统医学的魅力。

分析： "桐庐养生之旅"特色线路精准对接旅游者需求，契合都市人群亚健康痛点，以"疗愈+休闲"模式满足旅游者身心双重修复诉求。该模式不仅通过差异化路线设计提升旅游附加值(如延长消费链)，更以文化体验推动中医现代化传播，实现经济效益与文化传承的双向赋能，为传统文旅转型升级提供创新范式。

📖 拓展阅读

罗马尼亚人喜爱"抹黑泥"

位于罗马尼亚黑海之滨的泰基尔格奥尔湖，每年夏天都会迎来众多前来"抹黑泥"的罗马尼亚人，他们希望通过这种方式祛病健身。这一传统源自一个古老的传说：很久以前，一位名叫"泰基尔"的土耳其人赶着一辆驴车来到湖边，停下车后走进酒馆休息。当他酒足饭饱出来时，发现原本瘸腿的毛驴竟将车拉进了湖里。他费尽力气将驴车拉上岸后，惊讶地发现毛驴的瘸腿神奇地好了，原来是湖底的黑泥发挥了功效。消息传开后，人们纷纷前来体验黑泥的神奇疗效。

如今，泰基尔格奥尔湖周边建起了几处泥疗场所，被水泥围墙环绕。人们将黑泥均匀涂抹在全身，黑泥未干时亮如黑漆，暴晒后皮肤会变得紧绷。此时，人们便走进湖水浸泡清洗，享受泥疗带来的舒缓。为了让人们在冬季也能进行泥疗，湖边还建起了一座拥有近千张床位的黑泥疗养院。如今，这种独特的泥疗文化已成为罗马尼亚人生活中的一部分，吸引着越来越多的人前来体验。

(二) 好奇和探索的动机

好奇和探索是人类基本的心理性内驱力。这种动机比较强烈的旅游者，往往具有追求奇特的心理感受和迫切地想要认识新异事物的需求，即使旅游活动具有某种程度的冒险性，也不会成为他们旅游的障碍，甚至冒险性还会成为增强这种动机的因素。

具有好奇与探索的动机的旅游者，通常要求旅游对象和旅游活动具有新异性、知识性和一定程度的冒险性。

(三) 审美的动机

具有审美动机的旅游者为了满足自己的审美需要而外出旅游，这是一种高层次的精神方面的需求。

从某种程度上说，旅游是一种综合性的审美活动，集自然美、社会美、艺术美于一体，融文物、古迹、建筑、雕刻、绘画、书法、音乐、舞蹈、美食等于一炉，能极大地满足人们的审美需求。

具有审美动机的旅游者，他们的旅游活动多指向奇异美丽的自然界中的事物和现象，指向那些能够接触旅游地居民的活动，他们喜欢参观博物馆、展览馆、名胜古迹，以及参加各种专题旅游活动等。

(四) 宗教朝拜的动机

具有宗教朝拜动机的旅游者为了坚持宗教信仰，参与宗教活动，从事宗教考察、观礼等而外出旅游，以满足自己的精神需要，寻求精神上的寄托。

宗教朝拜旅游具有明确的目的性和神圣性。信徒们不辞辛劳，跋山涉水，只为到达心中的圣地。例如，麦加、耶路撒冷、梵蒂冈等宗教圣地每年都吸引着数百万朝圣者，他们在此寻求心灵的净化与升华。这种旅游形式不仅满足了信徒的宗教朝拜需求，也促进了不同文化的交流与理解。

拓展阅读

四大佛教名山之旅

一、五台山

五台山位于山西省忻州市五台县，是文殊菩萨的道场。每年农历四月初四文殊菩萨圣诞日，五台山会举办盛大法会，信众云集祈福。此时气候凉爽，适合游览五座台顶，感受佛教文化与自然风光的融合。

二、普陀山

普陀山位于浙江省舟山市，是观音菩萨的道场。每年农历二月十九观音诞辰日、六月十九观音成道日、九月十九观音出家日，普陀山会举办香会节。在此期间有法会、朝圣等活动，是游客体验观音文化、祈福的最佳时机。

三、峨眉山

峨眉山位于四川省乐山市峨眉山市，是普贤菩萨的道场。每年农历二月二十一普贤菩萨圣诞日，峨眉山会举办法会和祈福活动。此时正值春季，气候宜人，游客可欣赏金顶日出、云海等自然景观，同时感受佛教文化。

四、九华山

九华山位于安徽省池州市青阳县，是地藏菩萨的道场。每年农历七月三十地藏菩萨圣诞日，九华山会举办地藏法会。此时气候凉爽，适合登山游览，游客可参观肉身宝殿、百岁宫等著名寺庙，感受深厚的佛教文化底蕴。

(五) 商务交往的动机

具有商务交往动机的旅游者通常为了各种商务活动或公务而外出旅游。例如，学术交流、政府考察团到异地洽谈业务、出差、经商等，都属于商务交往的动机。此外，各种专业团、政府代表团以及交易会、洽谈会人员等参与旅游活动也都属于此类动机。

随着各地区商务往来的日益频繁，商务旅游悄然兴起，越来越多的人为了参加会议、参观展览、贸易洽谈而进行商务旅游。据有关部门统计，在参与国际旅游活动的旅游者中，各种专业交流考察团占到了较高的比例。在我国，有很多城市大力发展会展旅游经济，形成了很多会议型旅游城市。例如，在冬季的广州、海口，在夏季的青岛、哈尔滨和厦门等，经常举办各种专业会议，而这些会议选择在上述几个城市举办的重要原因之一，就是当地环境优美，深受与会者的欢迎。

(六) 怀旧的动机

怀旧旅游源于人类内心深处的情感需求，体现了人们对过往时光的眷恋与追寻。具有怀旧动机的旅游者往往以童年故乡、历史遗迹、文化地标等为目的地。旅游者通过重游故地、体验传统习俗、品尝地方美食等方式，寻找与过去的连接。例如，知青返乡游、校友返校游、老街古镇游、海外华人寻根游等。怀旧旅游不仅能唤起旅游者的美好回忆，还能帮助旅游者重新认识自我，获得情感慰藉。

旅游动机的分类并不是绝对的，除上述6种类型外，可能还存在其他旅游动机。此外，有些旅游者外出旅游往往并不是因为某一种旅游动机，而是以某种旅游动机为主，兼有其他旅游动机。

拓展阅读

新旅游"六要素"

吃、住、行、游、购、娱是旅游基本"六要素"。近年来，有人依据旅游的发展要素和拓展要素，又提出了新旅游"六要素"，即商、养、学、闲、情、奇。无论是旅游基本"六要素"还是新旅游"六要素"，均体现了旅游动机的多样性。新旅游"六要素"具体包括如下内容。

(1) "商"，即商务，与此类动机相关的旅游有商务旅游、会议会展旅游、奖励旅游等。

(2) "养"，即养生，与此类动机相关的旅游有养生游、养老游、养心游、体育健身游等。

(3) "学"，即研学，与此类动机相关的旅游有修学、科学考察、培训、拓展训练、摄影、采风、各种夏令营和冬令营等。

(4) "闲"，即休闲度假，与此类动机相关的旅游有乡村休闲游、都市休闲游等。

(5) "情"，即情感，与此类动机相关的旅游有蜜月游、纪念日旅游、宗教朝觐等。

(6) "奇"，即探奇，与此类动机相关的旅游有探索游、探险游、探秘游等。

三、旅游动机的激发

尽管旅游动机是旅游者的内在驱动力，但旅游产品和服务也可以对旅游者的旅游动机产生重大影响。因此，旅游企业可以从开发特色旅游产品、提高服务质量、加强广告宣传等方面入手，激发旅游者的旅游动机。

(一) 旅游资源应具有吸引力

旅游资源是吸引旅游者前来旅游的重要因素，也是旅游者评价旅游目的地的主要着眼点。

1. 旅游资源应富有特色

特色是旅游资源的魅力所在，是旅游资源的核心竞争力。与众不同的旅游资源，更容易吸引旅游者前来参观和体验。在开发旅游资源时，应注重挖掘当地的特色和优势，突出其独特性和不可复制性，打造具有吸引力的旅游产品。同时，还要注重保护和传承传统文化，保持旅游资源的原真性和可持续性，让旅游者在欣赏美景的同时，也能感受到当地的文化底蕴和历史传承。因此，在开发旅游资源时，对自然风光和历史遗留物要尽量保持其原有状态，不要过分修饰，更不能随意毁旧翻新；对于那些只留下史料记载，但是实物遗迹完全不存在的历史人文旅游资源，根据史料恢复重建时也要尽量体现原貌。此外，在突出旅游资源特色的同时还要注意保持其民族性，对于很多民俗风情旅游地来说，旅游者来访的重要目的之一就是探新求异，体验当地风情，所以在设置旅游项目时应该充分体现当地的民俗文化特色。

2. 不断开发新的旅游资源

旅游者的需求总是在变化，如果旅游资源一直停留在原来的水平上，一方面不能吸引旅游者再次前来，另一方面也跟不上社会的发展，不符合旅游者变更的"口味"。例如，作为中国最佳旅游城市之一的大连，领会《"十四五"旅游业发展规划》精神，坚持以文塑旅、以旅彰文，实施"互联网+""文化+"行动，推动文化旅游与一、二、三产业深度融合、创新发展，推出了定制化旅游产品、旅游线路，以及开发体验性强、互动性强的旅游项目，积极发展文化体验、创意乡村、工业文化、运动休闲、主题自驾等特色业态，新建旅顺影视城项目、熊洞街项目、冰山慧谷文创园区二期及三期项目等一系列文化产业体系项目。只有不断开发新的旅游项目，才能吸引众多新老旅游者前来观光、体验，培育旅游经济发展新动能。

(二) 旅游设施应具有供应能力

旅游设施的数量和质量对旅游者旅游动机的实现有着直接的影响，因此，应重视旅游设施的建设。

1. 旅游设施应有相当的数量和齐全的种类

首先，旅游设施在数量上要保证满足旅游者需要，例如酒店客房、床位的数量，交通的运力，餐厅的餐位数量等。数量的确定要从旅游需求预测出发，并且考虑设施在旺季可能供不应求、在淡季可能闲置的情况，在两者之间取一个平衡的数量并制定相应的应急措施。

其次，旅游者的需要表现在食、住、行、游、购、娱等方面，因此，在旅游目的地，提供相应服务的餐馆、酒店、交通企业、旅行社、游览娱乐企业、商店等要一应俱全。

2. 旅游设施应满足不同层次、不同水平、不同类型旅游者的需要

旅游者情况各异，来自各个社会阶层，收入不同，心理类型也各异，所以旅游地应准备不同层次或档次的旅游设施，以满足不同旅游者的需要。例如，饭店的客房分高、中、低档，以满足不同消费能力的旅游者的需要；餐饮企业既要为旅游者提供当地的风味食品，也要为旅游者提供家乡食品；等等。

(三) 旅游业应具备强大的组织接待能力

旅游目的地的所有旅游企业往往面对的是相同旅游者群体的不同需要，提供的服务也具有整体性，这就要求彼此之间相互联系，形成整体的组织接待能力。

1. 应有相当数量和质量的旅游企业

旅游企业主要包括旅行社、酒店、交通运输公司等。20世纪80年代，旅行社外联了很多客源，可是这些旅游者到了中国后却没有地方住，住宿资源的匮乏，一度成为限制我国入境游发展的"瓶颈"。如今，我国旅游企业数量增加，服务质量提高，工作效率也大幅提升。仅以入境游为例，我国数量庞大、服务质量优良的旅行社、酒店、交通运输公司能够合力完成人数巨大的接待任务，这不仅提高了旅游业经济效益，也为我国带来了更多国际客源。由此可见，各种类型的旅游企业必须在数量增加的同时，注重服务质量的提升，才能够为旅游业的良好发展保驾护航。

2. 应有相当数量和质量的旅游业从业人员

要提高旅游业的接待水平，应从提高从业人员的素质着手。通过选用旅游专业的大、中专毕业生进入旅游业，以及对在职工作人员加强培训等方法，可以为旅游地培养一支充足、稳定、高质量的从业人员队伍，从而提升旅游地的接待水平，进而增强旅游地的吸引力。

3. 旅游接待机构形成系统并与相关部门构成网络

旅游接待机构形成一个系统，并与相关部门构成网络，可以提供更高效、更便捷的旅游服务。这个系统包括旅行社、酒店、景区、交通等多个方面，每个方面都有专业的接待机构负责。旅游接待机构形成系统，可以更好地协调各方面的工作，为旅游者提供更加完善的服务。例如，旅行社可以与酒店、景区等合作，为旅游者提供一条龙服务；景区可以与交通部门合作，方便旅游者进出景区。通过形成系统并与相关部门构成网络，旅游接待机构可以提高服务质量，提升旅游者的旅游体验，促进当地旅游业的发展。同时，这种合作模式也可以提高资源利用效率，减少浪费和重复建设。

旅游业可以与相关政府部门、旅游组织构建网络，借助它们的平台开展宣传活动，提升整体竞争力。例如，新加坡先后加入"远东旅游协会""东南亚贸易、投资及旅游促进中心""太平洋地区旅游协会""东南亚国家联盟旅游协会"等组织，对其在欧、美、澳及亚洲市场的旅游形象宣传产生了深远影响。

为此，旅游接待机构需要积极寻找合作伙伴，建立良好的合作关系，同时加强内部管理，提高服务水平。政府部门也需要给予支持和引导，促进旅游业的发展和升级。

(四) 加大宣传力度，创新促销手段

在竞争激烈的旅游市场中，如何激发旅游者的旅游动机是旅游从业者面临的重要课题。宣传和促销作为旅游营销的核心环节，不仅能提升旅游产品的知名度，更能通过心理暗示和情感共鸣激发潜在旅游者的出行欲望。因此，旅游企业应加大宣传力度，更新促销手段，以适应市场变化和旅游者需求的多样化。

1. 利用多渠道宣传

在信息碎片化时代，旅游者获取信息的渠道愈发多元，旅游从业者应充分利用线上线下多渠道进行宣传，精准触达目标客群。线上方面，社交媒体平台(如抖音、小红书)、短视频平台和旅游攻略网站是重要的宣传阵地。通过发布高质量的图文、短视频内容，结合热门话题和标签，能够快速吸引潜在旅游者的注意力，引发他们的情感共鸣，从而激发他们的旅游动机。线下方面，传统媒体(如电视、报纸、户外广告)依然重要，通过在热门旅游节目或交通枢纽投放广告，能够有效提升旅游产品的曝光度。此外，举办线下旅游展会、推介会，与旅游爱好者面对面交流，展示旅游产品和服务优势，也能够增强旅游者的信任感，从而提高他们的出行意愿。

2. 创新促销手段

促销手段的创新是激发旅游者旅游动机的关键。传统的打折、满减等促销方式虽能吸引部分价格敏感型旅游者，但对于追求个性化和情感体验的现代旅游者来说，难以满足其需求。旅游从业者需要从旅游者的心理需求出发，创新促销方式。首先，定制化旅游产品成为新趋势。通过提供个性化的旅游线路设计和专属服务，可以满足旅游者对独特体验的追求。例如，针对情侣推出"浪漫之旅"套餐，针对家庭推出"亲子游"套餐，增强旅游者的归属感，激发其情感共鸣。其次，结合热点事件和节日开展主题促销活动。例如，春节期间的"团圆之旅"、暑期的"避暑度假"活动，借助节日氛围和情感需求提升旅游产品的吸引力；限时抢购、秒杀活动则能营造紧张感和稀缺感，激发旅游者的购买欲望。最后，利用会员制度和积分兑换礼品、专属优惠等福利提高旅游者的忠诚度，鼓励旅游者多次购买旅游产品，增强品牌认同感和归属感，激发其长期旅游动机。

3. 强化情感营销

旅游不仅是消费行为，更是情感体验。旅游从业者在宣传和促销过程中，应注重强化情感营销，提升旅游者的心理认同。通过讲述旅游目的地背后的故事和文化内涵，激发旅游者的好奇心和探索欲。例如，宣传古镇时，讲述其悠久历史和民俗文化，让旅游者产生情感共鸣。同时，利用旅游者的真实评价和分享进行宣传，展示真实照片、视频和好评，增强潜在旅游者的信任感。此外，还可通过虚拟现实(virtual reality，VR)和增强现实(augmented reality，AR)技术，为旅游者提供沉浸式体验，提前满足旅游者的心理预期，增强其对旅游产品的期待感。

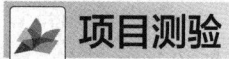 

一、判断题

1. 人们外出旅游的动机是复杂多样的。（   ）
2. 旅游动机是产生旅游需要的基础。（   ）
3. 当潜在旅游者主观上具备了旅游需要，就会产生旅游动机，进而采取实际的旅游行为。（   ）
4. 恩格尔系数(%)=食品支出总额/家庭或个人消费支出总额×100%。（   ）

5. 旅游动机是旅游行为的驱动力，只要有了旅游动机就一定会产生旅游行为。（ ）

二、多选题

1. 旅游动机产生的客观条件包括(　　)。
   A. 经济条件　　　B. 时间条件　　　C. 好奇心　　　D. 社会条件
2. 旅游动机的类型包括(　　)。
   A. 健康型动机　　　　　　　　B. 商务交往型动机
   C. 怀旧型动机　　　　　　　　D. 好奇探索型动机
3. 最强的动机被称为(　　)。
   A. 优势动机　　　B. 现实动机　　　C. 主导动机　　　D. 辅助动机
4. 影响旅游动机产生的社会条件有(　　)。
   A. 旅游景观　　　B. 经济发展　　　C. 社会环境　　　D. 社会观念
5. 旅游资源必须具有吸引力主要体现在(　　)。
   A. 旅游设施齐全，种类繁多　　　　B. 旅游资源应富有特色
   C. 不断开发新的旅游资源　　　　　D. 有相当数量和质量的旅游企业

项目实训 "海岛游"动机激发方案

◇ 任务导入

我国海岛旅游整体发展水平与国际海岛旅游发达地区相比有较大的差距，面临的主要问题有环境破坏、资源浪费、管理机制不健全和经济效益开发不足等。随着经济的发展和生活水平的提高，旅游者不再满足于传统的观光旅游，对于旅游产品的需求越来越多元化和个性化。目前，旅游市场上推出的"海岛游"产品与旅游者的期望存在一定的差距，我们亟待破解的难题是如何激发旅游者的"海岛游"动机，提升海岛游的热度。

◇ 任务要求

一、请以你熟知的某海岛为例，设计一份"海岛游"动机激发方案

二、"海岛游"动机激发方案内容要求

1. "海岛游"动机激发措施要围绕提供独特、富有吸引力的海岛旅游产品和体验，加强营销宣传和品牌建设等方面提出。
2. "海岛游"动机激发措施应遵循游客为本、创新服务、绿色可持续发展理念。
3. 动机激发策略不少于15项。
4. 动机激发措施表述要清晰、简练。

三、项目任务成果形式

提交"海岛游"动机激发方案Word文档。

四、"海岛游"动机激发方案文档排版要求

1. 版面设计美观，格式规范。
2. 标题：小二号字，宋体，加粗，居中，与正文内容之间空一行。
3. 正文：宋体，小四号字，首行缩进2字符。

4. 纸型：A4纸，单面打印。

5. 页边距：上2.5cm，下2cm，左2.5cm，右2cm。

6. 行距：1.5倍行距。

◇ **任务实施**

一、教学组织

1. 教师向学生阐述项目任务及要求。

2. 由4~5名学生组成一个学习团队，以团队形式完成项目任务。

3. 学习团队通过查阅教材、教师授课资料、网络资料，完善项目任务知识。

4. 教师解答学生的相关咨询，监督、指导、检查、评价项目任务的实施。

5. 提交项目任务成果，教师进行成果评定并进行提升性总结。

二、知识运用

1. 旅游动机。

2. "海岛游"相关知识。

◇ **任务成果范例**(参见二维码)

项目三 旅游购买决策

项目目标

◇ 知识目标
1. 理解并掌握旅游购买决策的类型。
2. 理解并掌握旅游购买决策的心理过程。
3. 理解并掌握旅游购买决策方案评估的4种模式。
4. 掌握旅游购买决策的风险知觉种类。
5. 掌握改变旅游者态度的方法及策略。

◇ 能力目标
1. 能够运用旅游购买决策方案评估的4种模式进行旅游线路产品决策。
2. 能够根据购买决策相关理论,设计旅游线路产品的人员推销方案。
3. 能够通过角色扮演进行旅游线路产品模拟推介。

◇ 素质目标
1. 高效务实,团结合作。
2. 谦虚有礼,游客至上。
3. 诚实守信,言行一致。

项目知识

一、认识旅游购买决策

(一) 旅游购买决策的定义

决策就是对某一事物做出决定,它是人们在活动过程中寻求并实现某种最优化预定目标的过程,是人们对行为的选择。把旅游者视为决策者,有助于我们理解旅游者的行为。当一个人外出旅游时,他面对的可能是一个陌生的环境以及种类丰富的旅游商品,需要做出一系列有关的旅游决策。

旅游购买决策就是旅游者确立购买目的、选择购买手段和进行动机取舍的过程。以旅游者购买旅游线路产品为例,旅游购买决策就是确定旅游目的地、交通方式、住宿标准、出游时间、提供服务的旅行社和产品价格等的过程。

旅游购买决策受到个体心理因素和社会因素的影响，决策本身也有着自身的规律。

(二) 旅游购买决策的种类

根据旅游购买决策方式的不同，可以把旅游购买决策分为一般性决策、重大决策和瞬时性决策。

案例

王女士酷爱旅游，每年都要带着家人随团到国内各大名胜景区观光游览。今年暑期，她计划带着全家人进行一次出境游，出境游的目的地是她向往已久的欧洲。

思考：旅游购买决策的种类有哪些？王女士此次购买出境游产品，属于哪种购买决策？

1. 一般性决策

一般性决策是指旅游者在解决一般性问题时，依据长期处理此类问题的经验迅速做出决定的过程。这种决策是无须仔细考虑便可迅速做出的，即使决策失误也不会给决策者带来太多的损失，似乎已经习惯成自然，因此也称为规范性决策。例如，某人在周末选择近郊游，旅游者游览景点之前先听导游介绍情况再自行游览等。

2. 重大决策

重大决策是指旅游者解决对自己影响较大的问题时所做出的决策，其特点是决策者缺乏解决此类问题的决策经验，需要花费相当多的时间和精力去收集有关资料并比较不同的方案，通常涉及较多的经济投入、复杂的时间安排和风险评估。一旦决策失误，往往会给决策者带来经济或精神等方面的巨大损失和伤害。

对于一般工薪家庭而言，花费数万元的国内长线游、出境游的旅游决策都属于重大决策。例如，某旅游者携家人首次参加欧洲十国游，在出行前，该旅游者会广泛收集相关国家的旅游资源信息，通过各种渠道查询相关线路产品及报价，寻找信誉良好的出境游旅行社等。总之，旅游者需要花费较长时间，经过多方咨询和比较，才能做出最终旅游决策。

3. 瞬时性决策

瞬时性决策是指旅游者事先并未认真思考，临时受到一些计划外因素的影响而做出的决策。例如，导游带领游客去七彩云南购物，小王本不打算购买任何商品，但当天团队里的许多游客都购买了三七花茶，据说云南的三七花茶不但品质好还可以治疗高血压等心脑血管疾病，小王听到这个信息，想起自己患有高血压的母亲，于是也买了两盒三七花茶。

旅游决策与旅游者的生活观念、经济条件、闲暇时间、旅游经验等个人因素有着密切的关系。一般来说，知识和经验丰富的旅游者容易把旅游决策当作一般性决策，而旅游经验不够丰富的旅游者往往把旅游决策当作重大决策来对待。这时如果能向他们提供详细、具体的旅游信息和资料，就可以帮助他们作出重要的决策。通常具有诱惑力的广告、详细的产品信息以及周围亲朋好友的建议等都可能诱发旅游者做出瞬时性决策。

(三) 旅游购买决策的参与者

在实际经营中，旅游企业的营销人员会发现，旅游购买决策往往不是由一人做出的，有时要受多位在决策过程中起不同作用的人士的影响和左右。一般来说，旅游购买决策的参与者有5种。

1. 首倡者

首倡者是指首先提出购买某种旅游产品或服务的人。首倡者不一定是决策人，但如果响应者较多，将对决策者产生较大的影响。

2. 影响者

影响者是指其看法和建议会影响最终决策的人。那些虽不参与最终决策但对决策者能产生影响的"意见领袖"，以及决策者的上司、亲朋好友等，往往会对旅游购买决策产生举足轻重的影响。例如，一些旅游企业营销人员通过影响与决策者关系密切的上司、同行、下属、亲友等，促使决策者做出有利于购买本企业产品和服务的决策。

3. 决策者

决策者是指做出购买决策的人。决策者既可能是一个人，也可能是多个人。例如，一个家庭的旅游购买决策者可能是丈夫，也可能是妻子，还有可能是孩子，又有可能是夫妻共同决定。

4. 购买者

购买者是指根据购买决策做出实际购买行为的人。在购买旅游产品和服务的过程中，购买者对售中、售后服务的满意程度，将对下一次购买决策产生一定的影响。

5. 使用者

使用者是指直接使用和消费旅游产品和服务的人。使用者满意与否会反馈给决策者，这将对下一次购买决策产生影响。

例如，"五一"假期来临之际，某小学老师向学生布置了一篇作文，题目为"我爱北京天安门"。林林同学回到家里告诉妈妈老师布置的作文题目，并提出想去北京看天安门。对此妈妈与老师沟通，老师非常肯定这种行为。晚上爸爸回到家，夫妻俩经过商量，决定"五一"假期全家去北京旅游，并决定周末到大连古莲旅行社报团。周末，妈妈去旅行社购买了"北京五日游"的旅游产品。在这个案例中，共有5种角色参与了此次旅游产品的购买决策。通过这一案例，我们应该明确参与旅游购买决策的各种角色可能是不同的人，在一次购买决策中，5种角色可能不会同时体现，参与决策的各种角色或两种以上的角色也可能由一人担任，比如首倡者也可能是决策者，还可能是使用者等。旅游企业应了解参与购买决策的各种角色，以便针对不同的角色确定相应的对策。

(四) 旅游者购买决策过程分析

旅游购买决策过程是指旅游者在购买旅游产品或服务过程中所经历的步骤。不同旅游者的旅游购买决策各不相同，因为旅游购买决策与旅游者的生活环境和旅游环境有关。但是旅游购买决策的过程大体上是一致的，都包括5个环节，即确认问题、收集信息、方案评估、购买决策、购后评价，如图2-6所示。

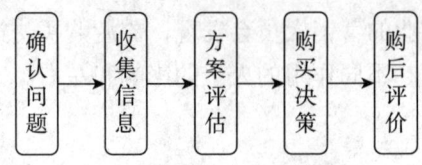

图2-6　旅游者购买决策过程

这个过程涵盖购买者面对参与程度比较高的新购买行为所需要经历的全部思考步骤。有时候，购买者会跳过某个环节，或颠倒某些环节，尤其是对一些非重要的商品购买决策。在旅游购买决策过程中，最后一个环节，即购后评价十分重要，它会为旅游者以后做出同样的决策提供参考，并对后续行为产生重要影响。旅游者在消费之后如果感觉好，以后会倾向于做出同样的决策，使其逐渐成为一般性决策；若感觉不好，旅游者以后就会尽量避免再做出类似的购买决策。

案例

寒假来临，王女士想带女儿到海南旅游。为此，她先后在网上查询了海南旅游攻略及各类旅游平台上推出的海南线路产品信息。此外，王女士还特意走访了几家知名旅行社，了解出行信息。后来，王女士在与同事李女士的一次闲聊中，得知李女士去年曾带孩子去海南游玩过，为其提供服务的旅行社是大连来来国际旅行社，李女士表示对该社的行程安排、产品报价、服务质量等都很满意。听了李女士的介绍，王女士当即决定到来来国际旅行社咨询海南线路产品。该社业务人员热情地接待了王女士，并向其详细介绍了海南之旅的行程安排和产品特色。王女士经过一番认真权衡，最终购买了大连来来国际旅行社的"海南五日游"线路产品。

分析： 王女士报团的过程实际上就是一个购买决策过程。她先在网上查询旅游目的地的旅游资源及旅游线路产品信息，再到多家旅行社咨询，又向同事李女士了解出游经历，最后在旅行社业务人员的详细介绍下，决定选择大连来来旅行社的"海南五日游"产品。

下面，我们对旅游购买决策过程的具体环节进行详细分析。

1. 确认问题

当人们意识到需要某种旅游产品和服务时，购买决策过程便开始了。人们的旅游需要主要是享受和发展的需要，总体上属于较高层次的需要。旅游需要有很大一部分是由外部刺激引发的，据此，旅游企业可通过设计刺激物激发购买者认识到对某种旅游产品和服务的需要，并不断强化满足这种需要的迫切性。

案例

香气引得客人来

20世纪40年代，华人企业家刘先生在资金有限的情况下，租下一家偏僻店铺开中餐馆。起初中餐馆生意冷淡，面临倒闭的局面。刘先生意识到店铺位置偏僻，且市容管理限制广告宣传，必须想办法改变这种情况。于是，他灵机一动，用小型鼓风机将炒菜过程中产生的水蒸气通过管道吹向大街。每天中午11点和晚上6点左右，大街上就会飘起阵阵菜香，吸引行人循香而来。从此，中餐馆生意兴隆。数十年后，刘先生成为知名企业家，回顾这段经历，他风趣地说："香气引得客人来。"

2. 收集信息

当人们产生旅游需求时，如果驱动力十分强劲，会很快做出购买行为；如果驱动力不强，或所要购买的产品价值高、数量多、风险大时，人们往往会举棋不定，此时就需要收集各方面的信息。如今，旅游信息的来源渠道很多，其中较为典型的信息渠道有4种，即个人来源、商业信息来源、公共来源和经验来源。

(1) 个人来源。这是指人们通过其家庭成员、亲朋好友、邻居、同事等获取信息。由于家庭成员、亲朋好友、邻居、同事等人提供的信息没有功利性，这些人又是自己熟悉、信任的人，这类信息对旅游购买决策的影响较大。正因如此，旅游企业应十分重视这一信息来源的作用，以优质的产品、温馨的服务赢得旅游者的口碑，以便发挥其促进潜在旅游者做出决策的积极作用。例如，一家酒店在宾客意见簿的扉页上写下这样一段耐人寻味的话语："如果您满意，请告诉您的亲朋好友；如果您不满意，请告诉我们。我们将努力做得更好，一直到您满意。"

(2) 商业信息来源。这是指人们通过旅游企业的广告、产品宣传材料、推销人员，以及旅游展览会、博览会、交易会等渠道获取信息。这类信息数量多，对不同对象的影响力有强有弱，信息的可信度往往不如其他来源。

(3) 公共来源。这是指人们通过政府机构、媒体报道、专家评述等渠道获取旅游信息。这类信息往往让人感到较为客观公正、可信度高。例如，"3·15"期间，大连古莲旅行社被评为"大连市诚信企业"的信息被各种媒体报道后，该旅行社的业务量明显提升。因此，旅游企业应以守法经营和文明经营的行为、支持公益的善举和义举赢得社会各界的尊重，并通过公共信息渠道向社会传播自己的经营理念，以影响旅游者的购买决策。

(4) 经验来源。这是指人们通过直接体验、消费旅游产品获得信息。这是旅游者认为最可靠的信息来源。

3. 方案评估

潜在旅游者通过各种渠道获取旅游信息后，会对这些信息进行评估和判断，对各种备选方案进行比较，经综合评价后做出选择。在评估阶段，潜在旅游者往往对旅游品牌、价格、服务等方面较为关注。不同的潜在旅游者在评估同一旅游产品时，所关注的重点往往有较大差异，有的人更关注质量，有的人更关注品牌，有的人更关注价格，有的人更关注环境氛围。常见的评估模式有4种。

(1) 理想产品评估模式。采用此模式评估旅游信息的潜在旅游者，心目中有一个完整的旅游产品理想属性，他会把实际旅游产品和心目中的理想产品进行比照，当前者超过后者时最容易做出购买决策，当两者相当时较容易做出购买决策，当前者与后者差距较大时通常不考虑购买。因此，旅游企业在设计旅游产品时，应首先了解旅游者的需求，只有以满足旅游者需求为前提设计的产品，才能受到旅游者的青睐。

(2) 最低接受评估模式。潜在旅游者对拟购买的旅游产品的主要属性设定最低可接受标准，当其中任何一项主要指标低于最低可接受标准时，潜在购买者都会放弃购买该旅游产品。例如，一个人认为其拟购买的"华东五市游"线路产品至少要满足以下4项条件，即出游天数不超过6日、零购物、零自费、组团社为3A级以上旅行社，如果该线路产品未满足上述任一条件，他都会放弃购买此线路产品。这种评估模式可能产生多个可接受的旅游线路产品，因此，决策者还需借助其他方法做进一步的筛选工作。

(3) 重点评估模式。潜在旅游者在评估旅游线路产品时，重点、优先考虑某些因素。例如，一些老年人对旅游线路产品的价格最为敏感，在同类旅游线路产品中，他们往往选择价格低廉的产品优先购买，而不考虑廉价线路产品是否有品质保障。

(4) 逐项评估模式。潜在旅游者按照自己认为的重要性程度，对拟购买的旅游产品的一些属性从高到低排出顺序，然后再按顺序依次选择最优旅游产品。例如，某购买者对旅游产品属性按重要程度依次排序为：游览景观、价格、住宿标准、用餐标准、交通工具、出游时间。也就是说，购买者首先根据排序中第一重要的"游览景观"这一属性，对各种备选旅游产品进行比较，如果在比较过程中出现了两个以上的满意产品，那么购买者将依次根据第二重要属性"价格"、第三重要属性"住宿标准"、第四重要属性"用餐标准"等进行比较，直至剩下最后一个旅游产品为止。

旅游企业了解潜在旅游者的评估模式，有利于把握目标旅游市场潜在旅游者所关注的重点，设计出符合相应群体产品评估标准的旅游产品，同时可避免把市场广泛关注的安全性差、质次价高的重大缺陷产品投放市场。

4. 购买决策

经过评估后，潜在旅游者会对可供选择的若干旅游产品进行排序，然后选择最符合心意的旅游产品形成购买决策。但在做出购买决策和做出实际购买行为之间，潜在旅游者还会受到他人态度和意外情况这两个因素的影响，如图2-7所示。

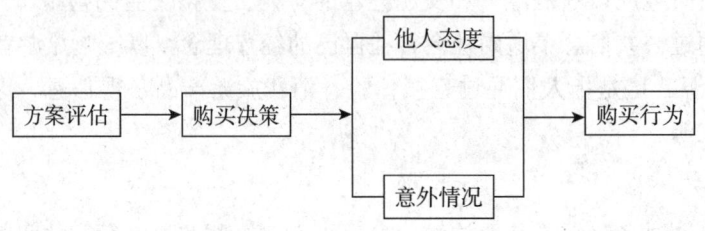

图2-7　旅游者购买行为的形成

购买决策不等同于真正的购买行为。在一般情况下，潜在旅游者一旦做出购买决策，就会执行这个决策并真正地购买。但在潜在旅游者即将采购时，也许会出现某些意外情况，从而改变他们的购买意图。这时旅游者需要做出额外的决策，调整时间、地点、金额以及支付方式等相关因素。所以，潜在旅游者在购买决策和购买行为之间常常存在时滞，尤其对诸如出境游等消费较高的项目更是如此。

(1) 他人态度。他人态度时常会改变潜在旅游者的初步购买决策，从而改变最终的购买行为，特别是来自权威人士、意见领袖以及与购买者本人关系密切的家人等的反对态度，都有可能促使其修改购买决策。例如，春节前夕，张女士决定去三亚旅游，她选择了大连浪漫假期旅行社的"三亚五日游"产品。张女士在签订旅游合同当天，通过去年春节期间去过三亚的朋友得知春节期间三亚旅游各项费用暴涨，性价比过低。张女士接受了朋友的建议，放弃了三亚之旅，重新选择旅游目的地。

(2) 意外情况。旅游购买决策通常是在一定的预期情况下做出的，一旦出现意外情况，可能会促使人们更改购买决策。例如，王先生一家原定于2020年春节前夕去泰国观光旅游。随着世卫组织将新冠病毒肺炎列为国际关注的突发公共卫生事件，以及国内疫情防控的不断升级，王先生果断取消了出游计划。总之，旅游目的地的政局变得不稳定，或突发自然灾害，或购买者突然患病，或原定出行时间另有加班任务，或到购买现场后对服务不满意等，都会导致购买决策的改变。

5. 购后评价

潜在旅游者完成购买行为后，并不意味着旅游企业营销工作的结束。以个人购买为例，购买者做出购买行为后即成为旅游消费者，旅游企业必须提供所承诺的所有服务，以协助旅游者顺利完成旅游行程。例如，某位旅游者购买包价旅游产品后，旅游企业与其签订了旅游合同，但这并不意味着营销工作全部完成，旅游企业还要通知旅游者有关注意事项，包括集合时间、出行时间、需携带的证件等，同时提供组团、预订、导游等服务。

旅游企业应重视旅游者的购后评价。旅游产品主要是无形产品，购买风险较大，旅游者的预期效果和实际效果的差距较难预料，只有在消费过程中才能做出准确评价。在旅游消费过程中，只有当实际效果好于预期效果时，旅游者才会满意。旅游者的满意程度不仅会影响其下一次购买决策，还会影响其周围人士的购买决策。

事实上，旅游者经历了旅游消费过程后，或多或少会产生一些遗憾。与其他产品相比，消费旅游产品时，旅游者要付出更多的时间和精力代价，会面临出行过程中的疲劳、对陌生环境的不适应等，这在客观上对旅游者的满意程度会产生一定的负面影响。为此，旅游企业除了创造良好的环境氛围、提供便捷舒适的旅游交通服务、保证旅游产品质量外，还应建立必要的购后沟通渠道，做好售后服务，进行必要的宣传，使旅游者相信其购买行为的正确性。同时，旅游企业应虚心接受旅游者的投诉，尽量化解旅游者的不满情绪，最大限度地提高旅游者的满意度。

二、影响旅游购买决策的因素

在旅游消费决策过程中，旅游者就是决策者，他在自主决策的条件下进行各种选择。影响旅游者购买决策的因素很多，归纳起来可以分为心理因素和社会因素两大类。其中，心理因素主要有知觉、学习、需要和动机、态度、个性等；社会因素主要有经济、时间、社会群体和社会文化等。本节主要对影响旅游者购买决策的心理因素进行分析。

(一) 知觉

知觉是旅游者心理活动的开始，知觉产生的基础是感觉。感觉是人的感觉器官(如眼睛、鼻子、耳朵、嘴、皮肤等)对光、色、味、声等物理刺激所产生的反应。知觉是随后发生的选择、组织和解释刺激信息，并形成整体印象的过程。

1. 知觉的选择性影响旅游者的决策

不是所有外界刺激都会引起人的注意，只有符合需求和兴趣的事物才会被人选择并加以知觉。针对这一原理，旅游企业在策划旅游线路产品时，应先了解旅游者的需求和兴趣点。

例如，旅游企业设计针对老年人的线路产品时，应强调舒适性，增加一些有益于健康养生的活动安排。

2. 知觉的理解性影响旅游者的决策

旅游经验较少的旅游者在购买旅游产品时，可能会更多受推销人员的宣传及产品报价的影响；而经验丰富的旅游者一般会考察旅游产品的关键要素，例如具体的景点、游览时间、旅游意外险的购买等。

(二) 学习

除了因饥渴、疲劳等本能反应所产生的行为外，人类大多数行为是后天学习积累的经验所致。学习是人类在社会实践中，通过不断探索、不断积累知识和经验以适应和改变周边环境的过程。学习使人们意识到除本能需要以外的绝大多数需要。以旅游者为例，学习使他们产生了旅游需要，使他们知道了去什么地方购买旅游产品、哪些旅游产品符合自己的期望、价格是否合理、选择什么交通工具出行较为适宜、哪些旅行社比较可靠等。

对旅游购买行为而言，一次次成功的购买过程会形成经验积累，一次次失败的购买经历会形成教训的积累。当旅游者将经验和教训结合在一起时，就会形成旅游购买行为的"概念化"和心理定式，从而引导其做出旅游购买决策，并使消费行为趋于成熟。

> **案例**
>
> **人满为患的旅游黄金周**
>
> 五一劳动节期间，王女士带母亲去北京旅游，体验非常不好。例如，偌大的天安门广场挤满了游客，竟找不到一处"可以不与他人合影"的地方；北京故宫内客流量巨大，无法靠近各寝宫的窗前，更无法清晰地看到内部的摆设。王女士的母亲因景点过于拥挤一度血压升高，让王女士甚是担心。事后，王女士感慨道："黄金周外出旅游哪里是去看景色呀，去看人头还差不多。"有了这次的痛苦经历，以后每次出游王女士都会避开黄金周。
>
> **分析**：旅游者的旅游购买行为的产生，主要依据通过后天学习得到的知识和经验。因此，旅游企业不仅要满足旅游者的显性需要，还应"教"旅游者"学会"发现新的旅游需要。旅游企业不能只做"一锤子"买卖，不应认为旅游购买行为结束就万事大吉，而应努力提供让旅游者满意的产品和服务，让旅游者获得正面的经验积累，而非负面的教训积累，促使旅游购买行为进入良性循环。

(三) 需要和动机

人类作出一切行为的动力源于需要。需要是个体感到某种缺乏而力求获得满足的心理倾向，是个体自身和外部生活条件的要求在头脑中的反映。人作为生物体和社会成员，渴望同时满足生存和发展的需要，旅游需要属于后者。一个人内心产生了对异乡自然美或人文美的审美需要，就会推动他开展旅游活动。

动机是推动个体从事某种活动的内在原因，它是在需要的基础上产生的，是推动旅游者做出购买决策的直接原因。例如，某人出游的主要动机是宗教信仰，他在收集信息的过程中一定会关注各类祈福旅游产品，而忽略单纯的度假游、探险游产品。

(四) 态度

态度是指人对某一对象所持有的评价与行为倾向。当我们对人、事、物、团体、制度或代表具体事物的观念做出赞成或反对、肯定或否定的评价时，我们会表现出一种反应的倾向性，即心理活动的准备状态。一个人的态度会影响他的行为取向。例如，当年轻人认为跟团旅游是老年人的选择，这种出游方式不仅会限制游览线路，还会影响时间安排，无法实现深度体验游时，便会放弃跟团旅游而选择自驾游等出游方式。

需要注意的是，旅游者对旅游产品的态度可以通过一些手段来改变。例如，更新旅游产品，塑造优质品牌，重视宣传，采用多种营销方法，进行广告信息的叠加式宣传，利用参照群体引导等。

(五) 个性

个性是个体的心理活动倾向性与心理过程综合在一起构成的个体心理特征。不同的人在能力、兴趣、爱好、做事方式等方面体现出不同的特点，因此，旅游企业在提供旅游产品时要注意满足旅游者的个性。旅游者在选择旅游产品时，会倾向于选择那些符合自己个性的产品。例如，胆小内向的旅游者出游时往往倾向于选择乘坐火车，参加没有危险的活动项目；而自信外向的旅游者出游时往往倾向于选择乘坐飞机，参加具有刺激性和挑战性的活动项目。另外，旅游者的个性不同，在做出决策时花费的时间长短也有很大差异。

三、旅游购买决策的风险知觉

随着旅游产品从卖方市场转向买方市场，旅游者面对的选择逐渐增多，如何利用有限的闲暇时间和可自由支配的收入获得最大限度的心理满足，是每个旅游者都会考虑的问题。旅游者可能会通过学习来购买优质的旅游产品，例如，选择他所熟悉的某家旅行社来安排旅游行程。但由于旅游产品和旅游环境的变化，即使是经验丰富的旅游者也会承担一定的风险。再加上旅游产品的无形性，旅游者在选择旅游产品时面临的不可知因素很多，可能涉及消费非预期的旅游产品。例如，"十一"黄金周期间，旅游者兴致勃勃地随团去旅行，结果住宿条件很差、餐标明显下降、导游讲解敷衍，完全没有达到旅行社事先承诺的标准，导致这次旅游经历变成一场噩梦。一般来说，当决策较难做出或决策将产生较大影响时，决策风险也将随之而来。为此，旅游者需要采取各种措施，来减少或消除决策风险。

(一) 风险知觉的种类

实践证明，任何旅游决策都包含风险和不可知因素，这些风险和不可知因素常常导致预想不到的后果。旅游者面临的风险通常有以下几种。

1. 功能风险

功能风险通常会影响旅游产品和服务的质量。在一般情况下，当旅游者购买的旅游产品和享受的各种服务无法达到预期时，就存在功能风险。例如，飞机出现故障，不能在预定的时间起飞或不能在预定的目的地降落，导游讲解服务不到位，酒店房间空调失灵等。

> **案例**

　　2024年夏天，李先生购买了"海岛三日游"产品，组团社承诺出游期间的住宿标准为环境舒适的四星级酒店。满怀期待的李先生如期开启了海岛体验之旅，没想到在登岛次日傍晚，因受台风影响，海岛供电线路出现故障，全岛大面积停电。李先生非常无奈，只能忍受着没有空调的闷热，在潮湿的床上辗转反侧。这一晚，李先生感知到的风险便是功能风险。

2. 资金风险

　　资金风险具体是指花费较多的金钱能否买到较好的产品和享受优质的服务。例如，旅游者花费双倍票价乘坐旅游列车，但可能并没有比乘坐普通列车更舒适、更快捷的体验。

> **案例**

　　在云南旅游期间，导游带领刘女士来到"七彩云南"购物。在导游的积极推荐下，刘女士买了600元/斤的三七花茶，她暗自庆幸自己买到了物美价廉的商品。但在旅游行程的最后一天，她在当地某大型商场中发现了同样品牌和包装的三七花茶，售价只有380元/斤。刘女士感到自己受骗上当，蒙受了经济损失。在此后的游览过程中，刘女士很少购买导游推荐的旅游商品，她明显感知到资金风险的存在。

3. 社会风险

　　社会风险主要体现为旅游者对自身形象的担忧。旅游者担心购买不当的旅游产品或服务会降低其在社交圈中的形象或社会地位。例如，旅游者选择不知名或低质量的旅游产品，可能会被他人视为缺乏品位或经济实力不佳，从而影响其社会评价；相反，旅游者选择名牌旅游产品或入住高级酒店，不仅能获得优质体验，还能提升社会形象和自我认同感。这些品牌通常具有较高的社会价值，被视为成功和地位的象征，能够满足旅游者的心理需求和社会期望。此外，旅游目的地的选择也会涉及社会风险。热门且备受推崇的目的地往往能为旅游者带来更多的社交关注和认可，而冷门或存在争议的目的地则可能引发质疑，影响旅游者的社会形象。因此，旅游者在决策时，会权衡旅游产品或旅游目的地的社会价值，以确保提升自身形象或至少不损害自身形象。

4. 心理风险

　　心理风险是指旅游产品或服务能否增强旅游者的幸福感和自尊心，或者能否引起旅游者的不满意和失望的情绪。旅游者外出旅游的主要目的是提高自我价值，放松身心，愉悦心情。所以，对旅游者来说，旅游产品和服务能够最大限度地满足他们的心理需求，是十分重要的。

> **案例**

出言不逊的服务员

　　一天下午，吕女士来到某四星级酒店大堂前台，出示该酒店赠送的免费入住券并要求办理入住手续。前台服务员瞥了一眼入住券，不冷不热地说："持免费入住券的客人只能住在21楼，21楼没有空调且部分客房正在装修，如果你能接受就办理入住手续吧。"吕女士对服务员的态度和说法很不满，于是找到酒店大堂副经理反映此事，大堂副经理要求前台服务员为吕女士办理入住手续并调换房间。吕女士转身离开前台时，服务员小声说："不花钱还挑三拣四！"吕女士听到后与之争吵起来，一番唇枪舌剑后，吕女士怒不可遏地找到酒店管理部门进行投诉。

分析：客人入住酒店除了希望好好休息和享受相应的服务之外，还希望得到酒店服务人员的尊重、关心，获得美好的入住经历。案例中的吕女士在入住酒店时被前台服务员的出言不逊严重地伤害了自尊心，因此决定通过投诉来维护个人权益。吕女士感知到的风险就是心理风险。

5. 安全风险

安全风险是指旅游者购买的产品或服务是否会危害自身健康和安全。旅游者在旅游活动中尤为关注是否存在这种风险。例如，餐厅的食品是否卫生，乘坐的飞机会不会出事，某个旅游景点的设施是否牢固等。

6. 时间风险

时间风险是指旅游者在旅游活动中能否在预定时间内完成旅游活动。时间是开展旅游活动的一个重要因素，能否保证在计划时间内完成旅游活动是衡量旅游组织成败的标准之一。如果在计划时间内未完成旅游活动，或者完成全部活动但时间超出计划，不但会引起旅游者的不满，甚至会引发纠纷，给旅游企业造成名誉或者经济上的损失。无论是对旅游者，还是对旅游企业来说，保证旅行时间都是非常重要的。

拓展阅读

旅游消费防风险

一、"莫把李鬼当李逵"，看清证照很重要

选择参团旅游，首先要认清旅行社的资质，正规旅行社的经营场所内应挂有"营业执照"和"旅行社业务经营许可证"。有的公司名为"××旅行社"或"××旅游咨询公司"，但可能仅取得"营业执照"，并没有取得"旅行社业务经营许可证"，那么这就不是正规的旅行社。未取得旅游资质的任何组织或个人不得组织旅游活动，由这类组织或个人组织的旅游活动有风险、不合规，旅游者权益难以保障，因此要避而远之。

二、"合同在手好维权"，留存资料要仔细

参加旅游活动务必要与旅行社签订合同，约定双方的权利义务和旅行社服务内容，保留好合同、付款凭证及其他相关资料。老年人参加高档旅游团或涉及合同金额较高的旅游团，一定要让家属帮忙把关，防止上当受骗。

三、"天上不会掉馅饼"，贪图便宜会上当

不要轻易被"办会员卡享受较大优惠""投资免费送旅游"等噱头吸引。如有购车、购房、买保险等赠送旅游的情况，一定要先确认旅行社是否正规，避免上当受骗。选择质价相符的旅游产品和线路，不要贪图便宜，不要轻易相信旅行社承诺的充值返利、交费赠礼品等。

(二) 风险知觉产生的客观原因

不同旅游者对风险的知觉是不同的，一方面受主观因素(如个性特点、文化层次、思维模式等)的影响，另一方面受旅游产品或服务种类等客观因素的影响。虽然旅游者知觉到的风险并不等于实际存在的风险，但对旅游风险的知觉会影响旅游者的购买决策。旅游者通常在以下情况会感知到风险。

1. 购买目标不明确

有些旅游者已经决定去旅游，但旅游目的地不明确，出行方式也不确定。例如，某公司职员决定利用年假外出旅游放松身心，备选目的地有云南、西藏、陕西，但他不知选择哪里体验最佳；对于采用自驾游、背包游还是随团游也犹豫不定。假期一天天临近，他犹豫不决，无法做出决策。

2. 缺乏经验

一个很少外出旅游的人，面对众多的旅游线路产品，常会感到无从选择，如果仅听从营销人员的推荐，会或多或少地产生风险知觉。

3. 信息不充分

缺少信息或信息相互矛盾会使旅游者知觉到风险。例如，一名70多岁的退休女士一直向往一个人说走就走的旅行，但苦于不会操作旅游相关软件而无法成行，每次出游只能随团，大大影响了出游体验。

4. 受相关群体的影响

个体的行为一旦与相关群体中其他成员的行为不一致，便会感到来自相关群体的压力。

案例

林女士外出到上海学习，在此期间恰巧有一天空闲时间，其他学员纷纷参加"苏州一日游"的观光团，林女士却打算参加"杭州一日游"的观光团，同班学员得知后都劝说林女士放弃这个决定，理由是去杭州游览很可能当天无法返回上海。听了周围人的提醒，林女士也有些担心，最终还是跟随大家参加"苏州一日游"。

5. 推销人员业务水平低及态度差

推销人员对旅游产品及相关信息了解不足，不能及时、确切地回答旅游者的提问或一问三不知，以及没有耐心、态度强硬等，都会使旅游者感知到风险的增加。

6. 对同一对象的矛盾态度

例如，在上海世博会期间，许多想去世博园的旅游者都会担心现场拥挤，一天下来参观不了几个场馆，太过辛苦；但不去参观的话，又怕错过难得的视觉盛宴，毕竟这样的机会不多。

视频在线
课程2-3

消除旅游产品购买风险的方法

(三) 消除风险的方法

当旅游者在决策过程中知觉到各种风险时，为了保证旅游活动顺利进行，旅游者会千方百计地采取措施来消除风险。常见的消除风险的方法包括如下几种。

1. 广泛收集信息

旅游者收集到的相关信息越多，选择决策方案的自信心就越强，风险水平就会降低。有关专家的调查报告表明，在寻求信息所花费的时间方面，知觉到高风险或中等程度风险的旅游者比知觉到低风险的旅游者多1~1.5倍。与此相适应，知觉到高风险的旅游者比知觉到低风险的旅游者更易于接受他人的劝告或广告信息。

2. 认真比较与衡量

在旅游决策中，旅游者往往要根据自己的选择标准对各种备选方案进行比较与衡量。旅游者比较方案所花费的时间越长，知觉到的风险越大；旅游者比较方案所花费的时间越短，知觉到的风险越小。

3. 寻求高价格

无论是日常消费还是旅游消费，人们普遍认同"一分价钱一分货"。如果旅游者缺乏对旅游产品和服务的实际了解，就会倾向于用价格高低来衡量旅游产品质量的好坏和服务的优劣。例如，旅游者一般会相信80元的餐标会明显好于30元的餐标。对于大部分旅游者来说，价格等同于质量，价格高代表质量好，价格低意味质量差。当旅游者对某些旅游产品或服务感知到较高风险而又无法消除时，就会通过选择高价产品来规避风险。

4. 购买名牌旅游产品

名牌旅游产品通常经过了市场的检验，具有较高的品质和信誉，购买这些产品可以减少旅游者在旅游过程中可能遇到的风险，如行程安排不合理、服务质量差、存在安全隐患等。

旅游者为了节省时间和精力，减少知觉风险，一般会购买知名企业旅游产品或享受品质服务。旅游者购买某旅游企业产品或享受到某种服务后，如果感到满意，就会重复购买并会推荐他人购买，从而建立起对特定旅游企业或某种服务的信赖，大大减少风险知觉。了解到这一点，对旅游工作者来说是十分重要的。只有做大做强企业、维护好企业形象、打造优质产品或服务，才能留住现有的旅游者，并吸引更多的新旅游者。

(四) 减轻旅游购买决策者心理压力的对策

了解旅游者知觉风险产生的原因之后，旅游企业应该想方设法减轻旅游者的风险疑虑，调动旅游者的购买积极性。

1. 实事求是地为旅游者提供准确、有效的信息

旅游企业的产品具有无形性，旅游者事先无法得知产品的质量。旅游企业可以制作一些宣传小册子，在参加旅游产品交易会时分发，或者拍摄纪录片、照片放在网上以供旅游者查看等。通过这些方式，可使无形产品有形化，为旅游者决策提供尽可能多的信息，减轻旅游者的疑虑。

2. 加强售后服务，重视与旅游者的沟通

旅游者在结束旅程后，通常会继续收集相关的信息。因此，在旅游行业中，售后服务是非常重要的。旅游企业可以采用书信、电话、面谈等形式了解旅游者对旅游产品的意

见，同时感谢其购买本企业的产品，并欢迎其再次光临。在这个过程中，旅游企业应重视与旅游者的沟通，即使采用一些十分简单的语言，也可以降低旅游者知觉到决策风险的可能性。例如，"感谢您选择我们××旅行社，相信您会对自己的选择感到满意。我们是否能做些什么使您更满意呢"。另外，旅游企业应认真处理旅游者投诉，如发现有不足之处，应积极改进，并及时将处理投诉的结果告知旅游者。及时处理售后问题可以提高旅游者的满意度，降低旅游企业物资消耗。例如，利兹·卡尔顿饭店信奉"1－10－100"的理念，该理念认为，如果马上处理客人的投诉，可能仅需花费1美元；第二天处理投诉，可能需花费10美元；以后处理投诉，可能要花费100美元甚至更多。

四、旅游者的态度与购买决策

(一) 认识态度

1. 态度的概念

日常生活中，我们常常会说或会听到这样一些话，例如"你对××有什么看法""××服务员服务态度恶劣，我不愿意去××酒店住宿"等，类似的表述，我们称之为态度。从科学的角度，心理学家是这样定义态度的：态度是指人们对某一特定对象有一定观念基础的评价性持久反应倾向。人们生活在社会中，由于个性、生活条件、教育、文化等方面的差异，对同一事物必然会产生不同的看法，并用赞成或不赞成的态度表现出来。在旅游活动过程中，旅游者直接接触旅游产品、旅游市场、旅游设施和旅游接待服务等信息，积累了大量经验，从而增长了对旅游对象的认识，并在认识的基础上对旅游对象做出一定的评价，继而形成一定的态度。例如，西方旅游者到中国旅游，他们除了游览风景名胜、经商度假外，往往还会观察社会主义制度下的公民与资本主义制度下的公民有哪些不同之处，以增强自己在政治观点上的认识，从而形成一定的态度。态度，作为复杂的心理现象之一，它时刻影响着人们的行为，导致某些预期效果的产生。因此，从旅游服务与旅游消费的角度认识态度的特点与作用，将有助于提高旅游服务质量。

2. 态度的结构

尽管人与人之间的态度各不相同，看上去毫不相干，但它们有共同的特点：一切态度都由认知、情感、意向等基本要素构成；所有态度的强度和稳定性都有可能受到具体因素的影响；当态度与个人的价值观念密切联系时，它对行为的影响更大。

态度由3部分组成，即认知成分、情感成分和意向成分。

(1) 认知成分。认知成分是指单一个体对个人环境中的某个对象(如个人、事件、想法、情境、经验等)的看法与评价。这些看法与评价包括对这一对象所持的意见、观点或信念。这些意见、观点或信念产生的基础，就是在某一特定时刻某个人感知的事实或信息。认知成分是态度结构中的活跃因素，它可以作为一个人对某一事物或对象的情感基础。例如，在我国改革开放之初，由于对"公关"这一新事物认识不足，有很多人认为，经营公共关系就是漂亮小姐陪客人吃饭、喝酒、跳舞，或"拉关系，走后门""做宣传，拉广告"等，这种偏见导致一些人将"公关"与色情、不正之风联系起来，形成了对公共关系事业的错误认识。再如，有人认同"读万卷书，行万里路"的说法，认为旅游是认识自然界各种事物的最好途径，出于这一认知，人们逐渐形成对旅游的热爱态度。

(2) 情感成分。情感成分是指个体对某个对象在认识的基础上产生的一种情绪与情感体验，也指个体对某个对象所做的情绪判断。例如，某旅游者在某酒店受到礼遇，那么他就会对这家酒店形成良好的评价，而且以后也会再次光临这家酒店。对于某一事物，如果个体产生积极的情感，其评价就指向好的方面；产生消极的情感，其评价便指向坏的方面。在态度的结构中，情感成分是最稳定的因素。

(3) 意向成分。意向成分是由认知成分和情感成分所决定的，是对个体环境中的某个对象的行为反应倾向，它是行为的心理准备状态。例如，当某旅游者曾在某星级酒店受到冷落，他可能会形成对该地区某一类酒店的反感态度，从而远离这类酒店。

在态度的3种成分中，认知成分是态度形成的基础，情感成分是态度形成的核心，意向成分是态度的指向，它具有指导和促进作用，并制约人的行为反应。这3种成分密切联系、协调一致、相互影响、互相制约，形成一个完整且不可分割的有机整体。

(二) 改变旅游者购买态度的方法

改变旅游者的购买态度是提升旅游产品吸引力和市场竞争力的关键环节。以下介绍4种有效改变旅游者购买态度的方法。

1. 在旅游宣传时，增强沟通信息的影响力

(1) 选择权威且有吸引力的宣传主体。选择具有威信和影响力的宣传主体能够有效提升信息的可信度和吸引力。例如，邀请影视明星、专家或体育明星代言旅游产品，其效果往往比普通广告更好。这些公众人物的影响力能够激发旅游者的情感共鸣，从而增强宣传效果。

(2) 采用生动的宣传方式。通过制作高质量的风光短片和动画，或进行虚拟现实设计，让旅游者身临其境地感受旅游目的地的魅力。同时，利用社交媒体和短视频平台分享真实旅游者的故事和精彩瞬间，引发潜在旅游者的情感共鸣，从而激发潜在旅游者的兴趣。此外，举办线上互动活动，例如直播探店、旅游知识竞赛等，也能有效提升信息的吸引力和传播力。

(3) 拓展宣传渠道。可以邀请国外旅游经营者、信息联络人以及新闻媒体记者实地考察和访问，借助他们的专业视角和传播渠道，扩大旅游目的地的影响力。也可以积极参与海内外旅游博览会，展示旅游目的地的独特魅力，提升旅游目的地的知名度。还可以组织旅游代表团进行考察宣传，或加入国际旅游组织并配合宣传，从而进一步提升旅游目的地的国际影响力。

2. 弱化态度主体对态度改变的自我防御

(1) 宣传者应避免居高临下的姿态，而应贴近旅游者的实际需求和心理状态。例如，采用"旅游者视角"的文案，讲述真实的旅行体验，而不是单纯推销旅游产品。这种方式能让旅游者感受到宣传者的真诚，从而降低心理防御。

(2) 宣传者可以通过分散注意力的方式，缓解旅游者的戒备心理。例如，在宣传视频中加入轻松幽默的元素，或在文案中穿插有趣的小故事，让旅游者在轻松的氛围中接受信息。这种潜移默化的方式比直接推销更容易被潜在旅游者接受。

（3）宣传者可以利用优惠措施激发旅游者的认同感。例如，推出限时折扣、赠品或会员专享福利，不仅能吸引旅游者的注意力，还能增强他们对品牌的好感度。同时，通过试用、体验活动等方式，让旅游者亲身体验旅游产品的魅力，也是一种有效手段。例如，推出"一日游"套餐，让旅游者在短时间内感受旅游目的地的特色。

（4）宣传者可以站在旅游者的立场上，客观介绍旅游产品的优缺点。例如，某旅游广告在介绍热门景点时，可能会提到"旺季人流量较大，但风景绝美"。这种坦诚的表达不仅能增加宣传的真实性和可信度，还能让旅游者感受到宣传者的真诚，从而更容易接受宣传内容。

3. 广告信息的适当重复

广告信息的适当重复是塑造和改变旅游者购买态度的重要手段。旅游者在面对众多旅游产品时，往往难以快速做出决策。通过广告信息的重复传播，可以增强旅游者对旅游产品的记忆和认知。例如，通过在社交媒体、旅游平台和线下广告中反复展示某热门旅游目的地的特色景点和体验项目，例如"云南四季如春""桂林山水甲天下"等，能够逐渐促使旅游者在心中建立起对该旅游目的地的积极印象。这种重复并非简单的机械重复，而是需要结合不同的传播渠道和创意形式，例如短视频、图文故事、用户评价等，以增强信息的吸引力和说服力。此外，适当的重复还能在旅游者的潜意识中形成品牌联想，当他们考虑旅游目的地时，更容易联想到被反复提及的旅游产品。

4. 参照群体的引导

参照群体对旅游者的购买态度有着深远的影响。旅游者往往会受到身边的朋友、家人或意见领袖的推荐和评价的影响。因此，利用参照群体的引导是一种有效的营销策略。例如，旅游企业可以通过邀请旅游博主或网红进行实地体验，并请他们分享旅行故事和感受，从而影响潜在旅游者的购买决策。当旅游者看到自己信赖的博主对某个旅游产品给予高度评价时，他们更有可能对该旅游产品产生兴趣。此外，旅游企业还可以通过组织旅游分享会或线上社群活动，让已经体验过旅游产品的旅游者分享自己的经历，从而激发其他旅游者的购买欲望。这种基于参照群体的引导不仅能够提供真实可靠的信息，还能增强旅游者对产品的信任感。

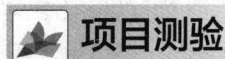 项目测验

一、判断题

1. 采用重点评估模式进行方案评估，可以确保选出最适合的一款产品。（ ）
2. 消费者做出购买决策，就会产生购买行为。（ ）
3. 出国旅游是重大决策。（ ）
4. 确认问题是做出购买决策的前提。（ ）
5. 功能风险是指花费较多的金钱是否可以买到较好的产品和优质的服务。（ ）

二、多选题

1. 旅游决策的种类包括(　　)。
   A. 一般性决策　　B. 特殊决策　　C. 重大决策　　D. 瞬时性决策
2. 旅游决策的风险表现为(　　)。
   A. 功能风险　　B. 体力风险　　C. 心理风险　　D. 资金风险
3. 对购买决策有影响的5类角色有首倡者、影响者和(　　)。
   A. 决策者　　B. 购买者　　C. 评价者　　D. 使用者
4. 旅游者的购买决策过程包括确认问题、收集信息和(　　)。
   A. 联想　　B. 购买决策　　C. 购买后行为　　D. 方案评估
5. 风险知觉产生的客观原因包括(　　)。
   A. 资金不足　　　　　　　　B. 对同一对象的矛盾态度
   C. 受相关群体的影响　　　　D. 缺乏经验

项目实训 | 云南"奖励游"线路产品人员推介方案

◇ 任务导入

某公司计划委托旅行社安排180名年度优秀员工进行国内"奖励游"。多家旅行社得知这一信息后，竞相为本次优秀员工"奖励游"设计线路产品。

公司领导要求各家旅行社在规定时间委派营销人员向优秀员工推介"奖励游"线路产品，最终将以优秀员工的投票结果来确定为本次"奖励游"提供服务的旅行社。

公司"奖励游"信息如下所述。

出游目的地：云南省；出游天数：7～8天；公司承担费用：5000元/人。若旅行社线路产品报价超出5000元/人，超出费用由员工自行承担。

◇ 任务要求

一、模拟推介云南"奖励游"线路产品的旅行社营销人员，制定一份云南"奖励游"线路产品人员推介方案

(一) 云南"奖励游"线路产品人员推介方案内容

1. 旅游企业的资质及服务优势。
2. 本社云南"奖励游"线路产品优势(从旅游六要素中至少选出三项要素进行线路产品优势阐述)。
3. 消除购买决策风险，改变旅游者态度的策略。

(二) 云南"奖励游"线路产品人员推介方案内容要求

1. 体现旅游企业的服务优势，赢得员工信任与青睐。
2. 体现线路产品优势，满足员工心理需求。
3. 充分运用消除购买决策风险的因素，减轻决策者心理压力，消除购买决策风险。
4. 充分运用改变旅游者态度的因素，从而改变其购买行为。
5. 推介方案内容不得少于20项。

二、依据推介方案，通过角色扮演模拟云南"奖励游"线路产品人员推介

1. 每个团队选定1名主讲和1名推介助理进行线路产品推介。
2. 推介时间为10～15分钟。
3. 针对特定群体心理，做到重点突出、有创新性、有吸引力、有针对性。
4. 讲解自信、流利，有感染力。
5. 要达到减轻旅游决策者的心理压力、消除旅游决策风险的目的。

三、项目任务成果提交形式

1. 提交云南"奖励游"线路产品人员推介方案Word文档。
2. 提交推介辅助PPT，模拟云南"奖励游"线路产品人员推介。

四、云南"奖励游"线路产品人员推介方案文档排版要求

1. 版面设计美观，格式规范。
2. 标题：小二号字，宋体，加粗，居中，与正文内容之间空一行。
3. 一级标题：四号字，宋体，加粗，首行缩进2字符。
4. 正文内容：小四号字，宋体，首行缩进2字符。
5. 纸型：A4纸，单面打印。
6. 页边距：上2.5cm，下2cm，左2.5cm，右2cm。
7. 行距：1.5倍行距。

◇ 任务实施

一、教学组织

1. 教师向学生阐述项目任务及要求。
2. 由4～5名学生组成一个学习团队，以团队形式完成项目任务。
3. 学习团队通过查阅教材、教师授课资料等，完善项目任务知识。
4. 教师解答学生的相关咨询，监督、指导、检查、评价项目任务的实施。
5. 提交项目任务成果，教师进行成果评定并进行提升性总结。
6. 学习团队模拟云南"奖励游"线路产品人员推介，教师进行现场点评和总结。

二、知识运用

1. 旅游购买决策。
2. 旅游者的需要。

◇ 任务成果范例(参见二维码)

模块三

旅游者心理与导游服务

模块背景

旅游服务人员"生产"的是"服务",旅游者真正"买到手"的是一种接受服务的"经历"。这种"经历"是不可能在没有旅游者参与的情况下,由旅游服务人员单独"生产"出来的。也就是说,这种"生产"是由"提供服务者"和"接受服务者"共同完成的,这就是旅游服务人员的工作与实物生产人员的工作的最大区别。

作为旅游团队"灵魂"的导游,不但要具备独立执行决策和独立进行宣传讲解的能力,还应具备较强的组织协调能力、善于与各种人打交道的能力、独立分析并处理事故的能力、掌控和调节旅游者心理情绪的能力等。这是导游出色完成旅游服务工作、给旅游者带来美好"经历"的必备业务素质。

模块结构

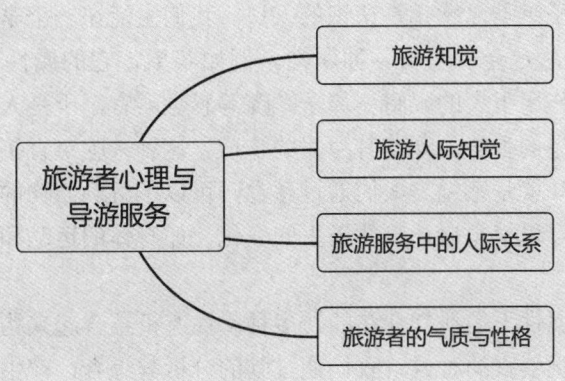

项目一　旅游知觉

项目目标

◇ **知识目标**

1. 理解感觉和知觉的概念。
2. 理解并掌握感觉和知觉的特性。
3. 理解错觉的概念，掌握错觉的种类。
4. 掌握影响旅游知觉的因素。

◇ **能力目标**

1. 能够运用感知觉特性提升旅游者的旅游体验。
2. 能够利用错觉原理营造错觉美(形象设计、园林景区规划等)。
3. 能够依据旅游知觉的影响因素为旅游者提供心理服务。

◇ **素质目标**

1. 辩证看待问题，避免片面，把握规律。
2. 树立游客至上、以人为本、服务至诚的服务理念。
3. 勤于思考、善于创新、学以致用。

项目知识

一、感觉与知觉

人的心理过程源于感觉，感觉是认识的入口。我们生活在一个丰富多彩的世界里，客观世界作用于我们时总是会表现出各种属性。例如苹果，它的属性有颜色、气味、滋味等，这些属性会分别作用于人的眼睛、鼻子、嘴等感觉器官，于是人们认识到，苹果是红色的，闻着有一种水果的香味，吃着有甜甜的味道。这种人脑对直接作用于感觉器官的刺激物的个别属性的反映就是感觉。人们通过感觉，可以了解刺激物的各种不同属性，如颜色、气味、温度等；可以察觉自己身体发生的变化，如身体的运动和位置、各种器官的工作状况等。

客观事物的个别属性不是孤立存在的，多种属性有机结合起来构成一个整体。当客观事物作用于我们的感觉器官的时候，我们通过脑的分析与综合，产生对它的整体反映。例如，将一个苹果呈现在我们面前，我们通过脑的分析与综合，对它的颜色、气味、滋味等进行整体反映，认识到这是一个苹果，如图3-1所示。这种人脑对直接作用于感觉器官的刺激物的个别属性的整体反映就是知觉。

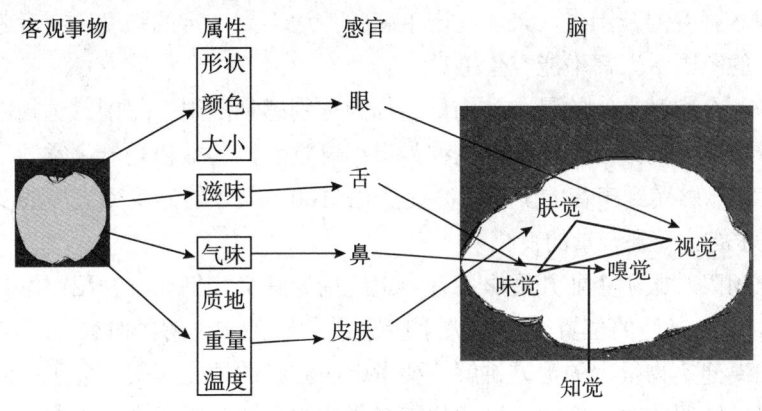

图3-1　知觉的形成

感觉和知觉是紧密联系而又有所区别的心理过程。感觉是知觉的基础，没有感觉也就没有知觉，感觉越精细、越丰富，知觉就越准确、越完整。同时，事物的个别属性总是依附于事物的整体而存在。当我们感觉到某种物体的各种个别属性时，实际上已经感觉到该物体的整体。离开知觉的纯感觉是不存在的，人总是以知觉的形式直接反映事物，感觉是作为知觉的组成部分存在于知觉之中的，因此，我们通常把感觉和知觉统称为感知觉。

感知觉是人类认识世界的第一步，是一切知识的源泉，是人类心理活动和心理健康的基础。

拓展阅读

感觉剥夺实验

1954年，加拿大心理学家赫布在蒙特利尔实验室首次开展感觉剥夺实验。受试者被安置在隔音、黑暗的房间中，佩戴半透明护目镜、棉手套和U形枕，以降低视觉、听觉和触觉输入。实验初期，受试者尚能保持平静，但随着时间的推移，大多数受试者在48小时内出现注意力涣散、情绪焦虑、时空感知混乱的情况，甚至产生幻觉。3天过后，坚持下来的受试者还出现了记忆力衰退和逻辑能力下降等症状。

实验表明，持续的外界刺激是维持人类正常认知功能的必要条件。这一研究为心理学、航天员隔离训练和特殊教育等领域提供了重要参考。

二、感受性

对刺激强度及其变化的感觉能力称为感受性，它说明引起感觉需要一定的刺激强度。感受性的强弱用"阈限"表示，所谓"阈限"，就是门槛的意思。在日常生活中，并非所有来自外界的适宜刺激都能引起人的感觉，例如落在皮肤上的灰尘、手腕上手表的滴答声，这些都是外界作用于感觉器官的适宜刺激，但人在通常情况下无法感觉到，原因在于刺激强度太低。要产生感觉，刺激物必须达到一定的强度并且持续一定的时间。那种刚刚能引起感觉的最小刺激量，称为绝对感觉阈限。例如，在可见光谱(400~760纳米)范围内，有7~8个光量子，且持续时间在3秒以上，人的眼睛就可以产生光的感觉；声音的感受频率为20~200 000赫兹，超过这一范围，无论响度如何变化人都听不到。这些情况说明，在适宜刺激强度的范围内，人才能产生感觉；达不到一定的强度，或者强度超过感觉器官所能承受的范围，人都不能产生感觉。

能识别的两个刺激之间的最小差别量，称为差别感觉阈限。差别感觉阈限是人辨别两种刺激强度时所需要的最小差异值，也称为最小可觉差，其数值是一个常数。例如，响度变化1/10，人才能感受到声音的变化；亮度变化1/100，人才能感受到亮度的变化；音量变化11/100，人才能感受到音量的变化。

研究感觉阈限对旅游企业开展服务有一定的指导意义。例如，介绍旅游景区和项目的广告牌要置于光线充足的位置，字迹大小应适宜；导游在讲解的时候，要选择恰当的位置，不能站在离建筑物很远的地方讲解，要考虑旅游者的视觉阈限，便于旅游者清晰地感知；导游为老年团服务时，应注意讲解的声音稍微大一些，因为老年人的听觉阈限值一般高于年轻人。

三、感觉的特性

(一) 适应性

刺激物持续作用于感觉器官，使感觉器官的敏感性发生变化的现象，称为感觉的适应。这种适应性表现为感觉器官的敏感性在强刺激持续作用下会降低，而在弱刺激持续作用下则会提高。例如，我们都经历过视觉适应的两种情况——明适应和暗适应。从暗处到明亮的地方需要经历明适应，例如，我们离开一间黑屋子走到阳光下的时候，起初觉得光线很刺眼，什么也看不见，过几分钟就好了；从明亮的地方到暗处需要经历暗适应，例如，我们从阳光下走到一间暗室里的时候，起初什么都看不见，经过较长一段时间后，视力才能渐渐恢复正常。此外，嗅觉、听觉等也有适应性，正所谓"居鲍鱼之肆，久而不闻其臭；处芝兰之室，久而不闻其香"。现实生活中，关于适应性的例子比比皆是。长期在迪斯科舞厅工作的人，并不觉得迪斯科音乐的刺激性非常强烈，而刚刚走进舞厅的人则会感到音乐的强烈刺激，觉得声音震耳欲聋；厨师在开始做菜时，菜的味道咸淡适中，等厨师品尝较多菜品后，由于味觉产生了适应性，后面做的菜可能会比较咸一些。值得注意的是，痛觉没有适应性。

● 案例 ●

导游的疏忽

"十一"黄金周期间，阳光旅行社的小李带领游客游览大连金州大黑山景区的"瑶琴仙洞"。刚一进洞，一名游客的头就撞到了石头上，还有的游客踏到了水里。种种意外导致游客情绪低落，游兴大减。

思考：案例中的导游存在哪些工作疏忽？请结合感觉的适应性进行解释。

案例

为何游客疏远我

导游小张最近有些肠胃不适。午餐时,饭店提供了海鲜菜品。为了避免腹泻,小张吃了几瓣大蒜。他心想,"居鲍鱼之肆,久而不闻其臭;处芝兰之室,久而不闻其香",游客不会在意的。然而,在下午的行程中,他感觉游客总是怪怪的,似乎不愿意与他接近。导游小张很疑惑,难道是大蒜惹的祸?

思考:游客为什么疏远导游小张?

拓展阅读

巧除大蒜味

人的嗅觉适应速度通常比视觉慢,而且对不同气味的适应时间差异较大。例如,人适应碘酒气味需要3~4分钟,而适应大蒜气味则需要25~45分钟。

吃完大蒜后,有三种方法可以有效消除异味:一是牛奶漱口法,牛奶中的脂肪可以分解大蒜素,饮用100毫升纯牛奶或含漱牛奶1分钟,能有效减少口腔异味;二是酸性中和法,生嚼柠檬片或苹果片,或饮用柠檬水、苹果醋水,利用果酸中和大蒜中的硫化物,能够快速淡化异味;三是茶叶除味法,咀嚼绿茶茶叶(无须吞咽),茶叶中的多酚可分解硫化物,或用浓茶漱口30秒,也能清新口气。

(二) 对比性

同一感觉器官在接受不同刺激时会产生感觉的对比现象。苏轼的诗"一朵妖红翠欲流"体现的就是感觉的对比所营造的特殊效果。感觉的对比分为同时性对比和相继性对比两种。例如,将同一个灰色色块分别放置于较亮和较暗两种背景之上,两者对比,人们会觉得在较暗背景上的灰色色块要比在较亮背景上的灰色色块更浅、更亮,如图3-2所示,这就是同时性对比。我们喝完苦味的中药后,立即喝水会感觉水有甜味,这就是相继性对比。

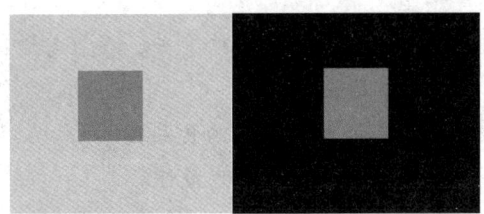

图3-2 同一灰色色块在两种背景上的对比

案例

赠品没有好东西

小张是某家星级酒店的服务员。一天,在餐厅服务中,她分别为两桌客人上了同样的餐后免费水果。一桌客人对饭店赠送的餐后水果提出质量问题,抱怨葡萄太酸,并总结赠送的东西没好货;而另一桌客人却非常满意,小张很疑惑。

分析：这是感觉相继性对比的结果。抱怨水果太酸的客人先前吃了甜点，口腔对甜味的敏感性降低；而口腔中没有酸味，导致对水果的酸味非常敏感，所以感知不到水果的甜味，使酸味特别明显。作为酒店的服务员，在上菜时一定要注意先后顺序，让客人充分体验到味觉美。

案例

打扮也有学问

导游小张肤色较黑，最近看到同事小李焗了浅黄色的头发很好看，自己马上效仿，结果大家都说效果不如小李。

分析：这是感觉同时性对比的结果。导游员小李焗了浅黄色的头发很好看，是因为她的肤色较白。小张不考虑自己的肤色较黑，一味效仿小李也焗了浅黄色头发，在浅黄色头发的对比下，小张的肤色显得更黑了。

(三) 感觉的相互作用

不同感觉之间存在相互作用，某种感觉器官受到刺激而对其他器官的感受性造成影响，使其提高或降低，这种现象称为感觉的相互作用。例如，在绿色光照射下，人的听觉能力会提高；在红色光照射下，人的听觉能力会降低。又如，强烈的噪声可以降低视觉能力，微弱的声音可以提高视觉能力。

人对食品的味觉敏感度也常受食品温度的影响，这是经科学家反复实验证实的观点。一般说来，12℃～15℃的水喝起来比较爽口，6℃～8℃的啤酒喝起来清爽宜人，8℃～10℃的果汁喝起来更有天然风味。另外，人们对甜、辣、咸的味觉感知也和温度变化有一定的关系。

拓展阅读

温度与味觉

1. 食品分为喜凉型和喜热型

许多食品的口味不仅与加工过程及保鲜程度有关，而且与食品的温度有关。科学家经过研究比较，将食品分为喜凉型和喜热型。

喜凉型食品在10℃左右时口味最好，喜热的食品在60℃～65℃时口味最好。例如，热茶在65℃时既好喝又解渴；热咖啡在70℃时口味最佳。

2. 食物咸味的强弱与温度的关系

营养学家研究发现，食物咸味的强弱受温度影响较大。在26℃～42℃时，咸味随温度的上升而缓慢减弱；一旦超过42℃，咸味就会急剧减弱，温度越高，咸味减弱越明显。

3. 甜味、酸味、苦味与温度的关系

甜味在37℃左右时最为强烈，此时感觉最甜。酸味受温度影响不大，酸味食物在10℃～40℃时的味感并无多大差异。苦味会受温度影响，温度越高，味道越淡。

案例

饭店换厨师了吗?

小方饭店是王导所在旅行社的定点饭店,对于该饭店的饭菜口味,游客评价一直很高。"十一"黄金周期间,王导又带团到那里就餐。因为正值旅游旺季,为了避免游客长时间等待,王导提前15分钟通知饭店上菜。游客到达饭店后,饭菜已经摆好,果然节省了游客等待的时间。可是游客用过餐后,普遍觉得当天饭菜口味一般,并不像王导所说的那样好。王导也有同感,心想:"饭店换厨师了吗?"

为何游客会觉得饭菜的口味不如王导所说的那样好?你能为王导找出原因吗?

分析:这是"感觉的相互作用"在作怪。味觉与温度觉产生了相互作用,而食物的温度会影响食用者味觉的敏感性。一般热食的食品在60℃~65℃时,食用者的味觉较为敏感,口味最佳。由于饭菜过早摆上餐桌,当游客就餐时饭菜早已凉了,影响了味觉美。

联觉是一种感觉引起另一种感觉的心理现象,它是感觉相互作用的一种表现。联觉有多种表现,最明显的是色觉与其他感觉的相互影响。例如,"色—温度"联觉,即色觉兼有温度感觉,波长的红色、橙色、黄色会使人感到温暖,所以这些颜色被称为暖色;波短的蓝色、青色会使人感到寒冷,所以这些颜色被称为冷色。冷色与暖色除了给我们以温度上的不同感觉外,还会带来其他感受。例如,暖色偏重,冷色偏轻;暖色有浓厚的感觉,冷色有稀薄的感觉;暖色有逼近感,冷色有退却感。依据这一现象,在宽敞的房间里使用暖色的床单、窗帘、家具、墙纸或地毯,可以使房间在感觉上变小且温馨,避免产生空旷寂寞感;在狭小的房间里使用冷色的床单、窗帘、墙纸或地毯,可以使房间在感觉上变大且宁静,避免产生局促和压抑感。

色觉还能影响情绪和健康。黑色给人以庄重肃穆之感,红色给人以欢快热烈之感,蓝色、绿色则给人以静谧之感。红、橙等暖色可以缓解高血压患者的不适感,而蓝色、绿色等冷色可以给高烧者带来凉爽的心理感觉。

不同颜色可以对人的食欲产生不同的影响。一般认为,橙黄色可促进食欲,黑白色有时能降低食欲。在不同颜色的灯光下,食物会呈现不同的色彩。黄色灯光下的菜肴会呈现诱人的鲜嫩可爱的色相;白色灯光下的菜肴呈现正常的色相;而在蓝色灯光下,菜肴会呈现腐败变质的色相。

色觉的联觉作用被广泛应用于艺术、设计等领域。在绘画、建筑、环境布置、图案设计等活动中,人们经常利用联觉现象来增强相应的效果。此外,听觉、方位知觉等也有联觉作用。例如,音乐可能激发人内心某种情感或记忆的共鸣,从而使人产生某些情绪和身体感受的变化。

拓展阅读

色彩的心理效应

在泰晤士河上,有一座叫"波利菲尔"的大桥十分著名。每年在此自杀的人格外多,人们一度认为这座桥是不祥的,产生了许多古怪的传闻。经过长时间的研究,英国皇家医学院的普里森博士提出了一个惊人的猜想：自杀事件可能与大桥的颜色有关。他发现这座桥通体漆黑，而黑色会使人感到压抑、悲观，甚至产生轻生欲望。他建议将黑色换为绿色，因为绿色代表了生机与希望，会给人带来继续生活的勇气。政府采纳了他的建议，将这座桥重新粉刷为绿色。在此后的一年时间里，人们发现跳桥自杀的人数减少了56%。

四、旅游知觉及其特性

视频在线
课程3-1

旅游知觉的特性

所谓旅游知觉，是指旅游者在游览过程中，基于自身经验、文化背景及心理预期，将感官接收的信息主动筛选、整合并赋予其意义的过程。旅游知觉主要有以下特性。

(一) 旅游知觉的选择性

古人云："仁者乐山，智者乐水。"乐山或乐水，取决于人的知觉选择。作用于旅游者的客观事物是丰富多彩的，但旅游者不可能全部清楚地感知到并做出反应，旅游者总是根据客观事物的特点和自身需要等因素，有选择地以少数事物作为知觉对象，对它们知觉得格外清晰。知觉对象好像从其他事物中凸显出来，出现在旅游者前面，其他事物则成为背景退到后面，导致旅游者对其知觉比较模糊。知觉的选择性反映出人的心理的主观能动性。

但是知觉对象和背景的关系不是一成不变的，依据一定的主客观条件，两者经常可以相互转换。例如，当旅游者在听导游讲解时，导游的讲话内容成为旅游者的知觉对象，而周围其他声音则成为这种知觉对象的背景；如果这时景区广播里传出大型表演的通知，所有旅游者都侧耳倾听具体的表演时间及内容，则表演通知成为旅游者的知觉对象，而导游的讲解便成为背景的一部分。

知觉对象和背景的关系可以用一些双关图来说明。在知觉某种图形时，知觉对象和背景可以迅速转换，知觉对象能变成背景，背景也能变成知觉对象。如图3-3所示，在这幅图中，天使和魔鬼都存在于图中，但你不可能同时看见天使和魔鬼。如图3-4所示，当我们以黑色为背景时，会看到一个白色的花瓶；而当我们以白色为背景时，又会看到两个侧面人物头像。

图3-3 天使与魔鬼双关图

图3-4 花瓶人头双关图

知觉的选择性受知觉对象的运动变化、知觉对象的新异性以及知觉对象与背景的差异性的影响。其中，知觉对象和背景的差别越大，越容易从背景中凸显出来。例如，在旅游过程中，绿色草坪上的一簇鲜花、黄色沙海中的一棵绿树等都很容易被旅游者知觉。因此，导游在工作时的着装最好选择颜色鲜艳的衣服，以便于旅游者辨认，防止其走失、掉队。

(二) 旅游知觉的理解性

旅游知觉是一个非常主动的过程，它总是用过去所获得的有关知识和经验，对旅游者感知的旅游刺激物进行加工处理，并用概念的形式把它们标示出来。旅游知觉的这种特性即为旅游知觉的理解性。

知觉的理解性依赖于知觉者过去的知识和经验。知觉者与某一事物有关的知识和经验越丰富，对该事物的知觉就越丰富、越深刻、越精确、越迅速。

影响旅游知觉理解性的因素主要有3个。

(1) 言语的指导作用。在知觉对象不太明显时，言语指导有助于主体对知觉对象的理解。在旅游中，言语指导是导游工作的一项重要内容。例如，在游览本溪水洞的时候，在导游的讲解下，那些千姿百态的钟乳石变得充满寓意、栩栩如生，大大增加了旅游者的游览兴趣和收获。

(2) 实践活动的任务。普通旅游者游览大连老虎滩海洋公园和旅游专业的学生去老虎滩海洋公园进行景区考察，虽然两个群体的知觉对象是相同的，但由于活动任务不同，他们对同一对象的理解就不同，便会产生不同的知觉效果。

(3) 情绪状态。面对同样一种事物，人们的情绪状态不同，对它的理解也就不同。如果人们对知觉对象抱着消极的态度，就不能深刻地感知客观事物；只有对其感兴趣，抱有积极的态度，才能对知觉对象感知得丰富、深刻。现在，请看图3-5，你看见了什么？

图3-5　你看见了什么

(三) 旅游知觉的整体性

人在知觉客观对象时，总是把它作为一个整体来反映。在图3-6中，三角形、正方形、圆形是作为一个整体被知觉的，尽管背景图形似乎支离破碎，但它们构成的是一个整体。知觉的这种特性称为知觉的整体性。

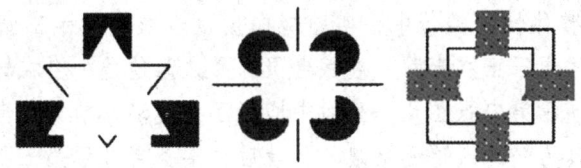

图3-6　知觉的整体性示例1

在旅游中，旅游者对一个景点的整体印象往往是由多个因素共同作用的结果，如自然景观、文化氛围、服务质量等。例如，当旅游者在欣赏一幅山水画时，不会只关注画中的山或水，而是将山、水、树、云等元素作为一个整体来感知。

旅游知觉的整体性依赖于客体的特点。

(1) 当客体在空间、时间上接近时，就容易被知觉为一个整体。无论是空间的接近还是时间的接近，都倾向于组成一个对象。例如，由于上海、南京、苏州、杭州、无锡离得较近，旅游者往往把它们知觉为"华东五市"一条旅游线路。

(2) 客体的颜色、强度、大小和形状等物理属性相似时容易被知觉、组合成一个整体。如图3-7所示,三角形、菱形、正方形都是对形状的描述,很容易被知觉为一个整体;华山、泰山、黄山虽然相隔较远,但由于同时具有旅游名山的属性,因而也容易被知觉为一个整体。

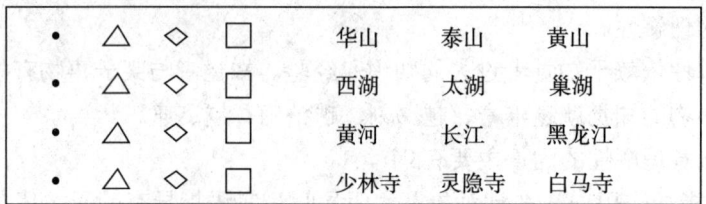

图3-7　知觉的整体性示例2

(3) 当客体具有连续、闭合和运动方向相同等特点时,容易被知觉为一个整体,如图3-8所示。

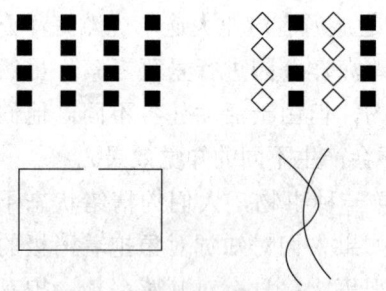

图3-8　知觉的整体性示例3

旅游知觉之所以具有整体性,一方面,是因为旅游刺激物的各个部分和它的各种属性总是作为一个整体对旅游者发生作用;另一方面,在把刺激物的各个部分综合为一个整体知觉的过程中,旅游者积累的知识与经验常常能提供补充信息。

🔖 拓展阅读

知觉的整体性

在一项关于知觉整体性的实验中,实验者向被试者依次展示三张图片。第一张图片中,一个身穿运动服的男子正在奔跑,被试者很容易认为他是一名在球场上锻炼的足球运动员。接着,实验者展示第二张图片,画面中增加了在运动员前方惊慌奔逃的姑娘,被试者立刻判断该图片内容为"坏人追逐姑娘"。最后,实验者展示第三张图片,画面中又出现了一只从动物园逃出的狮子,被试者这才明白,画面中的男子和姑娘都在为了躲避狮子而奔跑。

这个实验表明,知觉的意义并非孤立存在,而依赖于整体情境和各部分之间的相互关系。离开了整体,局部信息的意义就会发生改变,甚至完全失去其确定性。

(四) 旅游知觉的恒常性

当旅游知觉的条件在一定范围内发生改变的时候,旅游知觉的印象仍然保持相对不变,这就是旅游知觉的恒常性。知觉的恒常性强调知觉条件改变,而知觉结果不变。例如,距离我们2米或200米远的亭子,在视网膜上成像的大小不同,但是我们仍然知觉到亭子大小都是一样的；同一座建筑在阳光下和阴影下看起来可能有所不同，但旅游者仍然能够识别出这是同一座建筑，并且对其整体印象保持一致。旅游者凭借知觉的恒常性能够摆脱单纯物理刺激引发的片面知觉，从而全面、精确、稳定地反映客体，以适应不断变化的旅游环境。人的知觉恒常性不是生下来就有的，而是后天学来的。旅游知觉的恒常性受到多种因素的影响，其中过去积累的经验和知识最为重要。

五、错觉

(一) 错觉的定义及种类

错觉是对客观事物不正确、歪曲的知觉。王维的诗句"大漠孤烟直，长河落日圆"就利用错觉营造出一种强烈的、令人难以忘怀的鲜明意象。错觉现象可以发生在视觉方面，也可以发生在其他知觉方面，具体包括以下几种。

1. 几何图形错觉

在众多错觉中，以视错觉最为普遍，它常发生在对几何图形的认知中，如图3-9所示。

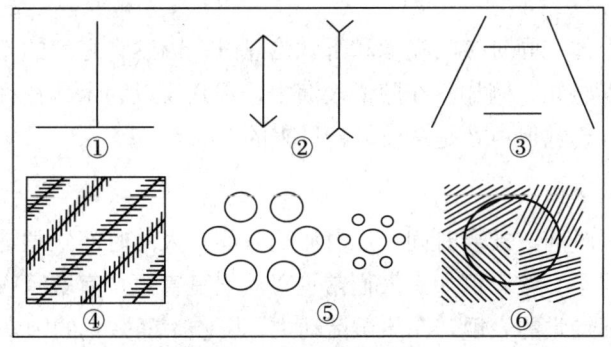

图3-9　几何图形错觉

图3-9列举了几种常见的几何图形错觉。①为垂直线和水平线错觉。两条线段的长度实际相等，但看起来垂直线更长。②为等长线错觉。两条直线长度相等，因加上不同方向的箭头，看起来右边那条更长。③为透视错觉。两条横线长度相等，因加上两条斜线呈现透视效果，造成远近知觉，离我们远的那条线显得更长。④为平行线错觉。几条平行斜线上附加的线段方向不同，使平行线看起来不平行。⑤为对比错觉。两组图形中间两个圆的大小实际相等，因各被不同大小的圆所包围，右边图形中间的圆看起来比左边的大。⑥为圆环错觉。一个圆形与几组不同方向的斜线相交，使其看起来不再是圆形。上述错觉的产生，主要是由于知觉对象的客观环境发生了某种变化。例如，与周围事物关系的变化、附加成分的变化等，干扰了人们对知觉对象的正确认识。此外，人们原有的经验也会产生影响。例如，对于未掌握透视原理的人来说，在观察图③时不会产生两条线不等长的错觉。

2. 形重错觉

将10公斤棉花和10公斤铅块放在一起对比，在不知晓重量的情况下，人们会认为棉花较重。例如，在重庆市丰都鬼城景区有一个小"铁球"，又称"试心球"。导游每到此处都会调侃团队中的男士："谁能够拿起这个铁球，以示对爱人的忠心？"每次都有身强体壮的男士自告奋勇上前挑战，结果都是无功而返，引得围观游客哄堂大笑。当游客对此疑惑不解时，导游就会解说道："这个铁球看似很小，实际上里面灌注了铁砂，重达180公斤。"顿时，游客恍然大悟，原来前去挑战的男士都被"铁球"的大小欺骗了。

3. 方位错觉

方位错觉是指个体在感知方向或位置时出现的错误判断，这种错觉可能让人误判自身的位置或目标方向。例如，在缺乏明显参照物的沙漠或森林中，旅游者容易因视觉误导而迷失方向；在布局复杂的古城或小巷中，相似的建筑和街道可能会使旅游者误判方向，导致绕路或迷路。

4. 运动错觉

运动错觉是指个体在静止或运动状态下，因视觉、前庭系统或其他感官信息的误导，错误地感知自身或周围物体的运动。例如，在乘火车时，当你所乘的列车静止而旁边的列车启动时，你可能会误以为自己所乘的列车在后退；在游乐园的旋转屋中，尽管你站立不动，房间的旋转也会让你感到自己在旋转，从而产生眩晕或倾斜的感觉。

5. 视听错觉

视听错觉是指个体在同时接收视觉和听觉信息时，因感官之间的相互作用或外部环境的干扰而产生的错误感知。例如，在腹语表演中，观众误以为木偶在说话；当我们看着讲台上作报告的人时，会觉得声音是从前方传过来的。

6. 时间错觉

时间不仅有物理时间、社会时间，还有心理时间。人的时间知觉是相对的，心理时间与物理时间往往表现不一致。例如，人们常说"欢娱良宵短，寂寞暗夜长""快乐时光终觉短"等，都是时间错觉的表现。在旅游活动中，影响时间知觉的因素有以下几个方面。

(1) 活动内容。旅游活动内容丰富多彩，旅游者心情愉快，就会觉得时间过得很快；相反，旅游活动贫乏寡味，旅游者就会心情落寞，觉得时间过得很慢。

(2) 情绪态度。旅游者态度积极、情绪高涨时会对时间"短估"，感到时间过得快；相反，旅游者态度消极、情绪索然时会对时间"长估"，感到时间过得慢。

(3) 期待。旅游者在等待时，会感觉时间过得慢；结束等待开始活动时，会感觉时间过得快。

拓展阅读

有关"等待时间的7项原则"

(1) 焦虑会使等待的时间显得更长；
(2) 等待时无事可做比有事可做感觉时间更长；
(3) 不确定的等待比已知的、有限的等待感觉时间更长；
(4) 没有说明理由的等待比说明理由的等待感觉时间更长；
(5) 不公平的等待比平等的等待感觉时间更长；
(6) 服务的价值越高，人们愿意等待的时间越长；
(7) 单个人等待比许多人一起等待感觉时间更长。

(二) 错觉的应用

错觉会扰乱人们正常的生活秩序，给人们带来危害。但是，一旦掌握了错觉产生的规律，恰当而正确地利用错觉，错觉也可为人们服务。错觉产生的规律在建筑、舞台美术、环境布置、商品装潢、绘画、摄影、魔术、服装设计等领域得到了广泛应用。在旅游活动策划、旅游资源开发和旅游设施建设中，人们也常常利用错觉来增加审美效果和趣味性。例如，在地面绘制3D立体画，旅游者可以拍照互动，仿佛置身于画中场景；夜间景区的灯光秀，利用光影变化让静态建筑"动起来"；通过蜿蜒的小路或隐藏的景观，让旅游者产生景区比实际更大的感觉，从而增加探索乐趣。

案例

空间错觉

一位行人路过一家灯具商店，店内墙壁镶满镜子，从房顶延伸至地面。镜子的反射和景深效果让店铺空间仿佛扩大一倍，悬挂的灯具也显得更加繁多。这种空间错觉不仅能让商品看起来丰富多彩，还能减少陈列数量，降低经营成本。

此外，在商业空间中，利用镜子和灯光不仅能营造开阔感，还能调节消费者和销售人员的情绪，提升消费者的购物体验，从而促进销售。

1. 错觉在建筑物中的应用

错觉广泛应用于建筑业中。为了凸显建筑物宏伟高大的特点，可以利用横竖错觉，大量使用贯通建筑物的垂直线条。横竖错觉是指两条同样长的线段相比，垂直线段看起来远比水平线段更长。横竖错觉在碑、塔建筑中运用得十分广泛。

当房间面积较小、屋顶较低，使人感到压抑时，可以利用横竖错觉营造宽阔、高敞的效果。

2. 错觉在园林艺术中的应用

错觉广泛应用于园林艺术之中，特别是中国的园林艺术，常常利用人的错觉来渲染风光、突出景致。例如，以先藏后露、虚实相辅、大小相生、善用比例、注重烘托等艺术手法，营造"多方胜景，咫尺山林"的效果，使"小园不觉其小，大园不觉其旷"。对于园林中的假山、流水，可通过缩短视觉距离的办法，以水面和墙壁约束旅游者，使其没有后退的余地，从而将旅游者的视线限制在很近的距离之内。当旅游者眼前只有假山、流水，没有其他参照物时，山就显得高了，水也显得长了。

3. 错觉在游乐项目中的应用

现代游乐设施十分注重利用人的错觉组织丰富有趣的节目，使旅游者感受到刺激并产生愉悦感。例如，利用声音联觉产生的方位错觉，通过播放"动物音乐"使旅游者感觉置身于森林之中。又如，常见的"吃惊房屋"项目也是利用错觉来营造惊险和刺激效果的。

4. 错觉在服饰中的应用

鲁迅先生曾经谈到服饰的错觉问题，他说："人瘦不要穿黑衣服，人胖不要穿白衣服；脚长的女人一定要穿黑鞋子，脚短就一定要穿白鞋子；方格子的衣裳胖人不能穿，但比横格子的还好；横格子的胖人穿上，就把胖更往两边裂着，更显宽了；胖子要穿竖的衣服，竖的把人显得长，横的把人显得宽。"

因此，服务员在为消费者提供服务时，巧妙利用几何图形错觉，往往能取得极佳的服务效果。例如，为矮胖的顾客推荐竖条、V领、小印花服装，劝阻其购买横条服饰、较宽的腰带、高领衬衫等商品，以使其显得苗条；为瘦人推荐横条、暖色调服装，以使其显得丰满。享受到这样的服务，顾客大都会满意而归。

六、影响旅游知觉的因素

(一) 客观因素

在旅游活动中，具有以下特性的对象，容易引起旅游者的知觉。

1. 具有较强特性的对象

城市中造型奇特的标志性建筑物，山谷中飘忽的云海，群山中挺拔入云的峰峦，一望无际的蓝天碧水等，都具有较强的特性，对人有较强的作用，因而容易引起人们的知觉。

2. 反复出现的对象

对象重复出现的次数越多，就越容易被知觉。例如，人们多次看到旅游目的地的风景宣传片、旅游广告、旅游宣传材料，由于信息反复出现、多次作用，人们会对此产生较为深刻的知觉印象。

3. 运动变化的对象

在固定不变的背景上，运动的刺激物比静止不动的刺激物更容易成为知觉对象。例如，在旅游过程中，夜晚不断变换的霓虹灯、飞流直下的瀑布、海上行驶的游船、树林中跑动的松鼠、天空中放飞的风筝等很容易被旅游者所感知。

4. 新奇独特的事物

旅游者容易对没有接触过、具有新异性的景观产生知觉。例如，长江三峡的悬棺，世界称奇的万里长城、秦兵马俑等，都能引起旅游者的注意。

(二) 主观因素

影响旅游知觉的主观因素是指知觉者的心理因素，主要包括以下几个方面。

1. 需要和动机

凡是能够满足旅游者的需要，激发旅游动机的事物都能引起旅游者的注意，从而被清晰感知；反之，与旅游者的需要和动机无关的事物往往被忽略。例如，某个旅游者"五一"出游的主要动机是参加宗教活动，在选择旅游产品时，他会关注有宗教活动项目安排的旅游产品，哪怕旅行社对单纯的休闲度假产品进行铺天盖地的宣传，他也会视而不见。

此外，有些事物本来不是知觉对象，但当它们的刺激强度大到足以干扰旅游者需要与动机所指向的目标时，旅游者也会转移注意力，把它们纳入知觉范围。例如，各地大同小异的旅游交通通常不会引人注目，但是当旅游者因为旅游交通出问题而耽误行程时，它们就会进入旅游者的知觉范围。

2. 旅游者的兴趣

兴趣是人们积极探究某种事物或从事某种活动的意识倾向。旅游者经常把自己感兴趣的事物作为知觉对象，而把那些和自己兴趣无关的事物作为背景，或干脆将其排除在知觉范围之外。人们有各不相同的兴趣，这在选择旅游目的地时常常得到充分体现。例如，对文史知识感兴趣的旅游者，会选择"六朝古都、十朝都会"等有着深厚文化底蕴的旅游目的地；对自然风光感兴趣的旅游者，会选择名山大川、风景秀丽的旅游目的地进行参观游览。即使是去往同一旅游目的地，由于兴趣爱好不同，旅游者感知到的景观及对旅游地的印象也各不相同。总之，兴趣影响旅游者的知觉选择、知觉程度以及知觉印象。

3. 旅游者的情绪

情绪是人对客观事物态度的一种反映。情绪和人的需要紧密联系在一起，对人的心理活动具有强烈的影响，知觉也不例外。俗话说"欢娱良宵短，寂寞暗夜长"，这说明在同样的时间里，情绪影响了人们对时间的知觉。在旅游活动中，旅游者对时间的估计通常受自身情绪的影响。旅游者情绪好的时候，会觉得时间过得快；而在烦恼和厌倦时，则正好相反。因此，在长途行车过程中，为了避免旅游者感到单调、乏味而长估时间，导游应组织丰富有趣的车上活动，充分调动旅游者积极的情绪体验。此外，情绪状态在很大程度上影响个人的知觉水平。当旅游者情绪愉快时，各种事物都会被他们知觉得比实际状况美好，他们也会兴高采烈地参与各种活动，积极主动地感知大量的景观；而当旅游者情绪不佳时，知觉范围缩小，知觉主动性降低，他们会对导游的讲解听而不闻，再美的景观，也会令他们觉得索然寡味并会留下消极的知觉印象。因此，旅游服务人员应随时关注旅游者的情绪变化，及时调节旅游者的情绪。

拓展阅读

旅游车上的诗词趣味互动

世界上最多的愁——问君能有几多愁，恰似一江春水向东流。
世界上最难找的人——只在此山中，云深不知处。
世界上最深的情——桃花潭水深千尺，不及汪伦送我情。
世界上最快的船——两岸猿声啼不住，轻舟已过万重山。
世界上最大的瀑布——飞流直下三千尺，疑是银河落九天。
世界上最高的楼——不敢高声语，恐惊天上人。
世界上最长的脸——去年一点相思泪，至今流不到腮边。
世界上最远的邻居——海内存知己，天涯若比邻。
世界上最孤独的人——前不见古人，后不见来者。
世界上最美的女人——回眸一笑百媚生，六宫粉黛无颜色。
世界上最害羞的人——千呼万唤始出来，犹抱琵琶半遮面。
提示：这类互动适用于旅游者文化层次较高的旅游团。

4. 旅游者的知识和经验

旅游者在实践中所获得的知识和经验可以影响其对知觉对象的理解与判断，从而节约感知时间，扩大知觉范围，获得更多、更为深刻的知觉体验。例如，酷爱历史文化的旅游者与对历史知识知之甚少的旅游者同时游览北京故宫，由于知识和经验的差异，相较于后者，前者获得的信息会更多，对景观的理解会更深刻。旅游实践表明，针对同一景观，重访者和初来者的旅游感受是大不一样的，其中原因之一就是旅游者的经验差异。有经验的旅游者知道哪些景点应该多玩多看，哪些景点不看也罢，哪些景点不可不玩、不可不看等。因此，在相同的时间里，有经验的旅游者会比没有经验的旅游者有更多的旅游收获。

5. 阶层意识

人生活在社会之中，必然因各种因素从属于某一社会阶层，从而产生各种阶层意识。不同阶层的人的价值观念、生活方式、为人处世的态度甚至道德标准等都是不同的。虽然现代社会中旅游活动日益普遍化，但是各个阶层的人在旅游的方式、时间、地点、目的、消费等方面是有差别的。在实际旅游活动中，旅游者的阶层意识将使其在知觉对象的选择和知觉印象等方面表现出不同的倾向。处于社会上层、文化层次较高、品位较高的旅游者，大多严谨、持重，倾向于参与能体现其社会地位、文化修养和品位的旅游活动。例如，他们期待听到高水平的导游讲解，倾向于参与代表经济实力的旅游项目，购买艺术欣赏性强和有珍藏价值的旅游商品等；而一般的旅游者往往更关心带有普遍性的社会问题及当前的热门话题，期望听到有故事性的导游讲解，乐于接受廉价实惠的旅游项目，购买的旅游商品也主要是当地的土特产和物美价廉的旅游纪念品等。

6. 旅游者的个性

个性是指一个人区别于他人的，在不同环境中显现出来的，相对稳定的，影响人的外显和内隐性行为模式的心理特征的总和。个性对主体的知觉具有很大的影响。例如，性格内向的旅游者喜欢安静的活动项目，青睐垂钓、下棋、读书等活动；性格外向的旅游者对参与性强、有一定冒险性的活动项目表现积极，如登山、划船、漂流等。再如，多血质的旅游者知觉速度快、范围广，但不细致；黏液质的旅游者知觉速度慢、范围小，对事物知觉深刻。又如，胆大自信的旅游者喜欢选择乘飞机出行；而胆小谨慎的旅游者对安全考虑较多，乐于选择乘火车出行。

了解了影响旅游知觉的主观因素后，旅游从业人员应重视主观因素对旅游者的影响，在旅游资源开发、旅游景区建设、旅游服务接待、旅游营销宣传等工作中，应兼顾旅游者主体的心理因素，为旅游者提供有针对性的服务。

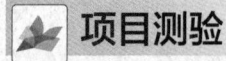

一、判断题

1. 感觉器官在弱刺激的持续作用于下，感受性会降低。（　　）
2. "仁者见仁、智者见智"体现了知觉的选择性。（　　）

3. 王维的"大漠孤烟直、长河落日圆"是利用错觉营造视觉上的美感。（　　）
4. "一朵妖红翠欲流"是由感觉的相互作用营造的特殊效果。（　　）
5. 100克的差别阈限值是3克，400克的差别阈限值是12克。（　　）

二、单选题

1. "微弱的声音可以提高视觉能力"这是(　　)现象。
   A. 感觉的适应　　　　　　　　B. 注意过程
   C. 感觉的相互作用　　　　　　D. 感觉的对比
2. "万绿丛中一点红"，红色很容易被人感知，这属于(　　)。
   A. 知觉的整体性　　　　　　　B. 感觉的选择性
   C. 注意的选择性　　　　　　　D. 知觉的选择性
3. 旅游者在游览石林景区时，需要导游进行生动、细致的讲解。导游讲解的主要目的是增加旅游者知觉的(　　)。
   A. 整体性　　　B. 选择性　　　C. 理解性　　　D. 恒常性
4. 冬天布置房间一般选择红、黄等色调，因为这些颜色能给人以温暖的感觉，这属于(　　)现象。
   A. 感觉的适应　　　　　　　　B. 联觉
   C. 感觉的相互作用　　　　　　D. 感觉的对比
5. 吃糖后再吃苹果，感觉苹果特别酸，这属于(　　)。
   A. 味觉的适应　　　　　　　　B. 感觉的相互作用
   C. 感觉相继性对比　　　　　　D. 感觉同时性对比

三、多选题

1. 错觉的形式包括(　　)。
   A. 几何图形错觉　B. 形重错觉　　C. 大小错觉　　D. 运动错觉
2. 影响知觉选择性的因素包括(　　)。
   A. 运动　　　　　B. 颜色反差　　C. 新异事物
   D. 兴趣、爱好　　E. 需要
3. 知觉的特性包括(　　)。
   A. 选择性　　　　B. 适应性　　　C. 理解性
   D. 恒常性　　　　E. 整体性
4. 感觉的适应性表现为(　　)。
   A. 嗅觉适应　　B. 味觉适应　　C. 听觉适应　　D. 痛觉适应
5. 视觉对光的适应可分为(　　)。
   A. 光适应　　　B. 明适应　　　C. 明亮适应　　D. 暗适应

项目实训 | "浪漫大连三日游"导游心理服务策略

◇ **任务导入**

大连海滨国际旅行社委派导游小张接待"浪漫大连三日游"团队。

组团社：西安夕阳红国际旅行社

旅游团性质：老年团

团队人数：30人

交通工具：飞机/豪华旅游大巴

如果你是地接社导游小张，如何依据旅游者的知觉相关理论，为"浪漫大连三日游"团队提供更好的旅游体验？

◇ **任务要求**

一、编写"浪漫大连三日游"导游心理服务策略

二、"浪漫大连三日游"导游心理服务策略内容要求

1. 导游心理服务策略应依据旅游者的知觉理论提出，各项服务策略后面应附有理论依据。

2. 导游心理服务策略不少于25项。

3. 导游心理服务策略至少涵盖5项导游服务项目。导游服务项目包括接待准备、接站服务、沿途导游、入住服务、景区服务、用餐服务、导购服务、娱乐服务、送团服务、后续工作等。

4. 导游心理服务策略表述要清晰、简练。

三、项目任务成果形式

提交"浪漫大连三日游"导游心理服务策略Word文档。

四、"浪漫大连三日游"导游心理服务策略文档排版要求

1. 版面设计美观，格式规范。

2. 标题：小二号字，宋体，加粗，居中，与正文内容之间空一行。

3. 一级标题：四号字，宋体，加粗，首行缩进2字符。

4. 正文：小四号字，宋体，首行缩进2字符。

5. 纸型：A4纸，单面打印。

6. 页边距：上2.5cm，下2cm，左2.5cm，右2cm。

7. 行距：1.5倍行距。

◇ **任务实施**

一、教学组织

1. 教师向学生阐述项目任务及要求。

2. 由4~5名学生组成一个学习团队，以团队形式完成项目任务。

3. 学习团队通过查阅教材、教师授课资料、网络资料，完善项目任务知识。

4. 教师解答学生的相关咨询，监督、指导、检查、评价项目任务的实施。

5. 提交项目任务成果,教师进行成果评定并进行提升性总结。
二、知识运用
旅游知觉。

◇ **任务成果范例**(参见二维码)

项目二 旅游人际知觉

 项目目标

◇ 知识目标
1. 理解并掌握人际知觉的概念。
2. 了解人际知觉的途径。
3. 掌握影响人际知觉的因素。

◇ 能力目标
1. 能够正确辨识影响人际知觉的各项因素。
2. 能够运用影响人际知觉的因素指导工作和生活。

◇ 素质目标
1. 理解事物的普遍性和特殊性的对立统一。
2. 培养善始善终、精益求精的工作态度。
3. 培养以诚相待、待人如己的处事原则。

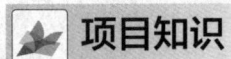 项目知识

一、认识人际知觉

(一) 人际知觉的概念

所谓人际知觉，是指根据个体的外部表现判断其个性特征及人与人之间的心理关系的过程。人际知觉是个体相互感知的过程，是社会知觉的内容之一。人们按照自己的动机、价值观念去知觉他人，同时根据他人对自己的看法和态度来修正自己的行为和反应。人际知觉是了解人与人之间各种复杂关系的途径，是做好旅游服务与管理工作、协调人际关系(客我关系、同志关系、上下级关系)的依据。

(二) 人际知觉的途径

人际知觉的途径有以下几种。

1. 仪表

仪表是个体特征的重要组成部分，它构成人的具体形象。当我们初次和一个人接触

时，首先看到的是这个人的衣着、高矮、胖瘦、肤色以及肢体是否健全等。将这些属于物理方面的特征加以整合，根据固有的经验、知识以及思维方式等，可以对对方做出某些判断，并可从这些仪表信息中了解对方的性格、文化、修养等。例如，当我们看到一个女人衣着得体、配饰得当、优雅大方，即可做出判断，此人可能具有较好的审美品位。

2. 表情

表情是个体情绪、情感的外部表现，能够有效传达信息，是了解一个人的重要途径。一个人的喜、怒、哀、乐等情绪不仅可以通过其脸部表情显现出来，还可以通过其说话的眼神、语气、手势动作等表露出来。例如，人在快乐时手舞足蹈、眉开眼笑。

(1) 面部表情。在面部表情中，眼神最为重要眼睛是心灵的窗户，眼神的变化表现了人的心理变化。社会心理学家发现，人所有的内在体验几乎都可以用眼睛来表达。在通常情况下，眼神与表情的表达是一致的。在特定情况下，比如情境要求人们做出特殊的表情，以便控制自己留给别人的印象时，眼神与表情会出现分离。在这种情况下，透露人们内心真实状态的有效线索是眼神，而不是其他面部表情。表情可以伪装，而眼神无法作假。有经验的旅游服务工作者能够通过旅游者的眼神来判断旅游者的状态，有针对性地做好服务工作。

(2) 体态表情。体态表情在非语言沟通中应用较为广泛，包括仪态服饰、面部表情和动作姿势3个方面。动作姿势是人表达情绪时较为常用的体态表情，如摆手表示拒绝、拍脑袋表示自责等。第二次世界大战时期，英国首相丘吉尔发明了"V"(victory，意为胜利)手势，此后，这一手势成为代表"胜利"的手势语。但是，同一种手势动作在不同国家并不一定具有相同的含义。例如，用拇指与食指作环状，在美国表示"可以、好"的意思，在东京表示"钱"，在突尼斯则表示"我要将你干掉"。所以，在旅游服务工作中，旅游服务工作者要多了解一些常见动作所表示的不同含义，并注意其不同的运用场合。

此外，旅游服务工作者还可以通过声音的变化来了解他人的情绪。例如，愉快的旅游者笑声从容、爽朗；失望的旅游者语气低沉、叹息声不断等。

在现实生活和旅游活动中，对一个人情绪状态与心理动态的判断，要联系情绪和心态产生的背景来分析，知觉才较为准确。一般来说，人的喜怒哀乐可以通过其面部表情、动作表情和声音表情直接判断，但有些人则相反，其高昂的情绪、激昂的声音或夸张的动作可能掩盖了他真实的心态。有的人表面平静，或许心里正惊慌失措；有的人表面热情洋溢，心里却冷若冰霜。

3. 角色

什么是角色？社会学认为，社会是一个大舞台，每个人都在这个舞台上占有一定的地位，扮演一定的角色。人在社会中所处的地位、从事的职业、承担的责任以及与此有关的一套行为模式即为角色。例如，售货员在商场推销商品时，必须采用耐心、周到、热情的服务态度，熟练掌握技能，具备丰富的业务知识。只有这样，他才符合售货员的角色要求。

一个人在社会中不只扮演一种角色，因为人总是生活在各种各样的社会团体中，在不同的社会团体中占有不同的地位。角色表明人在种种社会关系中的作用、权利和责任，反映人们对个体的期望和要求。例如，一位教师在学生的期望中，应该是一位学识渊博、条理分明、生动有趣的讲授者；但是当他回到家里，孩子不会期望他是讲授者，只期望他是一个和蔼可亲的父亲。正因为角色是随着社会关系的变化而变化的，个体对自己所扮演的角色的职责、义务和应有的形象要有明确的认知。如果当事人违背社会已形成的人际关系模式，就很难与他人相处，这必然会阻碍人际关系朝良性方向发展。

二、影响人际知觉的因素

例如，当地陪导游与全陪导游第一次见面时，地陪导游一边看着全陪导游，一边在想："这个团的全陪很年轻，看来没啥经验。"同时，全陪导游也在想："这位地陪导游看起来蛮干练，看来这次大连之旅我就不用多费心了。"这就是发生在地陪导游与全陪导游初次见面时的"人际认知"。当然，人际认知并不只发生在他们初次见面的时候，在以后的交往中，他们还会进一步互相了解。也许地陪导游会发现，"这位全陪导游虽然年轻，但办起事来非常老练"。这些都属于"人际知觉"。

在人际知觉的过程中，人们由于受主客观因素的影响，难免会产生知觉偏差。因此，很有必要了解影响人际知觉的因素，主要有以下几种。

(一) 首因效应

首因效应又称第一印象效应，是指与不熟悉的社会知觉对象第一次接触后形成的印象。例如，第一次进入一个新环境，第一次与某人接触，第一次到某商场购物，第一次到某酒店住宿等。与他人首次接触时，人们总会有一种新鲜感，会注意对方的外表、语言、动作、气质等，从而形成首次印象。对一个人的首次印象，往往会影响对这个人以后的看法。首因效应的特点是"先入为主"，即对某物的先期知觉结果决定后期知觉结果。例如，你如某人第一次见面时，你看到的是一位服饰得体、和颜悦色、性格开朗的人，你一般会愿意与他继续交往；反之，如果这个人一脸凶相、恶声恶气，或衣着邋遢、举止不雅，那么，你一般就不愿意再与他交往下去。

旅游者不断变换是旅游接待工作的一个显著特点，旅游工作者与旅游者的接触比较短暂，双方都来不及进行更多了解，无法达到"路遥知马力，日久见人心"的境地。因此，对于旅游工作者来说，给旅游者留下良好的第一印象是非常重要的。

拓展阅读

外貌的魅力

1966年，美国心理学家沃尔斯特(Walster)以明尼苏达大学新生为对象，开展了"电脑舞会"实验。实验中，每名参与者的舞伴由电脑随机分配，参与者不得自行交换。中间休息时，参与者需要填写问卷，评价其舞伴。结果显示，决定参与者是否愿意与舞伴进一步约会的关键因素是舞伴的外貌是否有吸引力。

这一结论表明，在人际吸引影响因素中，外貌占据重要地位，尤其是初次交往时，超越了其他因素的影响。

在此，需要强调两点。第一，对某人的第一印象，只是通过对此人的仪容仪表、言谈举止等表面层次的认知而形成的。这就是说，你对某人的第一印象并不是通过你对他的一些内在品质的认知而形成的。因此，如果你仅仅根据第一印象来判断此人"是一个什么样的人"，你的判断往往是不准确的，至少是不全面的。第二，尽管第一印象只是根据表面层次的认知而形成的，但人们在初次见面以后，是否还愿意继续与对方交往，以及按什么样的"人际距离"来与对方交往，在很大程度上受第一印象的影响。根据以上两点，我们需要注意两点：一是不要只凭第一印象轻易地对他人"是一个什么样的人"做出判断；第二，要非常注意自己留给他人的第一印象。

拓展阅读

胡石塘的斗笠

胡石塘是元朝的一位文人，此人满腹经纶、才超群儒。他胸有成竹地到京城应试，元世祖忽必烈亲自召见了他。上朝时，胡石塘的斗笠戴歪了，自己却没有察觉。忽必烈问他："你平常所学的是哪些学问？"胡石塘自豪地回答："全是治国平天下的道理。"忽必烈笑道："你连自己的斗笠都戴不好，还谈什么治国平天下呢？"结果，忽必烈没有任用他。胡石塘汗颜，从此回家教书，第一课即教学生注重仪容仪表："衣贵洁，不贵华，冠必正，纽必结，袜必履，俱紧切。"

对导游员而言，在机场、车站第一次接触旅游者时，就必须注意自己的仪表要美观大方，态度要自信友好，办事要稳重干练(尤其要避免错接、迟接、漏接旅游团事故的发生)，要以周密的工作安排、较高的工作效率给旅游者留下美好的印象。对饭店服务员而言，服务员应通过端庄的仪表、优雅的姿态、礼貌的问候、温柔的笑容、热情的态度、高超的技巧等给旅游者留下深刻而美好的第一印象，从而使旅游者心情愉快、乐于交流、积极消费。作为旅游工作者，应该时刻牢记，"良好的开端"就是"成功的一半"。

(二) 否定后肯定效应

"否定后肯定效应"即如果人们先对某人做出否定的评价，而后来的事实证明这种评价是错误的，那么，人们会对此人做出更高的评价。如果没有原先的否定，可能不会对此人做出如此高的评价。

产生"否定后肯定效应"的条件是：先有一件事，使人们对某人做出了否定的评价；后来又发生了一件事，使人们认为应该改变对此人的评价。

案例

某职业技术学院旅游管理专业的老师相约"五一"假期随团去大连庄河步云山景区旅游。到达景区当天，老师们打算晚餐后到附近市场购买一些特产。他们刚出酒店，就遇到了一名相貌平平的当地小伙子，蹲在门口卖鸭蛋，大家向他询问了价钱。第二天一早，当地陪导游登车时，全体老师都认出他正是昨天在酒店门口卖鸭蛋的小伙子，大家顿时对他的服务能力产生了怀疑。但是，这名地陪导游接下来说了一段精彩、充满自信的欢迎词，又令所有老师眼前一亮。在全天的导游服务中,地陪小伙子出色的表现更是赢得了老师们的一致赞赏。

分析: 虽然地陪导游的欢迎词非常精彩,但如果他先前没有给老师们留下"只是当地一个卖土特产品的小商贩"的印象,老师们很可能会这样想:"作为导游,本来就应该这样!"老师们也不会对他大加赞赏。

了解了"否定后肯定效应",我们是否可以故意先犯一点错误,让别人先对自己做出很低的评价,以便在以后获得更高的评价呢?当然,我们不可以这样做。但是,了解了"否定后肯定效应",当我们由于某种原因而出现失误,导致别人对我们做出较低的评价时,我们就不会轻易心灰意冷、一蹶不振,而是会积极调整心态,找出不足,改正错误,争取以尽善尽美的表现扭转局面,获得他人较好的评价。

(三) 近因效应

近因效应是指对于最后接触的人和事物留下的印象更加深刻。例如,在一场演出中,导演总会把知名演员的演出或精彩的节目安排在最后,即人们所说的"压轴戏",使演出在高潮中结束,给人留下难忘的印象。

在我们的生活中,也经常发生这样的事。例如,某人最近犯了一个错误,人们便改变了对这个人的一贯看法;或者两个好朋友因为一点不同的意见或者误会而翻脸、绝交;常年来往、亲密得像一家人的两个家庭,却为一件小事闹矛盾,甚至大动干戈,从此"鸡犬之声相闻,老死不相往来"。发生了这种事后,往往是一方埋怨另一方"全然不念当初恩义",另一方又责怪这一方"昧了良心"。在这类现象的背后,近因效应产生了不小的影响。在人际交往中,最近、最后的印象往往是最强烈的,可以冲淡在此之前留下的各种印象。

导游在与旅游者打交道的过程中,也应该把握住这个规律,把最后的服务环节认真做好,以便给旅游者留下一份美好的回忆。特别是当服务过程不顺利时,导游更应抓住"最后机会"争取给旅游者留下一个良好的最后印象,以便对前期的某些失当之处起到一定的弥补作用。例如,导游在导游服务的最后环节要送别旅游者,此时,一句良好的祝愿、一个恰到好处的手势都会让人感到亲切和难忘,从而增强服务效果。我国一位从事导游工作近40年的英文导游在向旅游者告别时,为表达"期盼重逢",他总会说:"中国有句古语,'两山不能相遇,两人总能相逢',我期盼着在不久的将来,我们还会在中国,也可能在贵国相会,我期盼着,再见,各位。"也许这位老导游的话和他的热诚太感人了,时至今日,每年的圣诞节、新年,贺年卡都会从世界各地向他飞来,甚至有不少贺年卡是他一二十年前接待的旅游者寄来的。其中,有这样一张贺年卡,背面工工整整地用英文写着"Greetings from another mountain"(来自另一座山的问候)。

首因效应和近因效应说明,在人际交往时要注意开始和最后的表现,努力达到"虎头豹尾"式的效果。在旅游期间,最后一天中的最后一项活动往往能使旅游者难以忘怀,会给旅游者留下深刻的印象。因此,在设计旅游线路时,应在第一天和最后一天的行程中安排知名度高的景点和内容丰富的旅游活动。

(四) 晕轮效应

晕轮效应又称光环作用或光环效应，是指认知主体对客体的某一特征留下突出印象，进而将这种印象扩大为对象的整体行为特征，从而产生美化或丑化对象的现象。客体的某一突出特征就像月亮周边的月晕一样，会产生光环的虚幻效果，使认知主体看不清客体的真实面目。人们常说的"情人眼里出西施""一叶障目""100-1＝0""一白遮百丑""一坏百坏"等都是晕轮效应所致。

视频在线
课程3-2

晕轮效应对旅游
服务的影响

📖 拓展阅读

相貌的晕轮效应

1972年，美国心理学家戴恩(K.Dion)等人进行了一项经典实验，研究人的外貌对评价的影响。实验中，他们将照片分为"漂亮""中等"和"难看"三组，让被试者从社会地位、生活幸福感等方面对照片中的人进行评价。结果显示，外貌漂亮的人在几乎所有方面都获得了更积极的评价，而外貌难看的人则得到更多消极的评价。

这一结果揭示了晕轮效应在人际评价中的显著作用，即外貌吸引力会影响人们对他人其他特质的判断。

晕轮效应与首因效应一样普遍，它们的主要区别在于：首因印象是从时间上来说的，由于前面印象深刻，后面的印象往往成为前面印象的补充；而晕轮效应则是从内容上来说的，由于对认知对象的部分特征印象深刻，这部分印象便泛化为全部印象。所以，晕轮效应的主要特点是"以点带面、以偏概全"。

晕轮效应在旅游活动中既有积极的影响，也有消极的影响。积极影响表现在：旅游者在享受了一次优质服务或消费了一种优质产品后会将此经验泛化，认为同类服务或产品都是好的，这就是光环作用。消极方面表现在：如果遇到一次导游与他人合谋欺客、宰客的情况，旅游者就再也不会选择该导游所在的旅行社，妨碍客我关系的正确知觉，这种晕轮效应一旦泛化，会产生很大的消极作用，这种消极作用也称"扫帚星作用"。在旅游实践中，晕轮效应经常左右旅游者的知觉选择。因此，旅游企业应提供优质服务，发挥晕轮效应的积极作用，让旅游者认为整个旅游业的服务是优质的。旅游企业绝不能蒙骗和坑害旅游者，以免发生"一颗老鼠屎坏了一锅粥"的情况。

📖 案例

小投诉带来的大生意

某客人在某五星级商务酒店入住数日，离店前一天，他在电梯里偶遇进店时送他进房间的行李员。两人打过招呼后，行李员问他这几天住在酒店的情况，客人直率地表示，酒店各部门的服务都比较好，他只是对中餐厅的某道菜不太满意，觉得菜的味道不如从前。客人还说，他在几年前曾多次住过这家酒店。

当晚，这位客人再来中餐厅用餐时，中餐厅经理专门准备了这道菜请客人免费品尝。原来，说者无心，听者有意，当客人离开后，行李员立即将此事告知了中餐厅经理。客人知道事情的原委后，非常高兴，他没有想到随便说说的事，酒店会如此重视。客人真诚地说："这件小事充分体现出贵酒店员工的高素质以及对客人负责的态度。"

几天后，这位客人的秘书打来电话，告知酒店，前几天在酒店下榻的这位客人是他们集团公司的总经理，他回到公司后，高度赞扬了酒店员工的素质，并决定将研讨会及入住预订从另一家商务酒店更改到这家酒店。酒店在客人离店前提供了周到的服务，因此接到了一单大生意。

分析：该案例说明，酒店提供的服务是一个整体，客人在酒店的经历是由他与服务员的每一次接触构成的，每一个服务员都应对客人的经历负责。只有这样，才能让客人形成良好的印象，为酒店创造更多的效益。

案例中，因为前几次入住形成了良好印象，这位客人这次还选择在该酒店入住。可是这次酒店的餐饮产品质量出现了问题，影响了客人对酒店已经形成的良好印象。如果这个行李员没有留心客人的不满，可能就会失去这位客人及其所带来的其他业务。在餐饮部经理和行李员的共同努力下，客人修复了对酒店不好的知觉，提高了对酒店服务质量的评价，在此基础上产生了光环效应，把他公司的研讨会改到该酒店召开，从而为酒店带来丰厚的利益。

(五) 刻板印象

刻板印象是指社会上一部分人对某类事物或人物所持有的共同的、固定的、笼统的看法和印象。这种印象不是一种个体现象，而是一种群体共识。例如，人们一般认为工人豪爽，农民质朴，军人雷厉风行，知识分子文质彬彬，商人较为精明；年轻人上进心强，敢说敢干，而老年人墨守成规，缺乏进取心；男人独立性强，竞争心强，自信和有抱负，而女性依赖性强，起居洁净，讲究容貌，细心软弱等。实际上这些都是刻板印象，这种刻板印象一旦形成，在对人的认知中就会不经意地、简单地把某个人归入某一个群体中去。

一般来说，"物以类聚，人以群分"，生活在同一地域或同一社会文化背景中的人，在心理和行为方面总会有一些相似性；同一职业或同一年龄段的人，他们的观念、社会态度和行为也可能比较接近。人们在认识社会时，会自然地概括这些特征，并把这些特征固定化，这样便产生了社会刻板印象。因此，刻板印象本身包含一定的社会真实，它有助于简化人们的认知过程，为人类迅速适应生活环境提供一定的便利。每一个社会群体都会有一些共性特征，运用这些共性特征去观察和了解群体中的个体成员，有时的确是知觉他人的有效途径。

但是，"人心不同，各如其面"，刻板印象毕竟只是一种概括而笼统的看法，并不能完全代表活生生的个体，因而"以偏概全"的错误总是在所难免，而且很难随着现实的变化而发生变化，它往往阻碍人们看到新的现实、接受新的观点，结果导致人们对某类群体的成见。

旅游工作者在接待来自不同国家和地区的旅游者时，除了要了解他们的共同特征，还应当注意不受刻板印象的影响，去观察他们各自的特点，并且注意纠正错误的、过时的观念，从而为旅游者提供及时、周到的旅游服务。

刻板印象是客观存在的，我们要努力消除它的负面影响。在中国优秀的旅游城市中，有些城市由于历史原因，导致广大公众形成了刻板印象，而其中有些刻板印象非常不利于旅游形象的宣传。因此，这些城市应加大宣传力度，以改变公众的认知，树立新的旅游形象。以中国优秀旅游城市辽宁省鞍山市为例，它虽然拥有国家级风景名胜区——被誉为"关东第一山"的千山和"世界第一玉佛"以及温泉等重要旅游资源，但由于人们对它形成了"钢铁之都""重工业城市"的刻板印象，一时间很难转变，因此，也很难产生旅游兴趣。对于这样的旅游城市而言，要想吸引外地旅游者前来旅游，除了加强自身建设，还要采取有效的手段，努力消除因刻板印象所带来的影响。

(六) 经验效应

经验效应是指个体凭借以往的经验进行认识、判断、决策、行动的心理活动方式。

经验效应的产生与知觉的理解性有关。在知觉当前事物时，人们总是根据以往的经验去理解，并为随后要知觉的对象做好准备。经验效应体现了经验在人们接受信息、处理信息时的优势，正如俗语所说的"姜还是老的辣""老将出马，一个顶俩"。经验丰富的导游通过观察旅游者的行为，在短时间内就可以分辨出旅游者的类型，进而确定有针对性的服务策略。

经验效应是一种客观存在的现象，对于人们认知事物有着积极和消极的双重作用。积极作用表现在：人们可以运用先前有效的认知方式去快速并正确解决新的相似情境中的问题。例如，有经验的服务员都知道"客人永远是对的，不能与客人争输赢"，他们在服务过程中对待每一位有过失的客人首先想到的是"维护客人的自尊，把正确留给客人，把错误留给自己"。消极影响表现在：人们容易产生思想上的防御性，养成一种呆板、机械、千篇一律的思维习惯，当新旧知觉对象形似质异时，经验效应往往会使人们步入误区。例如，遇到油锅着火的情况，情急之下我们会错误地用水来灭火，就是受水能灭火的经验误导。

(七) 心理定式

心理定式是指人们在认识特定对象时心理上的准备状态。也就是说，人们在产生认知之前，就已经将认知对象的某些特征先入为主地存在于自己的意识中，在认知过程中不由自主地处于一种有准备的心理状态。我国古代"疑邻盗斧"的典故，就体现了一种典型的心理定式。

> 拓展阅读

疑邻盗斧

从前，有个乡下人丢了一把斧子，他怀疑是邻居小伙子偷的。于是，他开始留意邻居的一举一动，越看越觉得对方像贼。几天后，他在山谷里找到了遗失的斧子，这才意识到原来是自己不小心把斧子丢在了那里。找到斧子后，他再看邻居，越看越觉得对方根本不像贼。

这个故事揭示了心理定式的强大影响。因此，我们在判断他人或事物时，应避免先入为主，保持客观和理性，以免误解他人。

心理定式的产生，首先和知觉的理解性有关。人们在知觉当前事物时，总是根据经验来理解它，并做好了心理准备。例如，一些旅游者前往与所在国家文化背景不同的其他国家旅游时，会不自觉地用自己的文化标准去评判当地的风俗习惯，比如他们会认为某些饮食习惯"奇怪"或"不卫生"。还有一些旅游者认为，旅行一定要去远方，忽略了身边的自然景观和人文景观。

有这样一个研究，测试者向两组大学生分别出示同一个人的照片，出示之前，对甲组学生说，这是一位德高望重的学者；而对乙组学生说，这是一个屡教不改的惯犯。然后，让两组大学生分别通过这个人的外貌说明其性格特征。结果，出现了截然不同的评价。甲组的评价是：深沉的目光，显示思想的深邃和智慧；高高的额头，表明在科学探索的道路上无坚不摧的坚强意志。乙组的评价是：深陷的眼窝，藏着邪恶与狡诈；高耸的额头，隐含着死不改悔的顽强抵赖之心。这个实验说明，在对人产生认知以前，认知者习惯于将对方的某些信息"先入为主"地植入自己的意识之中，使其在认知时不由自主地处于一种有准备的心理状态。

(八) 期望效应

期望效应也称为"皮格马利翁效应"和"罗森塔尔效应"，是指在生活中人们的真心期望会变成现实的现象。

拓展阅读

罗森塔尔实验

美国心理学家罗森塔尔(Rosenthal)等人于1968年做过一个著名实验。他们在一所小学的一至六年级各选3个班的儿童煞有介事地进行"预测未来发展的测验"，然后实验者将有"优异发展可能"的学生名单告知教师。其实，这个名单并不是根据测验结果确定的，而是随机抽取的，旨在以"权威性的谎言"暗示教师，从而调动教师对名单上的学生的某种期待心理。

8个月后，罗森塔尔等人再次进行测验后发现，名单上的学生的成绩普遍有所提高，教师也做出了良好的品行评语。这个实验取得了奇迹般的效果，人们把这种通过教师对学生施加潜移默化的影响，从而使学生取得教师所期望的进步的现象，称为"罗森塔尔效应"，也称为"皮格马利翁效应"。

人们通常这样来形象地说明"期望效应"——"说你行，你就行；说你不行，你就不行"。根据期望效应可知，期望对于人的行为会产生巨大影响，积极的期望促使人们向好的方向发展，消极的期望则导致人们向坏的方向发展。

期望效应对人际交往有借鉴意义。在与人交往的过程中，要从心底尊重、喜欢对方，只有这样才能把人际交往纳入良性循环，向着自己所期望的方向发展；相反，有些人从心底既不尊重他人，也不喜欢他人，尽管强制自己不表现出来，但真情难抑，也会被对方察觉，结果可想而知。因此，期望效应带给旅游服务人员的启示是：要对游客有信心，相信、尊重游客，对游客投入热情和鼓励，游客就会表现出文明的举止，客我交往就能愉快地进行，这就是"种瓜得瓜，种豆得豆"。

项目测验

一、单选题

1. 影响人际知觉的(　　)因素，要求导游尤其注意避免错接、迟接、漏接旅游团事故的发生。
   A. 首因效应　　　　　　　B. 否定后肯定效应
   C. 晕轮效应　　　　　　　D. 心理定式

2. 我国古代"疑邻盗斧"的典故，就是典型的(　　)。
   A. 晕轮效应　　B. 首因效应　　C. 心理定式　　D. 刻板印象

3. 人们一般会认为山东人憨厚、朴实、正直、豪放，这属于人际知觉的(　　)。
   A. 刻板印象　　B. 心理定式　　C. 首因效应　　D. 晕轮效应

4. 俗语"姜还是老的辣""老将出马，一个顶俩"，属于人际知觉的(　　)。
   A. 晕轮效应　　B. 经验效应　　C. 心理定式　　D. 刻板印象

5. 人际知觉的(　　)启示我们，想得到游客的尊重、喜欢、友好等，那么导游首先要对游客表示尊重、喜欢和友好。
   A. 晕轮效应　　　　　　　B. 皮格马利翁效应
   C. 心理定式　　　　　　　D. 刻板印象

二、判断题

1. 人们一般认为，同一职业或同一年龄段的人，他们的观念、社会态度和行为也可能比较接近，这是心理定式现象。　　　　　　　　　　　　　　　　　　(　　)
2. "种瓜得瓜，种豆得豆"的现象，属于人际知觉的刻板印象。　　　(　　)
3. "人心不同，各如其面"，启示我们不应过多受人际知觉的刻板印象的影响。(　　)
4. "以点带面，以偏概全"，属于人际知觉的晕轮效应。　　　　　　(　　)
5. 导游在服务工作中应注意扬长避短，这是运用了人际知觉的首因效应。(　　)

项目实训 ｜ 旅游人际知觉理论应用

◇ 任务导入

学习旅游人际知觉理论的目的是提升导游服务品质和游客体验。作为一名导游，如何利用旅游人际知觉相关理论，树立良好形象并出色完成旅游接待服务工作？

◇ **任务要求**

一、编写"旅游人际知觉理论应用"

二、"旅游人际知觉理论应用"内容要求

1. 人际知觉理论在导游工作中的应用策略不少于15项。

2. 每项理论应用策略表述要精练。

3. 指出每项理论应用策略所对应的人际知觉理论。

三、项目任务成果形式

提交"旅游人际知觉理论应用"Word文档。

四、"旅游人际知觉理论应用"文档排版要求

1. 版面设计美观，格式规范。

2. 标题：小二号字，宋体，加粗，居中，与正文内容之间空一行。

3. 正文：小四号字，宋体，首行缩进2字符。

4. 纸型：A4纸，单面打印。

5. 页边距：上2.5cm，下2cm，左2.5cm，右2cm。

6. 行距：1.5倍行距。

◇ **任务实施**

一、教学组织

1. 教师向学生阐述项目任务及要求。

2. 由4～5名学生组成一个学习团队，以团队形式完成项目任务。

3. 学习团队通过查阅教材、教师授课资料、网络资料，完善项目任务知识。

4. 教师解答学生的相关咨询，监督、指导、检查、评价项目任务的实施。

5. 提交项目任务成果，教师进行成果评定并进行提升性总结。

二、知识运用

旅游人际知觉。

◇ **任务成果范例**(参见二维码)

项目三 旅游服务中的人际关系

项目目标

◇ 知识目标

1. 理解并掌握人际关系的概念和功能。
2. 掌握影响人际关系的因素。
3. 掌握建立良好人际关系的要素。
4. 理解并掌握客我人际交往的原则。

◇ 能力目标

1. 能够运用人际关系理论，建立轻松愉悦的客我服务关系。
2. 能够遵循人际交往原则为旅游者提供服务。
3. 能够妥善处理旅游服务过程中的人际难题。

◇ 素质目标

1. 树立宾至如归、服务至诚的服务理念。
2. 培养宽容的品质和大度的处事态度。
3. 掌握扬客人之长、隐客人之短的待客之道。

项目知识

动物心理学家曾以恒河猴做过一个著名的"社交剥夺"实验。实验中，心理学家将猴子喂养工作全部自动化，隔绝猴子与其他猴子或人的沟通。结果，与有正常沟通的猴子相比，缺乏沟通经验的猴子明显缺乏安全感，不能与同类进行正常交往，甚至连本能的行为也受到了严重的影响。

研究者通过对因战争而独居深山数十年的特殊个案进行研究后发现，沟通的缺乏对人们的语言能力及其他认知能力都有损害。缺乏沟通机会的儿童与保持正常沟通的儿童相比，其智力发展明显落后。心理学家还发现，增加与早产儿的沟通，并对他们进行按摩，有助于他们最终实现正常发展。

由此可见，人际交往是人生存的必要条件，在被剥夺人际交往后，人会产生难以忍受的痛苦，各种心理功能会受到不同程度的损伤。人是社会性动物，其自我意识和各种智能都是社会性的产物。人只有置身于社会环境中，通过社会获得支持性信息，才能不断修正自身并获得发展。

一、认识人际关系

(一) 人际关系的概念

人际关系是人与人之间心理上的关系，即心理上的距离，这种关系是在人与人之间发生社会性交往和协同活动的条件下产生的。人际关系包含认知、情感和行为3个方面的心理因素，它是一群心理相互认同、情感相互包容、行为相互近似的人相互之间联结而成的关系。例如，家庭的亲属关系、工作单位的同事关系、学校中的师生关系、旅游活动中的旅游者和旅游企业员工的关系、旅游者和旅游目的地居民的关系等。人际关系是人们社会交往的基础，对于人们开展日常生活、参与各种社会活动都是不可缺少的。

(二) 人际关系的功能

视频在线
课程3-3

人际关系的功能

人际关系是人际交往的结果。人际交往可使人们认识社会，了解自己和他人，并协调相互之间的关系，以便更好地适应环境。人际关系的功能主要表现在以下几个方面。

1. 信息沟通功能

在文字发明以前，面对面地交流是人们交流信息的主要形式。如今，随着大众传播媒介和现代通信技术的迅猛发展，人们交流信息的方式和获得信息的途径增加了许多，人际关系的信息功能逐渐减弱。但无论社会怎样发展变化，人际关系的信息功能都不会彻底消失。

2. 心理保健功能

人际关系对人的心理健康至关重要。著名心理学家马斯洛在其提出的需要层次理论中，把交往的需要列为第三层次需要。按照他的观点，按顺序满足人的5种需要是保证一个人心理健康的条件，其中任何一种需要的不满足都会对人的心理健康构成不利影响，越是低级的需要，其影响越大。现代社会中，随着人际关系信息沟通功能的弱化，心理保健功能日益成为人际关系的主要功能。

3. 相互作用功能

在人际交往中，人与人之间会相互影响和相互作用，正所谓近朱者赤，近墨者黑。通常情况下，一方的行为会引起另一方的相应反应。这种链式关系不是无序的，而是有一定规律性的，它构成了社会环境因素的一部分，对人的行为产生影响。

二、影响人际关系的因素

在人际交往中，往往会产生性质和程度各不相同的人际关系，这取决于各种因素的作用和影响。其中，有的因素可以促进人际关系的建立和发展，有的因素则对人际关系的形成产生阻碍作用。

(一) 促进人际关系的因素

人际关系的建立受人际吸引的影响，人际吸引是双向的，因而它不仅取决于关系双方的品质，还取决于双方之间能否协调。增进人际吸引的因素主要有以下几种。

1. 距离接近

人与人之间在地理位置上越接近，越容易形成彼此之间的密切关系。例如，同一间办公室的同事、同一个住宅区的邻居、同一个班级的同学等，由于空间位置接近，有利于形成较密切的人际关系。

2. 交往频率

人与人之间由于种种原因交往的次数越多，彼此有越多的机会相互沟通，就越容易找到共同话题，形成共同的经验和感受，也越容易建立较密切的人际关系。

3. 相似因素

交往双方有相似的方面，也较容易建立较密切的人际关系，特别是年龄相似、社会背景相似、兴趣爱好相似，能够有效地促进人际关系的顺利发展。

4. 互补性

交往双方有一些因素虽然并不相似，但如果具有互补关系，亦能成为促进人际关系的积极因素。这些互补因素主要包括：需要上的互补，即双方均能满足对方的需要；性格上的互补，即性格上的适当反差能互相满足对方的心理需要，从而形成互补关系。

5. 言行举止

言行举止包括一个人的容貌、衣着、体态、风度等，这些都是影响人际吸引的因素。仪表端庄大方和有风度，能够表现一个人的修养，可以获得别人的喜爱、尊重和信赖，对人际关系的建立有很大的作用。

6. 外表的晕轮效应

在通常情况下，美貌会产生晕轮效应，促使人们对貌美者的其他方面做出积极的评价。但是如果人们感到貌美者在滥用自己的美貌，则会反过来倾向于对他们实施更为严厉的惩罚。

7. 真诚

一个人要想吸引他人、赢得他人的好感、与他人保持良好的交往，真诚是必须具有的品质。真诚是人际交往的基本原则之一，因为人需要确保自己在物理环境和社会环境中都处于安全的境地，面对真诚的人，人们在与之交往的过程中会有明确的预见性；而面对不真诚的人，人们往往会感到被欺骗，甚至有受到侵害可能性。

8. 能力与才干

能力强且才干出众的人，对他人具有吸引力，可使他人产生敬佩、羡慕之情，他人因此愿意与其接近、交往，容易建立良好的人际关系。

但是，心理学研究表明，在一个群体中，最有能力、最能出好主意的成员，往往不是最受喜爱的人。这是因为，人对于他人有两种不同的需要，一方面，人希望自己周围的人有很好的才能，有令人愉快的人际交往背景；另一方面，如果他人超凡的才能令人们感到可望不可即，则人们就会感到一种压力。因此，当一个榜样在才能和人格方面都达到普通人不可企及的地步时，人们就只好敬而远之了。

(二) 阻碍人际关系的因素

在现实生活中，阻碍人际关系的因素是多方面的，除心理障碍外，还有语言障碍、环境障碍、经济障碍、地位障碍乃至生理障碍等。由于人际交往是建立在心理接触基础上的个体交往，在各种障碍因素中，心理障碍的影响更大、更直接，主要有以下几种。

1. 自我意识障碍

人作为社会中的一员，既要认识他人，同时也要认识自己，形成自我意识。社会培养并塑造了主体我，但并不能保证每个人都能形成正确的自我意识。于是，有的人过高地看待自己、自命不凡，在人际交往中表现为目中无人，与同伴相聚，不高兴时会不分场合地乱发脾气，高兴时则手舞足蹈、讲个痛快，全然不考虑别人的情绪和感受，其所作所为难以被社会和他人接受，这就是自傲心理的表现。相反，有的人过低地估计自己，总是妄自菲薄，怀疑自己的知识和能力，因而为人处世畏畏缩缩、裹足不前，这便是自卑心理的表现。自卑的浅层感受是别人看不起自己，而深层理解是自己看不起自己，即缺乏自信。对于这种自卑心理，若不能适当控制而任其发展，就会导致报复心理。所以，无论是自傲心理还是自卑心理和报复心理，都起因于不能正确认识自己而产生的对人际交往极为不利的自我意识。

2. 嫉妒心理障碍

西班牙作家赛万斯指出："嫉妒者总是用望远镜观察一切，在望远镜中，小物体变大，矮个子变成巨人，疑点变成事实。"嫉妒是对与自己有联系的而强过自己的人的一种不服、不悦、仇视，甚至带有某种破坏性的危险情感，是通过把自己与他人进行对比后而产生的一种消极心态。具体表现为：当看到与自己有某种联系的人取得比自己优越的地位或成绩时，便产生一种嫉恨心理；当对方面临或陷入灾难时，就隔岸观火，幸灾乐祸，甚至借助造谣、中伤、刁难、"穿小鞋"等手段贬低他人，安慰自己。正如黑格尔所说："有嫉妒心的人自己不能完成伟大事业，便尽量去低估他人的伟大，贬低他人的伟大，使之与他本人相齐。"

嫉妒的特点：针对性——对象是与自己有联系的人；对等性——对象往往是和自己职业、层次、年龄相似而成绩超过自己的人；潜隐性——大多数嫉妒心理潜伏较深，体现在行为中也较为隐秘。

嫉妒心理若不能加以抑制而任其发展到极端或严重化，成为损人利己的活动，那就成了违背人类道德的行为。所以，为了人际交往的成功，为了减少组织或群体中的摩擦和内耗，人们应该充分注意割除嫉妒这一危害人际关系的毒瘤，尽力抑制和克服人际交往的嫉妒心理障碍。

3. 羞怯心理障碍

羞怯心理是许多人都会有的一种情绪体验，但若达到不正常的程度，或者与自卑感联系在一起，就会严重妨碍人际交往。有的人缺乏交往的信心和勇气，在陌生人面前感到心理上有一种无形的压力，交谈时面红耳赤、手足无措、张口结舌，这就是羞怯心理的表现。确切地说，羞怯心理是在人际交往中所产生的紧张、拘束、尴尬和局促不安的情绪反应，其原因是个体对安全感的过分追求。因此，羞怯的人在工作和交往中往往不追求成功，而是避免失败。羞怯心理若得不到控制而走向极端，个体就难以主动交朋结友，导致与人隔绝，久而久之，难免产生"社交恐惧症"。所以，羞怯也是人际交往中应克服的心理障碍之一。

4. 猜疑心理障碍

"天下本无事，庸人自扰之。"猜疑是缺乏根据的盲目想象，猜疑者往往只是根据自己的主观臆断毫无逻辑地去推测、怀疑他人的言行，对他人的一言一行很敏感，喜欢过度分析深藏其中的动机和目的。例如，某人看到其他同学聚在一起议论某事，就疑心同学在说自己的坏话；看见同学学习很用功，就疑心同学有不良企图。古人云："长相知，不相疑。"反之，不相知，易相疑。不过，"他信"的缺乏，往往与"自信"的不足有关。疑神疑鬼的人，看似猜疑他人，实则怀疑自己，缺乏自信心，这种心态如果不加控制，任由其发展，往往会让自己陷入作茧自缚、自寻烦恼的困境中。英国思想家培根曾说过："猜疑之心如蝙蝠，它总是在黄昏中起飞。这种心情是迷茫的，又是乱人心智的。它能使你陷入迷惘，混淆敌友，从而破坏人的事业。"猜疑是人性弱点之一，历来是害人害己的祸根。一个人一旦掉入猜疑的陷阱，必定处处神经过敏，事事捕风捉影，对他人失去信任，对自己也同样心生疑窦，从而损害正常的人际关系，影响个人的身心健康。

拓展阅读

多疑致祸

《三国演义》中有这样一段描写：曹操刺杀董卓败露后，与陈宫一起逃至吕伯奢家。曹吕两家本是世交，吕伯奢见曹操落难，热情款待，准备杀猪宰羊。然而，曹操多疑成性，听到厨房传来磨刀声，又听吕家仆人说"缚而杀之"，瞬间疑心大起，以为吕家要对他下手。他不问青红皂白，拔剑冲入厨房，将吕家上下无辜之人全部杀死。事后，曹操才意识到自己误会了吕家的善意，但为时已晚。

5. 敌视心理障碍

这是人际交往中比较严重的一种心理障碍，这种人总是以仇视的目光对待别人，这种心理或许源于个体在童年时期在家庭环境中受到虐待，具体表现为：对不如自己的人用苛刻来表达敌视；对比自己强的人用敢怒不敢言的态度来表达敌视；对处境与自己类似的人则用攻击、中伤的方式来表达敌视。敌视心理会导致周围的人因感受到随时有遭受此人伤害的危险，而不愿与之往来。

6. 干涉心理障碍

心理学研究发现，人人都需要一个不受侵犯的生活空间，人人都需要一个属于自我的心理空间。再亲密的朋友，也有个人的内心隐秘，有一个不愿向他人袒露的内心世界。然而，有的人在人际交往中，偏偏喜欢询问、打听、传播他人的私事，给他人造成困扰。有干涉心理障碍的人在探听他人私事时，并不一定有实际目的，有的仅仅是想以刺探他人隐私来获得低层次的心理满足而已。

拓展阅读

刺猬法则

两只困倦的刺猬在寒冷中相互靠近以取暖，但因为身上长满刺，彼此刺痛对方，于是分开一段距离。然而，寒冷又让它们忍不住再次靠近。经过几次折腾，它们终于找到了合适的距离——既能互相取暖，又不会被对方刺伤。

刺猬法则揭示了人际交往中的"心理距离效应"。在人际关系中，过于亲密可能会导致矛盾和冲突，而过于疏远又会让人感到孤独。因此，保持适度的心理距离是维持良好关系的关键。这种距离既能让交往双方感受到彼此的温暖和支持，又能避免因过度干涉对方而带来伤害。

三、良好人际关系的建立

与人交往时，想要建立良好的人际关系，可从以下几个方面入手。

1. 真诚地赞美，满足他人成就感

如果你想要更受人欢迎，尽量多赞美，少批评。每个人都喜欢听别人赞美自己，适时地赞美别人，是确保沟通顺畅的法宝。要想赞美发挥作用，需要一个前提，那便是真诚。真诚的赞美是沟通的利器，能够帮助我们更好地与他人建立联系。只要我们用心去发现别人的优点，用恰当的方式表达出来，就能让赞美成为一种温暖人心的力量。学会真诚地赞美他人，是建立良好人际关系的关键。首先，赞美要具体，避免空洞和泛泛之谈。例如，与其说"你真漂亮"，不如指出具体的优点，例如"你的眼睛真有神采""你的发型真时尚"。这样的赞美更能让对方感受到你的真诚和用心。其次，赞美要恰到好处，不要过度。过度的赞美可能会让人觉得虚假，甚至引起反感，恰如其分的赞美才能让人感到舒适和愉悦。例如，在同事完成一次讲座后，你可以说："你这次讲座的内容真有深度，思路非常清晰，分析得也很到位。"通过真诚且恰到好处的赞美，不仅能够帮助他人建立自信、满足他人的成就感，还能促进彼此之间的信任和尊重，赢得他人的好感。

2. 对别人真心感兴趣

纽约电话公司曾经针对电话谈话做了一项详细的研究，目的是找出最常在电话谈话中被提到的一个词，结果答案是"我"。在500通电话谈话中，"我"被使用了3950次。当你拿起一张包括你在内的团体照片时，你最先看到的人是谁呢？在生活与工作中，我们时常需要吸引他人的关注，想办法促使他人对自己感兴趣。但事实上，多数人更愿意把注意力放在自己的身上。如果我们只想吸引他人的关注，成为人群的中心，刻意在他人面前表现自己，那我们很难获得真实而诚挚的朋友，甚至会被排斥；反之，如果我们能多关注他人，满足他人渴望被关注的需要，更容易建立良好的人际关系。事实证明，在一定时间内，一个人因为对他人真心感兴趣而交到的朋友，要比一个希望他人对自己感兴趣的人交到的朋友多得多。

3. 微笑是最美的语言

微笑不仅是一种面部表情，还被誉为"世界上最美的语言"，它无须任何翻译，便能

轻松跨越国界和文化的障碍，传递出友善、理解和关爱的信息，让周围的人感受到被接纳和珍视。一个善意的微笑，就像穿透乌云的阳光，能够瞬间打开封闭的心扉，拉近人与人之间的距离。对人微笑就是向人表明："我喜欢你，你使我快乐，喜欢见到你。"

拓展阅读

太阳和风的寓言

太阳和风在争论谁更强更有力，风说："我来证明我更行。你看到那个穿大衣的老头了吗？我打赌我能比你更快使他脱掉大衣。"

于是太阳躲到云后，风就开始吹起来，越吹越大，大到像一场飓风，但风吹得越急，老人将身上的大衣裹得越紧。

终于，风平息下来，放弃了。然后太阳从云后露面，开始以它温煦的微笑照着老人。不久，老人开始擦汗，脱掉大衣。太阳对风说："温和友善总是比愤怒和暴力更强更有力。"

4. 牢记他人的名字

名字是一个人的符号和称谓，更是身份的象征，多数人都很重视自己的名字。因此，在人际交往中，记住对方的名字能够体现对对方的尊重，也相当于是对对方的一种赞美。

美国总统罗斯福擅长记忆他人姓名，他认为这是一种最简单、效果最明显、最重要的获得他人好感的方法，能使他人感觉自己很重要。对于一个政治学家来说，"想起选举人的姓名是政才，忘记就是湮没"。法国皇帝拿破仑三世曾自夸说，虽然他国务繁忙，但他能记忆每个他所见过的人的姓名。他的方法很简单，如果他没有听清楚对方的姓名，就会说"对不起，我没有听清姓名"；如果遇到一个不常见的姓名，他会问"是如何拼写的"。在与人谈话中，他会将对方的姓名反复记忆数次，并在脑海中将姓名与姓名主人的面孔、神色及其他外观联系起来。如果是重要人物，拿破仑三世就会更加用心。在他独处的时候，会即刻将这个人的姓名写在一张纸上仔细观看，牢记在心，然后将纸撕碎。所有这些事都需要花费时间和精力，但正如爱莫逊所说："好礼貌是由小的牺牲换来的。"牢记他人的名字是建立良好人际关系的开端，在准确喊出对方名字的那一刻，我们就已经为一段关系的发展打下良好的基础，对方的名字是人际交流中最甜蜜、最重要的词汇。

5. 迎合别人的兴趣

善于钓鱼的人会选用鱼喜欢的饵。在人际交往中也是如此，要想获得对方的好感，可以引入一些对方"感兴趣"的话题，以引起对方的"共鸣"。

拜访过罗斯福的人，都会对他的知识广博感到惊奇。"无论是小牛仔，还是纽约政客，或外交家，"勃莱特福写道，"罗斯福都知道同他谈什么。"那他是如何做的呢？答案极为简单，当罗斯福了解到访客的特殊兴趣后，他会预先研读这方面的资料以作为聊天的话题。我们在工作与生活中与人交往时，也应把握这一沟通诀窍，多注意发现对方的兴趣，谈论对方感兴趣的话题，以此加深印象、拉近距离。

6. 用同理心去解码

"己所不欲，勿施于人"出自《论语》，它要表达的意思是，在人际交往中，对于自己不喜欢的事物，不要强加给他人。从心理学的角度来解释，接近于"同理心"的含义。

所谓同理心，就是在人际交往过程中，能够体会他人的情绪和想法、理解他人的立场和感受，并站在他人的角度思考和处理问题的能力。同理心帮助我们超越自我中心的视角，促进人与人之间的相互理解和尊重。在现实生活中，如果我们能够运用同理心，设身处地地体察对方的立场、观点、感受、难处，那么，人与人之间就会多一些理解，多一些宽容，多一些体贴，相互之间的关系就会更加和谐、温馨。

拓展阅读

戴尔·卡耐基人际交往名言

1. 想交朋友，就要先为别人做些事——那些需要花时间、花体力、付出体贴才能做到的事。

2. 行为胜于言论，对人微笑就是向人表明："我喜欢你，你使我快乐，我喜欢见到你。"

3. 一种简单、明显、重要的获得他人好感的方法，就是记住他人的姓名，使他人感觉自己对于别人很重要。

4. 始终挑剔的人，甚至最激烈的批评者，都会被一个有忍耐心和同情心的倾听者软化、降服。

5. 如果希望自己成为一个善于谈话的人，那就先做一个愿意倾听的人。

6. 与人沟通的诀窍就是，谈论别人感觉最为愉悦的事情。

7. 如果你要使别人喜欢你，如果你希望他人对你产生兴趣，你应注意的一点是，谈论别人感兴趣的事情。

8. 现实生活中有些人之所以会出现交际障碍，就是因为他们忘记了一个重要的原则——让他人感到自己重要。

9. 人际关系是人与人之间的沟通，是用现代方式表达圣经中的金科玉律"欲人施于己者，必先施于人"。

10. 太阳能比风更快地脱下你的大衣；仁厚、友善的方式比任何暴力更容易改变别人的心意[①]。

四、旅游服务中的客我关系

(一) 旅游服务中客我关系的特点

旅游接待双方的关系是一种提供服务和享受服务的关系，从角色地位来讲这是一种不平等的关系，具有下述几个特点。

1. 短暂性和不稳定性

旅游接待双方的关系是短暂的，双方都立足于眼前各种需要的满足，具有暂时性。一

[①] 戴尔·卡耐基. 人性的弱点[M]. 北京：中国华侨出版社，2011.

般来说，旅游服务工作结束，双方的人际关系也就结束了。因此，在旅游服务中，"人走茶凉"是常见的现象。同时，对同一服务对象，不同性格、能力的服务人员，其服务的表现方式是不完全一样的；对同一质量的服务，旅游者因社会地位、经济利益、文化背景、经验、情绪等的影响，评价也会有所不同，大多数情况符合"1+1=0"的规律，即一般的旅游者接受服务人员的服务，其结果是没有冲突，也没有美好的回忆。

2. 个体与群体的兼顾性

在旅游接待双方的交往中，旅游服务人员接待的是一些个性心理相异，具有不同消费动机和消费行为的个体旅游者。因此，旅游服务人员应依据个体旅游者的个性消费特征向他们提供旅游服务，这是双方交往的主要方面。但旅游活动是复杂的、特殊的，在这一活动过程中，同一阶层、同一文化背景、同一职业的人往往组成同质的旅游团队，在消费过程中又会出现从众、模仿、暗示、对比、感染等群体消费特征。因此，旅游服务人员在接待旅游者的过程中，必须注意个体与群体的兼顾性。

3. 非平等性

从旅游服务人员的角度来看，由于其处于服务者的地位，容易把角色的不平等上升为人格的不平等，从而产生抵触情绪，表现为对旅游者态度冷漠、缺乏耐心甚至言行粗暴。同时由于接待的旅游者众多，接待的内容千篇一律，旅游服务人员也容易产生机械重复的疲惫心理。因此，应加强对旅游服务人员的教育，使其形成正确的角色意识，同时持续给予其激励。

4. 营利性

旅游服务具有营利性，这是指旅游服务人员以良好的服务态度、服务语言、服务技能、服务项目，凭借良好的旅游设施、服务方式和途径，满足旅游者生理和心理的需要，由此给旅游企业带来相应的经济效益。在此过程中，旅游者以被服务者的身份、以金钱为代价享受服务。因此，旅游服务人员同旅游者的交往不同于一般的人际交往。

5. 主观性

一般来说，旅游者会认为旅游服务人员提供的服务是自己以付出金钱为代价换来的，是理所当然和天经地义的。因此，他们对旅游服务人员的态度通常比较冷淡，并对服务不周非常敏感，他们往往从自己的主观愿望出发做出判断，并根据已有的经验进行主观假设，容易产生过高的期望和要求。同时，旅游服务人员在对旅游者提供服务时往往也会从经验出发，容易脱离旅游者的实际需求。因此，旅游接待双方应尽可能多地了解和掌握彼此的信息，以避免要求的片面性和服务的主观性。

(二) 建立良好客我关系的原则

旅游接待双方的人际关系是人际关系的一种，是旅游者与旅游服务人员在旅游工作中产生的关系，特指在旅游服务人员与旅游者为了解决旅游活动中共同关心的某些问题而互相沟通、交流情感、表达意愿、相互施加影响的过程中建立的人际关系，也可称为客我关系。

良好客我关系的建立是保证服务质量的基础。旅游者通常有不同的需求、不同的期望，在这种情况下，旅游服务人员想要成功地建立良好的客我关系，应遵循以下几项原则。

1. 功利原则

从服务行业的角度看，旅游者与旅游服务人员之间既存在市场交换的买卖关系，例如旅游者用钱换取物质产品，又存在非物质产品交换的关系，例如情感、服务、信息等的交换。每一位旅游者都期望能够在交换中得到旅游企业超值的产品与服务，获得超值的享受。如果旅游者在精神或物质上获得了符合自己得失观念的结果，那么，他会愿意继续"投资"换取这种超值的享受；否则，旅游者有可能再也不会进行第二次交换。因此，旅游服务人员应该在满足旅游者物质与服务需要的同时，以热情的态度和友好的服务行为，使旅游者感觉到得大于失，进而愿意保持或维护这种客我关系；同时，旅游企业也能通过投资情感因素换回更高的经济效益。

2. 宽容原则

旅游服务人员在与旅游者交往中不要计较对方的态度和言辞，而要谦让大度、克制忍让，并勇于承担自己的行为责任。社会对服务人员的角色期待也需要旅游服务人员放下"个人尊严"，自觉地站在旅游者的立场上，设身处地地换位思考，这并不是软弱、怯懦的表现，相反，这是有度量的表现，是建立良好客我关系的润滑剂，能赢得更多旅游者的好感与支持。

在旅游活动中，当旅游者与旅游服务人员发生矛盾时，旅游服务人员应明确自己的角色任务，不能与旅游者争输赢。事实上，旅游者有可能是不对的，但旅游服务人员没有必要证明自己一定是对的，甚至逼着旅游者承认自己是"不对的"。这样一来，就把"分清是非"变成了"争输赢"。当旅游者被迫承认自己"不对"或气愤离去时，旅游服务人员可能暂时会有一种"赢了"的感觉，但实际上是旅游服务人员把自己所在的企业"打败"了。换句话说，当旅游服务人员觉得旅游者"输"了时，实际上是旅游服务人员自己和所在的企业"输"给了旅游者，所以旅游服务人员应该记住：永远不能与旅游者争输赢。

案例

在实习中成长

某职业院校旅游专业二年级学生小张在旅游景区实习期间，遭遇了让她深感委屈的事情。一个周日的下午，两位中年女性来到三楼超市出售珍珠粉的柜台前，表示想要购买现场打磨的珍珠粉。小张按客人的要求进行打磨，不巧在打磨过程中，机器出现了故障。这时，两位客人提出没有时间继续等待，需要立即退货。根据企业的规定，实习学生没有办理退货的权限，必须找超市主管。小张立即通过对讲机将事情告知正在一楼工作的主管。在等待主管上楼的几分钟时间内，两位客人变得异常不冷静，对小张同学说了很多过激的话，并且在主管到达的那一刻，她们随手抓了一把珍珠扔到小张的脸上。小张忍住眼泪没有与客人理论，主管将客人拉开，为客人办理了退货手续并向客人诚恳道歉。事后，企业领导对小张进行了安慰，并针对小张当时的表现在企业员工中做了表扬。

不久后，同在一个景区实习的其他同学得知此事异常气愤，纷纷为小张同学抱打不平，指责企业不为实习生做主，任由游客欺侮学生。

为了消除学生们的不满情绪，当天晚上，企业管理层推迟了下班时间，将所有实习生召集起来，就企业对这一事件的处理过程进行了解释，并让学生换位思考：如果你们是企业负责人，遇到类似事件，应该如何处理？通过企业负责人及学校带队教师的解释，学生们最终能够理智地看待这一事件，逐渐转变了观念。事后，大家表示，他们对服务人员的角色有了更深层次的理解。

3. 不对等原则

社会学家米德(G. H. Mead)认为，人是具有社会性的人，每个人都隶属于某一社会或团体。每个人在某一社会或团体中都有一个标志自己地位和身份的位置，即社会角色。个体一旦拥有了某种社会角色，社会就会赋予个体与其社会角色相适应的一套权利、义务和行为准则，并产生角色期待。

在旅游活动中，旅游者和服务人员扮演不同的社会角色，其关系属于主人与客人、接待与被接待、服务与被服务的角色关系，是在旅游活动中建立的相对关系。在这种关系中，旅游者对服务人员产生角色期待，认为服务人员应该为自己热情服务。从心理学的角度分析，旅游者对旅游服务的满意程度，与服务人员进入角色、发挥角色作用的程度有关。如果服务人员在心理上不能适应他们所扮演的角色，不善于处理自己与旅游者之间的角色关系，就会在服务质量上出现一些问题。这就需要服务人员能清楚地认识到，人是有个性的，而角色是非个性的。社会角色的非个性化，是指个体无论扮演何种角色，也不管他有什么样的个性，只要他扮演了这个角色，他就必须按照社会角色所赋予的角色规范去行动，才会获得社会或人们的认可。例如，在话剧演出中，剧情要求有人扮演皇帝，有人扮演臣子，君臣关系是一种不平等的关系，这种不平等的关系要通过一系列言行来体现，君有君的言行，臣有臣的表现，例如臣给君下跪、磕头等。演员要扮演好角色，就必须认同这一角色，也就是说，"我"就是那个"人"，只有这样才能完成角色赋予的任务；否则，就是一个不称职的演员。在旅游服务行业，卖方与买方的关系决定了服务人员与旅游者之间存在一种角色的不对等关系，因此，作为旅游服务人员，必须意识到自己在旅游服务工作中扮演的是服务员的角色，要摆正自己与旅游者不同的角色位置，尊重旅游者，同时还要正确认识社会角色的不对等是合理的不对等，并不意味着人与人之间人格的不平等。作为服务人员，恭敬诚恳地为旅游者服务，是社会角色的规定，是合理的，不是个体个性化的不平等，就人格而言，旅游服务人员与旅游者依然是平等的。

案例

在一些酒店中，服务员私底下流传着这样一则顺口溜："客人坐着你站着，客人吃着你看着，客人玩着你干着！"你是如何理解这则顺口溜的？

分析： 这则顺口溜明显带着情绪色彩，反映出一些服务员没有明确自己的角色职责，没有摆正角色位置。我们说"服务员"和"客人"这两种角色不可能"平起平坐"，并不意味着扮演这两种角色的"人"有"高低贵贱"之分。当人们扮演不同的社会角色来进行交往时，往往不可能"平起平坐"。那么，人与人之间的"平等"又是如何体现的呢？从心理学的角度看，不管你扮演什么样的角色，我扮演什么样的角色，只要我尊重你，你也尊重我，你我之间就是"平等"的。人与人之间的"平等"是由人与人之间"互相尊重"来体现的，而不是由不分场合的"平起平坐"来体现的。

4. 尊重原则

在人际交往中，人的自我评价与他人对自己的评价是紧密相联的。如果一个人经常从他人那里获得肯定性评价，他就会感到自豪；相反，如果一个人经常从他人那里获得否定性评价，他就会感到自卑。总之，人们都很重视自己在他人心目中的形象，而且会通过他人的评价来判断自我形象。人们会把他人当作自己的一面镜子，所以，在人际交往中，人们相互之间起着"镜子"的作用。

在旅游活动中，服务人员在为旅游者提供服务时，应考虑到自己就是旅游者的一面"镜子"，旅游者要从我们这面"镜子"中看到他们的自我形象。为了增加旅游者的自豪感，服务人员应该做旅游者的一面"好镜子"。这面"镜子"有一种特殊功能，就是"扬旅游者欲扬之长，隐旅游者欲隐之短"，让旅游者在我们这面"镜子"中看到自己美好的形象。

所谓长处和短处，表现在相貌衣着、言谈话语、行为举止、知识经验、身份地位等方面。"扬旅游者之长"，包括赞扬旅游者的长处和提供机会让旅游者表现他们的长处。但要注意，绝不能为了扬某些旅游者之长而使其他旅游者受到伤害。"隐旅游者之短"，一方面是服务人员不能对旅游者的短处表现出感兴趣，不能嘲笑旅游者的短处，不能在旅游者面前显示自己的"优越"；另一方面是服务人员应该在众人面前保护旅游者的"脸面"，在旅游者可能陷入窘境时，帮助旅游者"巧渡难关"。

一般来说，在旅游活动的客我交往中，最敏感的问题是与旅游者自尊心有关的问题。因此，服务人员应该牢记，绝不要去触犯旅游者的自尊心。而虚荣心是一种变态的自尊心，在"提供服务"和"接受服务"这对特定的角色关系中，作为服务人员，还是不要去触犯旅游者的虚荣心为好。如果服务人员能够恰当地帮旅游者"扬其长，隐其短"，做旅游者的一面"好镜子"，就能使旅游者对他自己更加满意。因此，服务人员应该确立这样一个信条——如果你能让旅游者对他自己满意，他就一定会对你更加满意。

项目测验

一、多选题

1. 人际关系的功能包括(　　)。
   A. 相互作用　　B. 信息沟通　　C. 互惠互利　　D. 心理保健
2. 旅游服务中的客我关系特点包括(　　)。
   A. 非营利性　　B. 不稳定性　　C. 平等性　　D. 短暂性
3. 增进人际吸引的因素包括(　　)。
   A. 真诚　　　　B. 互补性　　　C. 言谈举止　　D. 距离的接近
4. 建立良好客我关系的原则包括(　　)。
   A. 功利原则　　B. 宽容原则　　C. 对等原则　　D. 尊重原则

5. 同理心是指在人际交往过程中，能够体会他人的情绪和想法，理解他人的立场和感受，并站在他人的角度来思考和处理问题的能力。根据上述定义，下列不属于同理心的是（　　）。

  A. 己所不欲，勿施于人　　　　B. 设身处地，感同身受
  C. 推己及人，将心比心　　　　D. 物我两忘，心无旁骛

二、判断题

1. 人际关系是人与人之间心理上的距离。（　　）
2. 客我交往的功利原则要求服务人员应以最少的投入为企业赢得最多的利润。（　　）
3. 服务人员必须清楚地认识到，人是有个性的，而角色是非个性的。（　　）
4. 做旅游者的一面"好镜子"，是要求服务人员满足旅游者的自尊心而不是虚荣心。（　　）
5. 宽容克制是建立良好客我人际关系的润滑剂，能赢得更多旅游者的好感与支持。（　　）

项目实训 | 客我人际交往策略集锦

◇ 任务导入

某大型旅游企业举办"旅游服务人际关系"培训，目的是提升旅游从业人员与游客人际交往技能，让游客感受到更加贴心、专业的服务；促使旅游从业人员以友善、耐心的态度为游客提供情绪服务，使游客感到被关注和尊重，从而提高旅游服务水平，提升游客满意度。培训要求学员完成"客我人际交往策略集锦"项目任务。

◇ 任务要求

一、编写一份"客我人际交往策略集锦"

二、"客我人际交往策略集锦"内容要求

1. 依据人际关系相关理论提出客我交往策略。
2. 客我交往策略紧密结合旅游服务工作，突出创新性。
3. 客我交往策略应对旅游从业人员改善客我关系具有指导作用。
4. 项目任务中的客我人际交往策略不得少于20项。
5. 每项客我人际交往策略的表述应规范、简练。

三、项目任务成果形式

提交"客我人际交往策略集锦"Word文档。

四、"客我人际交往策略集锦"文档排版要求

1. 版面设计美观，格式规范。
2. 标题：小二号字，宋体，加粗，居中，与正文内容之间空一行。
3. 一级标题：四号字，宋体，加粗，首行缩进2字符
4. 正文：小四号字，宋体，首行缩进2字符。
5. 纸型：A4纸，单面打印。

6. 页边距：上2.5cm，下2cm，左2.5cm，右2cm。

7. 行距：1.5倍行距。

◇ **任务实施**

一、教学组织

1. 教师向学生阐述项目任务及要求。

2. 由4~5名学生组成一个学习团队，以团队形式完成项目任务。

3. 学习团队通过查阅教材、教师授课资料、网络资料，完善项目任务知识。

4. 教师解答学生的相关咨询，监督、指导、检查、评价项目任务的实施。

5. 提交项目任务成果，教师进行成果评定并进行提升性总结。

二、知识运用

旅游服务中的人际关系。

◇ **任务成果范例**(参见二维码)

人际关系心理行为问卷

阅读下列内容，符合自己情况的记1分，不符合的记0分，并填入表3-1中。

1. 关于自己的烦恼有口难言。

2. 和陌生人见面感觉不自然。

3. 过分地羡慕和妒忌别人。

4. 与异性交往太少。

5. 对连续不断的会谈感到困难。

6. 在社交场合感到紧张。

7. 时常伤害别人。

8. 与异性来往感觉不自然。

9. 与一大群朋友在一起时，常感到孤寂或失落。

10. 极易陷入窘境。

11. 与别人不能和睦相处。

12. 不知道与异性相处如何适可而止。

13. 当不熟悉的人向自己倾诉他的遭遇以求同情时，自己常感到不自在。

14. 担心别人对自己产生坏印象。

15. 总是尽力使别人赏识自己。

16. 暗自思慕异性。

17. 时常逃避表达自己的感受。

18. 对自己的仪表(容貌)缺乏信心。

19. 讨厌某人或被某人讨厌。

20. 瞧不起异性。

21. 不能专注地倾听。

22. 自己的烦恼无人可倾诉。
23. 受别人排斥与冷漠对待。
24. 被异性瞧不起。
25. 不能广泛地听取各种意见、看法。
26. 自己常因受伤害而暗自伤心。
27. 常被别人谈论、愚弄。
28. 与异性交往不知如何更好地相处。

表3-1 记分表

A组	题目	1	5	9	13	17	21	25	小计	总分
	分数									
B组	题目	2	6	10	14	18	22	26	小计	
	分数									
C组	题目	3	7	11	15	19	23	27	小计	
	分数									
D组	题目	4	8	12	16	20	24	28	小计	
	分数									

测试一结果分析(详见二维码)

心理测试二

你是否有很重的疑心病？

对于以下10个问题，只需回答"是"或"否"。回答"是"得5分，回答"否"不得分。

1. 你是否经常觉得别人不喜欢你？
2. 你是否经常认为，你的家人和朋友在背后说你的坏话？
3. 你是否会根据自己心目中的标准来评论别人？
4. 你是否认为，大部分生意上的合作伙伴在有机会又不会被别人发现的情况下，一定会为了一己私利做出有损对方利益的行为？
5. 假如有人称赞你，你是否时常怀疑那些赞誉并非出自真诚？
6. 你是否认为，大部分人在无人监督的情况下，工作中一定会偷懒？
7. 假如你一时找不到自己的东西，你是否会首先认为一定是别人拿走了？
8. 假如你需要帮助，你是否会向多人寻求帮助，而并非只相信某个人的建议？
9. 你是否认为，大部分人之所以循规蹈矩，只是因为惧怕犯错误后被人发觉？

10. 在需要留下自己的地址和电话号码时,你是否犹豫或不安?

请计算 1～10 题的总分。

测试二结果分析 (详见二维码)

项目四 旅游者的气质与性格

项目目标

◇ **知识目标**
1. 理解并掌握气质和性格的概念。
2. 掌握气质的类型及其特征。
3. 掌握旅游者的气质类型及服务策略。
4. 掌握性格的类型及其对旅游倾向的影响。

◇ **能力目标**
1. 能够识别不同气质及性格的旅游者。
2. 能够针对不同气质及性格的旅游者提供差异化服务。
3. 能够明确自身的气质类型,并能扬长避短,以适应旅游服务工作。

◇ **素质目标**
1. 对客服务要保持耐心、理解和尊重。
2. 能够与不同的旅游者有效沟通。
3. 善思善察,保持敏锐的思维和观察力。
4. 能够以人为本,提供个性化、差异化服务。

项目知识

一、旅游者的气质

(一) 认识气质

1. 气质的概念

生活中常有人说某个人"气质"好,这里的"气质",与心理学中所说的人的"气质"是不一样的。生活中所说的"气质",主要指"修养""做派""风度"等。例如,要赞美一位喜欢的演员时,我们常听到的赞美之词就是"很有气质"。而心理学讲的"气质",是指一个人的"脾气"或"性情",是人的高级神经活动类型在行为中的一种表现。

视频在线
课程3-4

认识气质

2. 气质的特点

(1) 气质的先天性。气质在很大程度上受到神经系统的影响，每个人在刚出生时往往会表现出显著的气质特点。在医院的育婴房里，我们会发现有的婴儿哭闹不停，有的婴儿安安静静，有的婴儿手脚动个不停，有的婴儿则懒洋洋的……每个婴儿的气质特点各不相同。

(2) 气质的稳定性和可塑性。俗语说："江山易改，禀性难移。"气质与人的生理和遗传有关，因此，具有稳定性的特点。例如，一个不喜欢别人逗他玩的婴儿，长大后可能会比较孤僻、不合群。

虽然气质具有一定的稳定性，确实难"移"，但不是不能"移"。经过生活环境和教育的塑造，人的气质会得到一定程度的改变。例如，一个入学时比较腼腆、不敢说话的学生，通过在担任学生会干部的过程中组织各类活动、接触师生，在毕业时可能会变得开朗大方。

此外，一个人随着年龄的增长，气质也会有所变化。总体说来，在青少年时期，很多人都表现出多血质和胆汁质的特征，就是平常人们所说的"血气方刚"；及至壮年，阅历渐深，更多的人表现出多血质和黏液质的特征；到了老年时期，很多人则表现出近乎黏液质和抑郁质的特征。

(3) 气质的两重性。气质类型无所谓好坏，任何气质类型都有积极表现和消极表现两个方面。例如，胆汁质气质的积极方面有热情、爽朗、富有进取心；消极方面有急躁、暴躁、粗心、易感情用事。多血质气质的积极方面有情感丰富、活泼、机敏、有同情心；消极方面有情感易变、轻浮、不踏实、对战胜困难的坚持性较差。黏液质气质的积极方面有沉着、冷静、坚毅；消极方面有冷淡、固执、办事拖拉、呆板。抑郁质气质的积极方面有情感深刻而稳定、细心、守纪律；消极方面有多疑、怯懦、缺乏自信心、易疲劳。

在世界各国有所成就的名人当中，不乏各种气质类型的代表。国际上有人研究发现，俄国的4位著名文学家分别属于4种不同的气质类型：普希金属于胆汁质；赫尔岑属于多血质；克雷洛夫属于黏液质；果戈里属于抑郁质。气质类型不能决定一个人的品行和能力，也不能决定一个人的社会价值和成就的高低。因此，不能以气质来评价人的好坏，任何一种气质的人都能发挥自己的才能，做出一番成就。不过，不同的气质类型确实会影响人做事的方法和对他人的态度。我们应该以积极的态度来看待自己和别人的气质，努力发挥气质中积极的一面，克服消极的一面。

(二) 气质类型说

从古至今，有关气质的理论有很多，这些理论包含丰富的内容。

1. 血型说

"血型说"是日本学者古川竹二等人提出的，他们认为气质是由不同血型决定的，血型可分为A型、B型、AB型、O型，与之相对应，气质也可分为A型、B型、AB型与O型。A型气质的特点是温和、老实、稳妥、多疑、顺从、依赖他人、感情易冲动。B型气质的特点是感觉灵敏、镇静、不怕羞、喜社交、好管闲事。AB型气质的特点是上述两者的综合，常外在表现为B型，内在表现为A型。O型气质的特点是意志坚强、好胜、霸道、喜欢指挥别人、有胆识、不愿吃亏。但是，这种观点缺乏一定的科学根据。

2. 体型说

德国精神病学家和心理学家恩斯特·克雷奇默(Ernst Kretschmer)根据自己对精神病人的观察和研究，提出按体型划分气质的理论。克雷奇默把人的体格类型分为3种，即肌肉发达的强壮型、高而瘦的瘦长型和矮而胖的矮胖型。他认为，不同体型的人具有不同的气质。矮胖型人健壮、矮胖、腿短、胸圆，具有外向、易动感情、情绪起伏大、善于交际、好活动等特点。强壮型人肌肉结实、身体强壮，具有乐观、富有进取心等特点。瘦长型人体型瘦长、腿长、胸窄、孱弱，具有不善交际、孤僻、沉默、羞怯、固执等特点。

克雷奇默认为，体型与病人所患的精神病类型密切相关，矮胖型人较多地出现躁狂抑郁症，强壮型的人较多地出现癫痫症，瘦长型的人较多地出现精神分裂症。据此，他将人的气质分为躁郁气质、粘着气质和分裂气质3种，如图3-10所示。

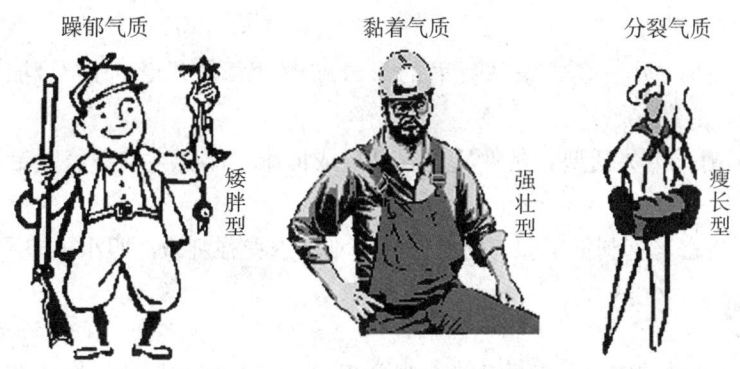

图3-10 克雷奇默划分的3种气质类型

克雷奇默还研究了许多名人的资料，他发现神学家、哲学家和法学家大多具有瘦长型体格(占59%)，具有精神分裂的特征；医生和自然科学家大多具有矮胖型体格(占58%)，具有躁郁症的特征。

美国心理学家谢尔顿(W. H. Sheldon)受克雷奇默的影响，对气质与体型的关系进行了更为深入的研究，把人的体型分为3种主要类型，即内胚叶型(柔软、丰满、肥胖)、中胚叶型(肌肉骨骼发达、坚实，体态呈长方形)和外胚叶型(高大、细瘦、体质虚弱)。据此，谢尔顿发现3种气质类型，即头脑紧张型、身体紧张型和内脏紧张型。他还发现，体型与气质之间有高达0.8的正相关。

克雷奇默和谢尔顿指出了身体特征与气质相关，这对后人有一定的启发作用。气质与体型之间也许存在某种相关关系，但是，并不能认为两者之间存在因果关系。这种相关可能由社会对各种体型者的不同态度所致，并不能科学地说明体型和气质之间的联系。一些研究表明，这种相关并不像他们认为所讲的那样简单和直接。

3. 高级神经活动类型说

这一学说由俄国科学家巴甫洛夫提出，他将气质理论建立在较为科学的基础上。巴甫洛夫通过实验研究，发现神经系统具有强度(所谓强度是指神经细胞在工作中是否经得起较强的刺激，并能持久地工作)、平衡性(所谓平衡性是指兴奋和抑制的力量的对比程度)和灵活性(所谓灵活性是指兴奋和抑制互相转变、相互替代的速度)3个基本特征。它们在条件反射形成或改变时表现出来,由于在个体身上存在各不相同的组合,从而产生了各自的神经活动类型,其中4种典型的高级神经活动类型如图3-11所示。

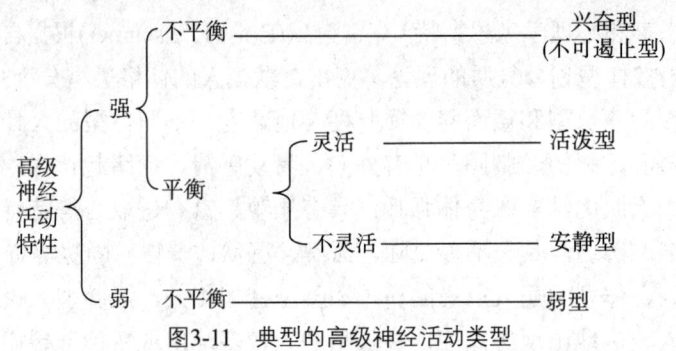

图3-11 典型的高级神经活动类型

(1) 强而不平衡型。兴奋占优势,条件反射的形成比消退来得更快,易兴奋、易怒且难以抑制,又叫"兴奋型"。

(2) 强、平衡、灵活型。条件反射的形成或改变都较迅速,而且动作灵敏,又叫"活泼型"。

(3) 强、平衡、不灵活型。条件反射容易形成但难以改变,安静、坚定、有自制力,又叫"安静型"。

(4) 弱型。兴奋与抑制都很弱,感受性高,难以承受强刺激,胆小、神经质。

拓展阅读

巴甫洛夫(1849—1936)是俄国著名生理学家、心理学家和医师,高级神经活动学说的创始人,条件反射理论的奠基人。他通过经典实验(狗的唾液分泌实验)揭示了条件反射的形成机制,提出第一信号系统(具体刺激)和第二信号系统(语言刺激)的概念,奠定了高级神经活动生理学的基础。巴甫洛夫的理论对心理学和生理学的发展产生了深远影响,他因此荣获1904年诺贝尔生理学或医学奖。

4. 体液说

体液说是在公元前5世纪由希腊著名医生希波克拉底首先提出的。希波克拉底在古希腊医生恩培多克勒(公元前495—公元前435年)提出的"四根说"的基础上,提出了气质的体液说。他认为,人体含有4种不同的液体,即血液、黏液、黄胆汁和黑胆汁,它们分别产生于心脏(血液)、脑(黏液)、肝脏(黄胆汁)和胃(黑胆汁)。希波克拉底认为,4种体液形成了人体的性质,机体的状况取决于4种液体的配合。在体液的混合比例中,由于4种体液在人体内所占的比例不同,便形成了多血质、胆汁质、黏液质和抑郁质4种不同的气质类型。

血液占优势的人属于多血质,黏液占优势的人属于黏液质,黄胆汁占优势的人属于胆汁质,黑胆汁占优势的人属于抑郁质。希波克拉底认为,每一种体液都由寒、热、湿、干4种性能中的两种性能混合而成。血液具有"热—湿"的性能,因此多血质的人温而润,如春天一般;黏液具有"寒—湿"的性能,因此黏液质的人冷酷无情,如冬天一般;黄胆汁具有"热—干"的性能,因此黄胆汁的人热而燥,如夏季一般;黑胆汁具有"寒—干"

的性能,因此抑郁质的人如秋天一般。4种体液配合适当时,人的身体便会健康,否则就会导致疾病。希波克拉底的理论后来被罗马的医生盖伦所发展。

在现在看来,希波克拉底对气质的分类是缺乏科学依据的,但事实上这4种类型的划分与巴甫洛夫对4种神经活动类型的划分相符合,也比较符合实际。在心理学领域,这种气质分类法一直沿用至今。

拓展阅读

希波克拉底(公元前460—公元前377年)是古希腊著名医生,被西方尊为"医学之父",也是欧洲医学的奠基人。他提出了"体液(humours)学说",认为人体由血液、黏液、黄胆汁和黑胆汁4种体液组成,体液的平衡与否直接影响健康。这一理论奠定了西方医学的基础,改变了当时以巫术和宗教解释疾病的观念。

(三) 气质类型及其特征

1. 胆汁质(急躁型,性格粗犷)

胆汁质的人的典型特征:感受性较弱,耐受性、敏捷性、可塑性较强,兴奋比抑制占优势,外倾性明显,反应快但不够灵活。

胆汁质的人的主要表现:这类人的情感和行为动作产生得迅速而且强烈,有极明显的外部表现;性情开朗,热情、坦率,但脾气暴躁,好争论;情感易冲动但不持久;言谈举止都近乎情绪化;精力旺盛,经常以极大的热情从事工作,但有时缺乏耐心;思维具有一定的灵活性,但对问题的理解具有粗枝大叶、不求甚解的倾向;意志坚定、果断勇敢,注意力稳定且集中但难以转移;行动利落而又敏捷,说话速度快且声音洪亮。

2. 多血质(活泼型,情绪丰富)

多血质的人的典型特征:感受性弱,耐受性、兴奋性、敏捷性、可塑性都很强,反应迅速,行动具有很强的反应性。

多血质的人的主要表现:这类人的情感和行为动作发生得很快,变化得也快,但较为温和;易于产生情感,但体验不深,善于结交朋友,容易适应新的环境;语言具有表达力和感染力,姿态活泼,表情生动,有明显的外倾性特点;机智灵敏,思维灵活,但常表现出对问题不求甚解;注意力与兴趣易转移,不稳定;在意志力方面缺乏忍耐性,毅力不强。

3. 黏液质(安静型,情绪贫乏)

黏液质的人的典型特征:耐受性强,感受性、敏捷性、可塑性、兴奋性均较弱,内倾性明显,外部表现少,反应比较慢。

黏液质的人的主要表现:情感和行为动作进行得迟缓,稳定,缺乏灵活性;情绪不易产生,也不易外露,很少产生激情,遇到不愉快的事也不动声色;注意力稳定、持久,但难以转移;思维灵活性较差,但比较细致,喜欢沉思;在意志力方面具有耐性,对自己的行为有较强的自制力;态度持重,好沉默寡言,办事谨慎细致,从不鲁莽;对新工作较难适应,行为和情绪都表现出内倾性,可塑性差。

4. 抑郁质(消极型，多愁善感)

抑郁质的人的典型特征：感受性强，耐受性、敏感性、兴奋性和可塑性均较弱；严重内倾，情绪兴奋性强且体验深，反应慢且不灵活。

抑郁质的人的主要表现：这类人的情感和行为动作进行得相当缓慢，柔弱；情感容易产生，而且体验相当深刻，隐晦而不外露，易多愁善感；往往富于想象，聪明且观察力敏锐，善于观察他人观察不到的细微事物，敏感性强，思维深刻；在意志方面常表现出胆小怕事、优柔寡断的特点，受到挫折后常心神不安，但对力所能及的工作表现出坚忍的精神；不善交往，较为孤僻，具有明显的内倾性。

在日常生活中，并不是所有人都可以按照这4种类型来划分，只有少数人完全符合上述4种类型之一，大多数人属于混合型或中间类型。

拓展阅读

剧院前的争吵

苏联心理学家达维多娃曾用一个故事形象地描述了4种基本气质类型的人在同一情境中的不同行为表现。

假设情境为4种气质类型的人来看戏，他们全部迟到了。胆汁质的人急切地想入场，与检票员大声争吵，声称剧院的钟快了，自己进去不会影响任何人，情绪激动到试图推开检票员闯入剧场，但最终被制止，只能愤愤不平地站在原地。多血质的人迅速环顾四周，发现楼厅入口没有检票员，灵活地跑到楼上，轻松进入剧场，安心享受演出。黏液质的人看到检票员不放行，没有过多争辩，冷静地接受了现实，决定先去小卖部等一会儿，等幕间休息时再入场。抑郁质的人站在门口，看着检票员不放行，感到非常沮丧，觉得自己运气不好，偶尔来看一场戏就这么倒霉，于是失望地转身回家，甚至开始怀疑自己的选择是否正确。

(四) 不同气质类型旅游者的表现与接待方式

依据气质类型，可将旅游者分为活泼型、急躁型、稳重型和忧郁型4种类型。

1. 活泼型旅游者的表现及接待方式

活泼型旅游者活泼大方，面部表情丰富，爱说爱笑，爱热闹，喜欢参加新颖、热烈、花样多的活动，不愿忍受寂寞和孤独；富有同情心，热情，喜交际，常主动与服务员攀谈、拉家常，建立友谊；对各种新闻都感兴趣，容易谅解别人。

接待这类旅游者应做好以下几点：第一，要诚恳对待他们，不要冷落他们；第二，多介绍、安排新颖有趣和富有刺激性的活动；第三，服务速度要快，多变花样，避免呆板和烦琐。

2. 急躁型旅游者的表现及接待方式

急躁型旅游者性格急躁，在候车、办手续、进餐、结账时，等待时间稍长就不耐烦，显得心急火燎；他们对人热情，容易兴奋、激动，说话大声，爱打手势，而且直率，不顾场合；走路、做事手脚较重，大大咧咧；爱显摆自己的长处，乐于助人，有冒险精神，喜欢参加富有刺激性的活动；不善于克制自己，有了问题会大声吵闹，遇到麻烦易发火动怒，一旦被激怒就难以平静；常丢三落四。

接待这类旅游者应做好以下几点：第一，避免与他们争执，出现矛盾应主动回避、忍让，不要激怒他们；第二，服务速度要快，开房、送餐、结账等要高效率，不要拖拉；第三，主动提醒他们别遗忘东西。

3. 稳重型旅游者的表现及接待方式

稳重型旅游者不容易被感动，面部表情不丰富，常给人一种琢磨不透、难以接近的感觉；表面温和而稳重，不苟言笑，说话做事慢慢腾腾；喜欢清静，恋旧，不喜欢经常变花样；喜欢参加节奏缓慢、轻松的活动；喜欢故地重游，买东西认品牌；保守，对新的活动项目、情况接受较慢；如果有事与他们商量，他们会考虑很久，做事谨慎。

接待这类旅游者应做好以下几点：第一，安排住房要僻静，不要过多打扰；第二，有事交代需直截了当，但应说慢点，不要滔滔不绝；第三，凡事不要过多催促，允许他们考虑；第四，活动项目不要安排得太紧凑，内容不要太繁杂。

4. 忧郁型旅游者的表现及接待方式

忧郁型旅游者喜欢独处，不喜欢在大庭广众之下大声言笑，在公众场合中喜欢独处，不愿成为大家注意的目标，腼腆而羞怯；不爱凑热闹，不爱参加过于热烈和有竞争性的活动；说话做事都很斯文，步履轻缓，显得很柔弱；不爱主动与人交谈，有什么想法和意见也不愿说出来；自尊心特别强，爱因小事怄气，为人处世疑心较重。

接待这类旅游者应做好以下几点：第一，不和他们开玩笑，不在他们面前说无关的事，以免引起误会；第二，说话态度温和诚恳，切勿命令指责；第三，有事应与他们商量，要把话说清楚，说话慢一点，以免引起他们的猜忌和不安；第四，安排住房应清静而不冷清，随时关照但不打扰他们。

拓展阅读

导游服务技巧顺口溜

见面爱说又爱笑，这样的游客较可靠；要求偏多又言少，这样的游客要讨好；
团队当中有权威，对其热心不吃亏；说话严厉有分量，对其尊重不一样；
爱听爱看又爱摸，对其服务要多说；少言少语又怕累，对其服务要干脆。

(五) 气质与职业活动及职业选择

气质与职业活动的关系表现在两个方面：一方面，个人的气质特征应与职业活动的客观要求相适应；另一方面，在选拔人才和安排工作时应考虑个人的气质特点。

把握气质与职业活动的关系，有助于在开展职业活动时选择合适的人才，确保从事职业活动的人能扬长避短，通过优势特征来弥补有缺陷的气质特征。

但在现实中，职业活动与个人气质特征完全相适应并不是常见的情况，个人经常存在一些不适应职业活动的气质特征。在这种情况下，可以通过某些途径使自己适应于职业活动。例如，导游应细心，喜欢与人交往，容忍度高且处事灵活，谈吐动听。因此，属于胆汁质气质类型的导游就要克服自己粗心大意的习惯，锻炼自己说话、做事委婉而不冲动，做一个有耐心的说服者，确保别人愉快地接受自己的想法而没有丝毫被强迫的感觉。事实上，每一种气质类型的人都能在旅游行业中获取好成绩，重要的是能认清自己、扬长避短。

当前，越来越多的机构开始重视人力资源的合理使用问题。根据气质特征进行职业选择，可以扬长避短，充分发挥人员的气质优势，同时克服气质特征中不利的影响[1]。气质类型的行为特征与适宜的职业如表3-2所示。

表3-2　气质类型的行为特征与适宜的工作与职业

气质类型	行为特征	适宜的工作与职业
胆汁质	执行力强，敢于冒险，目标明确，善于在压力下快速决策； 可能缺乏耐心，情绪容易波动，对他人要求较高	适合成为企业家、管理者、军人、警察、运动员、项目经理、律师、急诊医生、消防员等
多血质	沟通能力强，善于调动气氛，灵活应变，乐观积极； 可能缺乏耐心，注意力容易分散，做事不够深入	适合从事销售、公关、市场营销、导游、主持人、活动策划、客户服务、培训师、人力资源等职业
黏液质	专注力强，善于长期坚持，注重细节，可靠踏实； 可能缺乏主动性，适应变化较慢，不善于表达情感	适合从事会计、程序员、工程师、科研人员、图书管理员、数据分析师、质量控制员、药剂师、编辑等职业
抑郁质	洞察力强，富有同理心，创造力丰富，善于深度思考； 可能过于敏感，行动力不足，容易陷入悲观情绪	适合成为艺术家、作家、心理咨询师、设计师、哲学家、音乐家、摄影师、社会工作者、研究员等

二、旅游者的性格

(一) 认识性格

古语云："积行成习，积习成性，积性成命。"西方也有名言："播下一种行为，收获一种习惯；播下一种习惯，收获一种性格；播下一种性格，收获一种命运。"可见东西方对性格形成的看法都一样。那么，什么是性格？性格是一个人对现实的稳定的态度和习惯化的行为方式。性格作为人的比较稳定的心理特征，有两方面的含义：一方面，性格是在长期生活实践中形成的，比较稳固；另一方面，这种比较稳固的对现实的态度和行为方式贯穿于人的全部行为活动中，在类似甚至不同的情境中都会表现出来。只有那些常见的、能从本质方面表现一个人个性的性格特征，才能称为性格。

人的性格不是天生的，天生的遗传因素只能给人的性格形成提供一个自然前提和物质基础，而一个人最终具有什么样的性格是由他生活的家庭环境条件、接受的教育和从事的

---

[1] 韩永昌.心理学[M].上海：华东师范大学出版社，2001.

社会实践等因素决定的。家庭环境条件是人的性格形成的基础，教育对人的性格形成起主导作用，而社会实践在人的性格形成与发展过程中起决定性作用。一个人的性格特点，是他生活经历的反映和记录。

(二) 性格类型

性格是人在社会环境中后天逐渐形成的，受人的价值观、人生观、世界观的影响，有好坏之分，并体现一定的道德性。热爱祖国、助人为乐、公而忘私、廉洁奉公、舍己救人等体现了好的性格品质；冷酷无情、自私自利、萎靡不振、虚伪狡诈、恃强凌弱、唯利是图等都是不良的性格品质。

面对纷繁复杂的性格特征，心理学家为了便于掌握人的性格，从不同角度出发，在千差万别的性格差异中寻找共性，归纳出不同的性格类型。例如，英国心理学家培因和法国心理学家里波按心理机能将性格分为理智型、情绪型、意志型和混合型；瑞士心理学家荣格按心理活动的倾向性将性格分为内倾型、外倾型和内外平衡型；美国心理学家魏特金按照个体活动的独立性特点将性格划分为独立型、顺从型和反抗型等。

以上介绍的性格类型划分方法，优点是简单明了，便于利用它来了解人；缺点是过于简单化、绝对化，忽视了人的多样性、复杂性和发展变化的特点。在现实生活中，很多人的性格属于混合型，按照上述划分方法难以准确地将这些人的性格归入哪一种类型。不过，性格类型的划分对了解旅游者的旅游行为还是有其重要价值的。

拓展阅读

九型人格学(Enneagram/Ninehouse)是一门历史悠久的古老学问，它按照人们习惯性的思维模式、情绪反应和行为习惯等性格特质，将人的性格分为9种。

如果知道一个人的九型人格号码，你就了解了他70%，甚至你可以像一个算命先生一样，轻而易举地"算"出他的一些举动和做法。

要评估自己的性格，请看图3-12，凭第一感觉选出你最喜爱的一张图形(同时考虑形状和颜色，建议上网查找九宫格性格测试彩色图片)。

以下是9种性格类型的简要描述及其适合的职业领域。

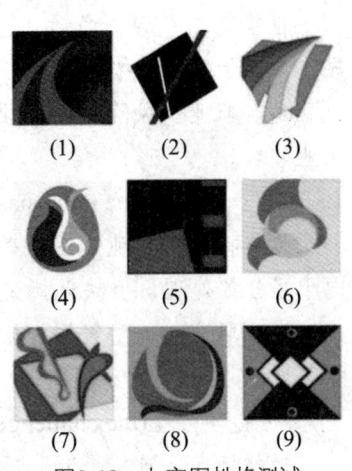

图3-12 九宫图性格测试

1号：完美型(the perfectionist)

性格特点：追求完美，注重原则与规则，理性严谨，责任感强，自我要求高，对错误敏感，倾向于批判自己和他人。

适合职业：财务、审计、品质管理、法律、监察等需要高度精确和原则性的职业领域。

2号：助人型(the helper)

性格特点：乐于助人，富有同理心，重视他人需求，容易忽视自我，渴望被需要，情感丰富，善于建立人际关系。

适合职业：社工、护士、教师、客户服务、心理咨询等以支持和服务他人为主的职业领域。

3号：成就型(the achiever)

性格特点：目标导向，注重效率与成功，适应力强，自信积极，善于表现，追求认可，倾向于以结果衡量价值。

适合职业：销售、公关、市场营销、企业管理、演艺等需要竞争力和表现力的职业领域。

4号：艺术家型(the individualist)

性格特点：追求独特性，情感丰富，创造力强，敏感细腻，容易情绪化，渴望深度体验，倾向于自我表达。

适合职业：艺术创作、设计、写作、音乐、心理咨询等需要创意和情感表达的职业领域。

5号：智慧型(the investigator)

性格特点：理性冷静，善于分析，注重知识积累，喜欢独处，对复杂问题有深入研究的兴趣，倾向于抽离情感。

适合职业：科研、数据分析、战略规划、技术开发、学术研究等需要深度思考和专注的职业领域。

6号：忠诚型(the loyalist)

性格特点：谨慎负责，注重安全与稳定，善于预见风险，依赖团队与权威，忠诚可靠，倾向于未雨绸缪。

适合职业：风险管理、顾问、行政管理、安全监控、团队协作等需要谨慎和可靠性的职业领域。

7号：快乐型(the enthusiast)

性格特点：乐观开朗，兴趣广泛，追求自由与新鲜感，善于逃避压力，喜欢探索，倾向于多任务处理，但缺乏持久性。

适合职业：创意策划、旅游、娱乐、活动组织、自由职业等需要灵活性和创造力的职业领域。

8号：领袖型(the challenger)

性格特点：自信果断，喜欢掌控局面，保护欲强，直率坦诚，行动力强，倾向于挑战权威与规则。

适合职业：企业管理、创业、政治、军事、项目管理等需要领导力和决策力的职业领域。

9号：和平型(the peacemaker)

性格特点：温和包容，善于调解冲突，追求和谐，避免冲突，倾向于被动适应，容易忽视自我需求。

适合职业：人事管理、调解、咨询、调研、公共服务等需要协调能力和倾听能力的职业领域。

九型人格学为理解个体性格差异提供了系统框架,每种人格类型都有其独特的优势与局限性。了解自身性格类型有助于职业选择与个人成长,同时也能更好地理解他人,促进人际关系的和谐发展。

(三) 性格对旅游倾向的影响

1. 按照性格的机能类型分类

按照性格的机能类型的不同,可将旅游者分为理智型、情绪型和意志型3类。

(1) 理智型旅游者。这类旅游者是有良好修养、层次较高的人,能根据个人的身体、经济、时间等条件来安排旅游计划,考虑仔细、周密,具有科学性。当计划与实际情况发生冲突时,他们能及时修改计划,表现出很大的灵活性。在情绪方面,他们表现平稳,高兴时不狂放,遇挫折时也不沮丧,能够理智地处理与其他旅游者及旅游服务人员之间发生的问题。遇事爱思考,讲道理,对是非好坏观点鲜明。表现自信,但有时会因固执己见而显得迂腐或偏激。他们会较多地选择能够增长见识和具有审美意义的社会文化现象或奇特的自然现象作为旅游对象,而不愿意选择单纯的娱乐或休闲性的旅游活动。

(2) 情绪型旅游者。这类旅游者情绪起伏较大,喜欢感情用事,容易被情绪支配,容易激动。他们的旅游计划、行为完全受其情绪的控制,因而,有时显得比较幼稚,缺乏科学性、合理性。在旅游活动中,为了满足个人情感的需要,他们常常进行超过自身条件的消费,乐于参加自费旅游项目。他们感情外露,高兴时大喊大叫,不满时则牢骚满腹。他们喜欢具有多样性、趣味性的活动内容和活动方式,喜欢参加能为自己带来欢乐、具有浪漫色彩的旅游活动,不太喜欢单纯的度假和专项旅游。

(3) 意志型旅游者。这类旅游者是有执着追求的人。当他们制订好旅游计划以后,便会积极行动,按计划行事。执行计划时如遇到困难,也不肯放弃,而是想办法解决问题,实现预定的目标。他们做事目标明确,善于自我控制,一旦作出决定,不轻易改变。他们对那些目标明确、需要付出艰辛努力并能够发挥个人能力等具有挑战性的旅游活动感兴趣,对漫无目的、轻而易举就能完成的旅游活动没有多大兴趣。

2. 按照性格的倾向类型分类

按照性格的倾向类型的不同,可将旅游者分为内向型和外向型两类。

(1) 内向型旅游者。这类旅游者的感情从不外露,旅游时比较谨慎,遇事比较小心,对外部的各种刺激反应不强烈,但较敏感。他们适应环境的能力较差,不喜欢与其他旅游者交往,很少与别人一起行动、交谈,情绪上常常表现为郁郁寡欢。他们喜欢去熟悉的目的地旅行,乐于选择正规的旅游设施和较小活动量的旅游项目;喜欢日光浴和其他熟悉的、具有家庭气氛的娱乐活动;喜欢自己开车前往旅游点,并事先准备好齐全的旅行用品,希望全部旅游日程能事先安排好。这类旅游者表现出严格的计划性,希望所有活动都在计划之中。

(2) 外向型旅游者。这类旅游者性格外露,开朗、大方、热情。在旅游活动中,他们表现活泼、积极,行为上无拘无束、不拘小节。他们喜欢主动与其他旅游者交往,能很快适应旅游环境的变化;乐于去未开发的地区旅游,希望旅游能带来新鲜的经历和喜悦的感受；喜欢较大活动量的旅游项目和一般的旅游设施，不喜欢专门吸引旅游者的商店；喜欢乘飞机去旅游目的地，乐于接触不熟悉的人和事，对陌生的文化有强烈的兴趣；对旅游日程和内容只愿意做一般的安排，乐于留有余地，表现出较大的灵活性。这类旅游者认为，在旅游过程中应随时接触新的、难以预料的事物，这样才能在陌生而复杂的地方获得丰富多彩的旅游乐趣和旅游享受。

3. 按照性格的独立类型分类

按照性格的独立类型的不同，可将旅游者分为独立型和顺从型两类。

(1) 独立型旅游者。这类旅游者有自己的主张和观点，他们完全通过独立思考去处理旅游过程中的各种事情。在旅游地点、项目的选择以及旅游购物等方面，一般不受他人的影响。他们善于独立思考，遇事镇静，出现意外事件也不慌张。这类旅游者喜欢自助型或自助团体型组织方式的旅游，喜欢不受约束地支配自己的旅游时间。若参加团体旅游，也只希望旅行社安排吃、住、行以及最重要和大众化的旅游活动，其他旅游活动则自己安排。

(2) 顺从型旅游者。这类旅游者缺乏主见，独立性较差，更愿意接受随团旅游，依靠旅游服务人员引导，也喜欢模仿其他旅游者的做法。他们易受暗示，经常受别人的影响。他们依赖性强，喜欢随大流，出现意外情况时最容易惊惶失措。这类旅游者喜欢参加团体旅游，或旅行社组织的、有预订计划和陪同的团体旅游。

三、气质与性格的区别与联系

由于性格与气质相互制约、相互影响，因而，在实际生活中，人们经常混淆两者，把气质特征说成性格或把性格特征说成气质。例如，有人常说某人的性格活泼好动，某人的性子太急或太慢，其实讲的是气质特点。性格与气质是既有区别又有联系的两种不同的个性心理特征，具体如表3-3所示。

表3-3　性格与气质的区别与联系

关系		气质	性格
区别	起源	高级神经类型(先天性)	社会环境(社会性)
	可塑性	变化慢，可塑性差	变化稍快，可塑性强
	评价	无好坏	有好坏
联系		影响性格的表现方式	可掩盖或改变气质，使之符合社会要求
		影响性格形成与发展的速度和难易程度	

(一) 气质与性格的区别

气质更多地受个体高级神经活动类型的制约，主要是先天的；而性格更多地受社会生活条件的制约，主要是后天的。气质可塑性极差，变化慢；性格可塑性较强，环境对性格的塑造作用较为明显。气质是表现在人的情绪和行为活动中的动力特征(即强度、速度等)，无好坏之分；而性格是指行为的内容，表现为个体与社会环境的关系，在社会评价中有好坏之分。

(二) 气质与性格的联系

气质与性格的联系是相当密切而又相当复杂的。气质类型相同的人可能性格特征不同；性格特征相似的人可能气质类型不同。具体地说，两者的联系有以下3种情况。

(1) 气质影响性格的表现特点。气质可按自己的动力方式渲染性格，使性格具有独特的色彩。例如，同是勤劳的性格特征，多血质的人表现为精神饱满、精力充沛，黏液质的人表现为踏实肯干、认真仔细；同是友善的性格特征，胆汁质的人表现为热情豪爽，抑郁质的人表现为温柔。

(2) 气质会影响性格形成与发展的速度。当某种气质与性格较为一致时，就有助于性格的形成与发展，相反会有碍于性格的形成与发展。例如，胆汁质的人容易形成勇敢、果断、主动的性格特征，而黏液质的人就较难形成此类性格特征。

(3) 性格可以在一定程度上掩盖和改造气质。性格对气质有重要的调节作用，在一定程度上可掩盖和改造气质，使气质服从于生活实践的要求。例如，飞行员必须具有冷静沉着、机智勇敢等性格特征，在严格的军事训练中，这些性格的形成就会掩盖或改造胆汁质者易冲动、急躁的气质特征。

 项目测验

一、单选题

1. 俗语说"江山易改，禀性难移"，主要是针对气质的( )而言的。
   A. 先天性　　　B. 遗传性　　　C. 两重性　　　D. 稳定性
2. 在旅游者的气质类型中，稳重型相当于( )。
   A. 胆汁质　　　B. 抑郁质　　　C. 多血质　　　D. 黏液质
3. 在旅游者的气质类型中，急躁型相当于( )。
   A. 胆汁质　　　B. 抑郁质　　　C. 多血质　　　D. 黏液质
4. 气质的两重性是指( )。
   A. 稳定性与可塑性　　　　　　B. 积极性与消极性
   C. 先天性与后天性　　　　　　D. 生物性与社会性
5. ( )性格的旅游者期望他们的旅游生活具有可测性、稳定性，并按部就班地进行。
   A. 交际型　　　B. 内倾型　　　C. 外倾型　　　D. 观光型

二、多选题

1. 苏联科学家巴甫洛夫发现神经系统具有的3种基本特性是( )。
   A. 强度　　　B. 稳定性　　　C. 平衡性　　　D. 灵活性
2. 气质的基本特性包括( )。
   A. 先天性　　　B. 稳定性　　　C. 可塑性　　　D. 两重性
3. 希波克拉底将气质类型划分为( )。
   A. 胆汁质　　　B. 血液质　　　C. 抑郁质　　　D. 黏液质

4. 下列选项中，属于多血质气质类型的心理特征的是(　　)。
   A. 活泼、机敏、感情丰富　　　　B. 健谈、无忧无虑、有朝气
   C. 易感情用事，脾气暴躁　　　　D. 热情、直率、不善于控制自我
5. 胆汁质的旅游者缺乏(　　)，接待技巧为(　　)。
   A. 耐受性　　　B. 自制性　　　C. 稳定性　　　D. 主动性
   E. 刚柔相济　　F. 热情引导　　G. 以柔克刚　　H. 关心帮助、鼓励引导

三、实践题

1. 通过团队交流并结合气质类型量表测量，了解自己的气质类型，找出在自身的气质特征中，不符合旅游服务从业要求的方面。谈谈如何扬长避短，克服某些气质特征对从事旅游行业的不利影响。

2. 请走访资深旅游服务人员，了解旅游者的气质及性格类型，掌握对不同气质及性格类型的旅游者的接待技巧。

项目实训 | 气质识别与旅游接待策略

◇ 任务导入

人心不同，各如其面。每一位旅游者都有其区别于他人的气质特点。个体的差异性使得旅游者不会满足于"标准化"的接待服务，他们更期待旅游服务人员为其提供有针对性的个性化接待服务。为旅游者提供个性化接待服务，不仅会提升旅游者对服务的满意度，还能避免许多麻烦，使服务工作取得事半功倍的效果。旅游服务人员要做到这一点，就必须能够识别不同气质特点的旅游者的日常行为表现，掌握针对不同气质特点的旅游者的接待策略。

下面是不同气质类型的旅游者的日常行为表现，请你指出他们所属的气质类型，并制定相应的旅游接待策略。

1. 遇到令人气愤的事就怒不可遏，把心里话全说出来才痛快。
2. 很快就能适应新环境。
3. 神经过敏，患得患失。
4. 和人争吵时，总是先发制人，喜欢挑衅别人。
5. 不容易激动，很少发脾气，面部表情单一。
6. 善于与人交往。
7. 语言具有感染力，姿态活泼，表情生动。
8. 遇到陌生人觉得很拘束。
9. 遇到令人气愤的事，能很好地自我克制。
10. 喜欢在公众场合表现自己，坚持自己的见解。
11. 遇到问题总是举棋不定、优柔寡断。
12. 在人群中从不觉得过分拘束。
13. 理解问题总比别人快。
14. 遇到危险情景，常会产生一种极度恐惧感。

15. 一点小事就能引起情绪波动。
16. 说话快，喜欢与人争辩，总想抢先发表自己的意见。
17. 宁愿侃侃而谈，不愿窃窃私语。
18. 不愿成为大家关注的目标，腼腆而羞怯。
19. 表面温和而稳重，不苟言笑，说话做事慢条斯理。
20. 心里有话宁愿自己想，不愿说出来。
21. 游玩一段时间后，常比别人更疲倦。
22. 做事有些莽撞，常常不考虑后果。
23. 能够很快忘记那些不愉快的事情。
24. 走路、做事手脚较重，大大咧咧。
25. 认为墨守成规比冒风险更稳妥。
26. 烦恼的时候，别人很难使其高兴起来。
27. 不爱与人交往，有孤独感。
28. 在体育活动中，常因反应慢而落后。
29. 反应敏捷，头脑机智。
30. 假如活动枯燥无味，马上就会情绪低落。
31. 有朝气，行动敏捷。
32. 沉静而稳重，较死板。
33. 爱因小事而怄气，为人处世疑心较重。
34. 和周围的人总是相处不好。
35. 在候车、办手续时，时间稍长就不耐烦，表现得心急火燎。
36. 爱看感情细腻、注重表现心理活动的小说和电影。
37. 注意力与兴趣易转移，不稳定。
38. 善于克制忍让，心胸宽广，不计较小事，能忍受委屈。
39. 理解能力和接受能力很强，但总是未想好答案就先举手。
40. 埋头苦干，有耐久力，能承担长时间的工作。

◇ **任务要求**

一、编写"气质识别与旅游接待策略"
二、"气质识别与旅游接待策略"内容要求
1. 任务内容分为气质识别和接待策略两部分。
2. 认真阅读上述40项日常行为表现，分别指出所属气质类型。
3. 写出4种典型气质类型旅游者的接待策略。
4. 接待策略表述精炼、条目清晰。
三、项目任务成果形式
提交"气质识别与旅游接待策略"Word文档"。
四、"气质识别与旅游接待策略"文档排版要求
1. 版面设计美观，格式规范。
2. 标题：小二号字，宋体，加粗，居中，与正文内容之间空一行。

3. 一级标题：四号字，宋体，加粗，首行缩进2字符。

4. 正文：小四号字，宋体，首行缩进2字符。

5. 纸型：A4纸，单面打印。

6. 页边距：上2.5cm，下2cm，左2.5cm，右2cm。

7. 行距：1.5倍行距。

◇ **任务实施**

一、教学组织

1. 教师向学生阐述项目任务及要求。

2. 由4~5名学生组成一个学习团队，以团队形式完成项目任务。

3. 学习团队通过查阅教材、教师授课资料，完善项目任务知识。

4. 教师解答学生的相关咨询，监督、指导、检查、评价项目任务的实施。

5. 提交项目任务成果，教师进行成果评定并进行提升性总结。

二、知识运用

旅游者的气质与性格。

◇ **任务成果范例**(参见二维码)

心理测试

陈会昌气质量表

通过下面60条描述可大致确定人的气质类型。仔细阅读，若与自己的情况"很符合"记2分，"较符合"记1分，"一般符合"记0分，"较不符合"记-1分，"很不符合"记-2分，并将分值填入表3-4"气质测验答卷"中。

1. 做事力求稳妥，一般不做无把握的事。

2. 遇到令人气愤的事就怒不可遏，把心里话全说出来才痛快。

3. 喜欢一个人做事，不愿与很多人在一起。

4. 很快就能适应新环境。

5. 厌恶那些强烈的刺激，如尖叫、噪声、危险镜头等。

6. 和人争吵时，总是先发制人，喜欢挑衅别人。

7. 喜欢安静的环境。

8. 善于和人交往。

9. 羡慕那种善于克制自己情感的人。

10. 生活有规律，很少违反作息制度。

11. 在多数情况下情绪是乐观的。

12. 遇到陌生人觉得很拘束。

13. 遇到令人气愤的事，能很好地自我克制。
14. 做事总有旺盛的精力。
15. 遇到问题总举棋不定、优柔寡断。
16. 在人群中从不觉得过分拘束。
17. 情绪高昂时，觉得做什么都有趣；情绪低落时，又觉得做什么都没有意思。
18. 当注意力集中于某一事物时，别的事很难使其分心。
19. 理解问题总比别人快。
20. 遇到危险情景，常会产生一种极度恐惧感。
21. 对学习、工作怀有很高的热情。
22. 能够长时间做枯燥、单调的工作。
23. 符合兴趣的事情，做起来劲头十足，否则不想做。
24. 一点小事就能引起情绪波动。
25. 讨厌做那种需要耐心、细致才能完成的工作。
26. 与人交往不卑不亢。
27. 喜欢参加激烈的活动。
28. 爱看情感细腻、描写人物内心活动的文艺作品。
29. 工作、学习时间长了，常感到厌倦。
30. 不喜欢长时间谈论一个问题，愿意实际动手做。
31. 宁愿侃侃而谈，不愿窃窃私语。
32. 别人总是评价其闷闷不乐。
33. 理解问题常比别人慢。
34. 感到疲倦时，只要经过短暂的休息就能精神抖擞，重新投入工作。
35. 心里有话宁愿自己想，不愿说出来。
36. 认准一个目标就希望尽快实现，不达目的，誓不罢休。
37. 学习、工作一段时间后，常比别人更疲倦。
38. 做事有些莽撞，常常不考虑后果。
39. 老师或他人讲授新知识、新技术时，总希望他讲得慢些，多重复几遍。
40. 能够很快忘记那些不愉快的事情。
41. 做作业或完成一项工作总比别人花费更多的时间。
42. 喜欢参加运动量大、剧烈的体育活动，或者参加各种文艺活动。
43. 不能很快地把注意力从一件事转移到另一件事上去。
44. 接受一个任务后，就希望把它迅速完成。
45. 认为墨守成规比冒风险更稳妥。
46. 能够同时把注意力放在几件事物上。
47. 感到烦恼的时候，别人很难使其高兴起来。
48. 爱看情节起伏跌宕、激动人心的小说。
49. 对工作抱有严谨、始终如一的态度。

50. 和周围的人总是相处不好。
51. 喜欢复习学过的知识，重复做熟练的工作。
52. 希望做变化大、花样多的工作。
53. 小时候会背的诗歌，现在似乎比别人记得清楚。
54. 常被别人评价"出语伤人"，但自己并不觉得这样。
55. 在体育活动中，常因反应慢而落后。
56. 反应敏捷，头脑机智。
57. 喜欢做有条理而不甚麻烦的工作。
58. 兴奋的事情常使其失眠。
59. 老师讲新概念，常常听不懂，但弄懂了以后很难忘记。
60. 假如工作枯燥无味，马上就会情绪低落。

测试答卷如表3-4所示。

表3-4　气质测试答卷

胆汁质	题号	02	06	09	14	17	21	27	31	36	38	42	48	50	54	58	总分
	得分																
多血质	题号	04	08	11	16	19	23	25	29	34	40	44	46	52	56	60	总分
	得分																
黏液质	题号	01	07	10	13	18	22	26	30	33	39	43	45	49	55	57	总分
	得分																
抑郁质	题号	03	05	12	15	20	24	28	32	35	37	41	47	51	53	59	总分
	得分																

测试结果分析(详见二维码)

模块四

旅游者心理与酒店服务

模块背景

酒店借助硬件设施向客人提供各种服务，包括功能性服务和心理性服务。功能性服务是指那些基本的、实用的服务，例如住宿、餐饮、洗衣、清洁等；心理性服务更加关注客人的情感体验和心理满足感，涉及酒店的氛围、员工的态度和友好程度、酒店的位置和景观、客房的舒适度等方面。酒店服务中的功能性服务和心理性服务犹如人的两条"腿"，缺少任何一条"腿"，整体服务都不能"走"向优秀。

当前，国内酒店业普遍注重功能性服务的提升，而对心理性服务认识不足。作为酒店管理者，必须明确只有兼顾两种服务，才能提升客人对酒店的忠诚度和美誉度。

酒店服务岗位是旅游管理专业学生的就业方向之一。学习酒店服务心理知识，可帮助学生精准洞察客人心理需求，从而提供个性化、人性化的服务；也有助于提升学生的专业素养，为高质量就业奠定基础。

模块结构

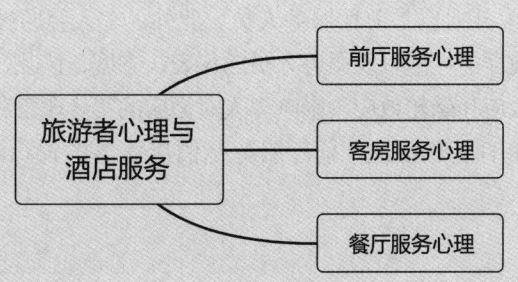

项目一　前厅服务心理

项目目标

◇ **知识目标**
1. 掌握客人在酒店前厅的主要心理需求。
2. 掌握酒店前厅主要心理服务策略。

◇ **能力目标**
1. 能够洞察客人在酒店前厅的心理需求。
2. 能够满足客人的心理需求，提供令客人满意的心理服务。
3. 创新服务策略，提升客人对前厅服务的体验感。

◇ **素质目标**
1. 培养以客人为中心、精益求精的职业素养。
2. 培养开放包容、合作共赢、诚信待客的服务理念。
3. 创新服务理念，树立酒店良好形象。
4. 弘扬中国传统文化，彰显文化自信。

项目知识

一、认识前厅服务

前厅是酒店销售产品、组织接待服务、经营业务和为客人提供迎接服务的综合性服务部门。前厅服务内容包括房间预订、入住登记、解答咨询、信息传递、投诉处理、商务服务、电话服务、收款结账等。

前厅是酒店对客服务的中心，是客人入住酒店的起始点和终结点。当客人进入酒店时，首先映入眼帘的便是前厅，第一个为他提供服务的是前厅服务人员；当客人离开酒店时，最后一个为他提供服务的也是前厅服务人员。此外，客人会通过前厅的服务质量联想到整个酒店的服务水平。前厅的环境以及服务人员的仪表、态度、谈吐、举止等都会产生审美意义上的首因效应、近因效应和晕轮效应，影响客人对酒店的第一印象和最后印象，并最终决定客人对酒店的总体印象和评价。因此，前厅服务是酒店服务的窗口和脸面，是酒店的"神经中枢"。

📖 拓展阅读

(1) 首因效应。首因效应又称"第一印象效应"，是指与不熟悉的社会知觉对象第一次接触后形成的印象。俗话说，"良好的开端是成功的一半"，说的就是"首因效应"对人的影响。一般来讲，不熟悉或接触较少的人之间容易出现"首因效应"。酒店前厅是客人踏进酒店接触到的第一部分，是酒店的门面，因此，前厅服务人员一定要注意给客人留下良好的第一印象。

(2) 近因效应。所谓近因，是指个体最近获得的信息。"近因效应"与"首因效应"相反，是指对最后接触的人和事物留下的印象更加深刻。俗话说，"编筐编篓，重在收口"，说的就是"近因效应"对人的影响。在酒店服务过程中，客人常常会受"近因效应"的影响，导致其对离店环节的服务认识占了主体地位，掩盖了以往对酒店的评价。因此，前厅服务人员一定要注意客人留下良好的最后印象。

(3) 晕轮效应。晕轮效应又称"光环效应"，是指认知主体对客体形成某一特征的突出印象，进而将这种印象扩大为对象的整体行为特征，从而产生美化或丑化对象的现象。酒店前厅的环境以及服务人员的相貌、仪表、服务技能等极易给客人留下深刻印象，客人便会受"晕轮效应"的影响，推断出酒店其他部门的服务质量和水平。

二、前厅心理需求分析

(一) 求尊重的心理

被尊重是人类高层次的需要。一般来说，在旅游者外出旅游的整个过程中，求尊重的需要始终存在，这是他们最基本的心理状态，而在酒店前厅期望受尊重的心理表现得特别强烈。在前厅的客人，情感脆弱又特别敏感。原因是，一方面，前厅是公共场所，是大家关注的中心，客人的朋友、同事可能就在旁边，一旦不被尊重，客人会感到非常丢面子；另一方面，客人初到酒店，自尊心会驱使他们把尊重的需要摆在第一位。

视频在线
课程4-1

前厅心理需求
分析

客人在前厅求尊重的需要主要表现为：客人一进入酒店，其内心就会产生一种被尊重的期待。他们希望通过服务人员热情的笑脸、礼貌的语言、诚恳的态度，感到自己是一位受欢迎的人；希望自己的人格、愿望、习俗、信仰被尊重；希望服务人员能耐心倾听自己的意见，如对客房、价位等的特殊要求；希望能得到个性化的服务。客人在前厅一旦感到被轻视，如服务员不礼貌、态度不好，人多时办手续不按先后、不讲次序等，客人的挫折感是巨大的，情绪表现是强烈的。如果出现这种状况，服务员要立即无条件地向客人道歉，并尽最大的努力满足客人的要求。

📖 案例

吹风机的下落

一天下午，酒店大堂收银处忙碌异常，1508号客房的客人正在前台办理退房手续。此时，客房部通知收银员，1508号房间的吹风机不见了。根据酒店规定，丢失吹风机需向客人索赔200元。大堂副理得知后，迅速赶到前台……

思考：如果你是大堂副理，你将如何在兼顾客人尊严和酒店利益的前提下，圆满地处理此事？

拓展阅读

目前，国内某著名饭店规定，在为客人办理入住登记时至少要称呼客人名字3次。前台员工要熟记VIP的名字，尽可能全面地了解他们的资料，争取在他们来店自报家门之前就称呼他们的名字，这是对一个合格服务员的基本素质要求。同时，员工应熟练使用计算机系统，为所有下榻的客人编制档案，以便向客人提供超水准、高档次的优质服务。员工应把每一位客人都看成VIP，让客人从心底感到饭店永远不会忘记他们。

(二) 求快速的心理

旅游者经过长途奔波，到达目的地或中转地的时候，都会感到不同程度的疲惫。他们迫切希望尽快进入自己的房间，迅速安顿下来，既要缓解旅途疲劳，同时也为下一步安排做准备。这时旅游者就会对时间的知觉特别敏感，不希望在前厅逗留较长的时间，更不希望遇到意想不到的麻烦。然而，从办理入住登记手续到进入房间还需要履行一系列手续，例如交验、复印相关证明、分发钥匙、行李接运等，完成这些手续需要一定的等待时间。

在前厅接受上述服务，对客人而言并无任何直接价值，这些手续绝大部分是不得不履行的，且仅仅对酒店有价值。因此，客人会认为"这是你的事"，结束得越快越好。如果服务人员效率不高，极易引起客人的厌烦情绪，客人也会因此低估酒店的服务质量。

因此，前厅接待人员一定要做好充分的准备，尽量缩短客人等待的时间。例如，对于有预订的客人和团体客人进行预分房，事先准备好钥匙、安排好行李员；对于无预订的散客，也尽量熟悉业务，熟练操作，快速办理入住登记手续。

此外，客人离店时的心理需求也是同样的。因此，结账员在结账时要快捷、准确，做到"忙而不乱，快而不错"。

(三) 求知心理

当客人第一次来到酒店时，周围的一切对他来说都是陌生的。为了尽快消除陌生感，他急需了解关于酒店以及这座城市的基本情况。

一般客人初到酒店急于了解的信息主要集中在以下两个方面。

(1) 酒店方面的信息。例如，酒店地理位置及周边环境，客房的分类、等级与价格，特色餐饮服务及营业时间，商务中心服务项目与价格，康体娱乐项目以及其他具有特殊意义的服务项目与价格等。

(2) 城市的信息。例如，风景名胜、人文古迹、购物中心、土特产、交通路线等。

前厅服务人员应该做好相应的知识和心理方面的准备，热情周到地回答客人问询。酒店还应设置专门的问讯台，以满足旅游者的求知心理。另外，可以将前厅服务和旅行社的业务结合起来，提前把与旅行社提供的服务项目和推出的旅游产品有关的资料准备好，以供客人咨询、索取。这样做的另一个好处是，能够冲淡客人在前厅办理手续过程中等待的无聊感。

(四) 求方便的心理

"顺利方便"是旅游者对旅游酒店最基本的需求。俗话说得好，"在家千日好，出门万事难"，旅游者从异国异地来到酒店，由于环境陌生、语言障碍、生活习俗差异等，常常会感到种种不便。因此，他们求方便的心理表现得较为突出。他们希望酒店前厅的服务台能帮他们解决一切事情，如预订车票、预订餐厅或代办通信及外币兑换等。同时，旅游者在选择居住的旅游酒店时也要考虑如下问题：酒店地理位置是否方便自己的活动，旅游酒店与旅游景点之间的距离的远近，交通是否四通八达，接待服务项目能否满足自己生活、娱乐和工作等方面的方便需求，是否有餐厅、商场、邮电通信设施等配套服务，住宿手续是否简单方便等。

> **拓展阅读**
>
> 金钥匙服务
>
> 金钥匙服务译自"concierge"，是一种国际化的服务品牌，1929年起源于巴黎，自1995年被正式引入中国。在现代酒店业中，金钥匙已经成为为客人提供全方位的"一条龙服务"的岗位。金钥匙服务理念是在不违反国家法律和社会伦理道德的前提下，使客人获得满意、惊喜的服务。金钥匙可以为客人代购婴儿奶嘴，也可以为客人代租飞机，甚至可以为客人把金鱼送到地球另一边的朋友手中，因此金钥匙又被客人称为"万事通"。
>
> 通常，酒店"金钥匙"大多设置在酒店大堂礼宾服务处。他们除了负责日常管理、协调门童和行李员的工作外，还肩负着许多委托代办事务，目的是满足客人的各种个性化需求，让客人从进入酒店开始，一直到离开酒店，自始至终都感受到无微不至的关怀。
>
> 金钥匙通常佩戴国际饭店金钥匙组织授予的两把交叉金钥匙徽章。这两把金光闪闪的交叉金钥匙代表"金钥匙"的职能：一把钥匙代表打开城市综合服务的大门；另一把钥匙代表打开酒店综合服务的大门。

三、前厅服务心理策略

酒店前厅是给客人留下第一印象和最后印象的地方，还会影响客人对酒店其他部门服务质量的评价。因此，酒店应从以下方面做好前厅服务工作。

(一) 打造美观、舒适的前厅环境

酒店要重视"装点门面"，给客人提供一个良好的感知形象。客人刚进入酒店时，对该酒店的感性认识在很大程度上决定了其对酒店的第一印象；而第一印象形成之后，又会在很大程度上影响其对酒店的整体印象。因此，酒店在设计前厅环境时应努力为客人营造一种温暖、松弛、舒适和热情的氛围，应尽力使每一位来到酒店的客人都能够倍感温馨，

留下深刻的印象。另外,还要注意前厅环境的细节部分对客人生理和心理的影响,如温度、湿度、通风、照明、噪声等,努力为客人营造最舒适的前厅环境。

> **拓展阅读**
>
> **满足客人审美需要,打造酒店前厅优美环境**
>
> 酒店前厅的环境设计应注重从听觉、视觉和嗅觉3个方面为客人营造美的体验。
>
> 1. 听觉美
>
> 前厅应注重背景音乐的选择与隔音设计。应选择轻柔的古典乐或自然音效(如流水声、鸟鸣声),确保音量适中,以营造宁静的氛围,不影响客人交谈。同时,采用优质隔音材料,减少外部噪声干扰,确保环境安静舒适。若有水景设计,流水声也能增添自然气息,提升听觉享受。
>
> 2. 视觉美
>
> 酒店大门和庭院结合区域特色,布置假山、瀑布、小桥、花园、雕塑等,营造出心旷神怡的景观。前厅设计融合时代感与地方民族特色,光线柔和,空间宽敞,色彩和谐高雅,设施与环境浑然一体,烘托出安静、亲切、舒适、高雅的氛围,让客人有宾至如归的感觉。
>
> 3. 嗅觉美
>
> 通过香氛系统散发淡雅的香气(如薰衣草香味、柠檬香味等),营造清新舒适的嗅觉环境。绿植的自然香气也能为空间增添清新感。同时,定期通风并使用空气净化设备,避免异味干扰,确保空气清新。

酒店前厅的服务效果对客人的心理需求影响很大,客人会通过前厅服务人员的素质、仪表、谈吐、态度、服务技能等,来联想、推断整个酒店的服务质量。前厅服务能给客人留下"先入为主"的第一印象,对客人认识整个酒店起到"晕轮效应"的作用。

(二) 重视员工的仪容、仪表美

前厅接待人员的仪容、仪表既是酒店员工精神面貌的外在表现,又是客人对酒店形成良好的视觉印象的首要条件。据有关专家分析,在给人的印象中,各种刺激所占的百分比为:视觉印象大约占75%,谈吐印象大约占16%,味觉印象大约占3%,嗅觉印象大约占3%,触觉印象大约占3%。酒店作为高级消费场所,在接待服务过程中应十分重视工作人员的仪表,特别是对前厅服务人员的要求更高。

仪表是指人的外表,主要包括人的容貌、服饰、个人卫生和姿态等方面。仪容是指人的容貌。一般来说,要求前厅服务人员的形体、容貌具有一定的审美价值。酒店对前厅服务人员的形体要求虽然不可能参照人体模特的标准,但也有一般要求:体形健美挺拔、体态匀称、身高适度(女性不低于165厘米,男性不低于170厘米)。由于第一印象的重要作用,酒店对前厅服务人员的容貌要求相对较高,一般都会选择面容姣好、体态端庄的员工担任前厅接待工作。

在个人着装及修饰方面,要求服装、服饰能给客人留下美观、舒适、优雅、大方的感觉，形成良好的视觉形象。对于前厅部的服务人员的服饰，要求既富有特色，又美观实用；既要与整体的大堂环境相适应，也应与其特定的职业岗位相符合。

对前厅服务人员来说，适当的修饰是必要的。前厅服务人员要做到：面容整洁、妆容淡雅、饰物适当、讲究个人卫生。服务人员整洁大方的仪表、仪容不仅能吸引客人，使客人产生美感，还能使其联想到酒店有形产品以及无形产品的优质等，从而提高其对酒店的信任度，促使其消费。

在员工的行为举止方面，要求大方得体、热情庄重。服务人员的行为风度能够在一定程度上反映服务人员的性格和心灵，这也是客人在评价酒店服务人员的服务水平、服务态度时的一个重要参考因素。

> **拓展阅读**

着装TPO原则

着装TPO原则是指着装要考虑时间、地点和场合这3个因素，以确保着装得体、适宜。

T(time)代表时间，即着装要考虑不同季节、不同时间的变化。

P(place)代表地点，即着装要考虑自身所处的地点和场合。

O(object)代表目的，即着装要考虑自己扮演的社会角色和目的。

着装TPO原则是服饰礼仪的基本原则之一，要求人们在选择服装时，应当兼顾时间、地点、目的，力求使自己的服装与着装的时间、地点、目的协调一致，和谐般配。

(三) 培养员工的语言美

旅游酒店前厅服务人员的语言会直接影响客人的心理活动，语言优美会令人喜悦，语言粗俗会招人厌恶。前厅服务人员最先和客人接触，主动热情地说好第一句话，用礼貌用语和优美的语言来直接影响客人的心理活动，可使客人因在陌生的环境中得到尊重和关注而感到欣慰，为此后提供优质服务打下良好的基础。

1. 语气礼貌谦和，措辞规范准确，语音清晰悦耳

优美的语言在语气上是诚恳、谦和的；语意是礼貌、确切的，并且简短而清楚；语音是动听、悦耳的。绝不可将客人分等次对待，不可以貌取人、以财待人、冷言冷语或出言不逊。

2. 服务人员要讲普通话，熟练掌握多种语言

接待国内客人应尽可能使用普通话，并能听懂各地方言；涉外旅游酒店的服务人员应尽可能掌握多种外国语言，并应锻炼敏锐的听力。服务人员掌握多种外语或方言，不仅仅是为了工作方便，"异乡遇乡音"会使客人体验到一种亲切感，增加酒店对客人的吸引力。

3. 讲究说话艺术

酒店服务语言具有鲜明的职业特点——服务性。酒店服务人员讲究说话艺术，才能使服务语言在提高服务质量方面发挥作用。

(1) 回答客人询问要婉转周到，不能随意使用否定性的语言。客人在前厅向服务人员询问有关服务问题时，服务人员不能随意使用"不知道""不了解"或"不清楚""不行""没有"等否定性的语言，而是要婉转、耐心地回答客人。

在一般情况下，客人不会提出一些知识性的难题考查服务人员，他们问的大多都是与酒店的服务或与他们所在的旅游地有关的问题。例如，"早餐几点供应""能代买车(船、机)票吗""该城市有哪些景点""该城市有什么特色餐饮""该城市有什么土特产""到××地方去应该怎么走"等诸如此类的问题。前厅服务人员应该能够回答，否则就只能说明服务人员的素质太差或失职。当然，前厅服务人员对超出自己工作范围的事不可能都知道，遇到这种情况，前厅服务员应树立"首问责任制"的意识，让客人的问题得到解决，应通过询问、了解，变"不知道"为"知道"，给客人一个答复。

(2) 忌用"刚性"的表达方式。服务语言忌用"刚性"的表达方式，应多用"柔性"的说法。所谓"刚性"语言是指带否定词的语言，如带"不要""不准""不允许""禁止""严禁"等词汇的语言。这种语言往往是直接对客人的要求和愿望进行否定，大多数情况下会让客人感到不快。"柔性"语言则是用肯定的语气和词汇暗示否定的含义。这种语言一般能体现对客人的尊重，强调维护客人的"脸面"。例如，有一位先生在禁烟的地方掏出烟卷准备吸烟，服务员过去阻止，其语言表达方式至少有两种：一种是"刚性"的说法："对不起，先生。这里不允许吸烟。"这位先生听到后可能会知趣地收起烟卷，但心里会觉得尴尬、不自在。另一种是"柔性"的说法："先生，您好，您可以到那边的吸烟区吸烟。"这里没有否定的语气和词汇，但这位先生一定会明白这里是禁烟区。

(3) 避免用过高或过低的音调说话。语音语调要适度，高低起伏应得当。语音过低会使客人感觉服务员心不在焉，而过高有时会产生命令、训斥、质问等感觉。

(4) 避免用含鼻音的单词，例如"嗯""唔""噢""啊"等。因为这些词容易使客人产生服务人员在敷衍自己的感觉。

(四) 提高服务人员的服务技能

1. 为客人提供规范化服务

(1) 门童。面带微笑对客人表示欢迎，使其产生愉悦的心理体验，并为乘车抵达的客人开门、护顶、卸行李等。

(2) 行李员。亲切、热情地问候客人，动作敏捷，搬运客人行李时注意轻拿轻放，引领客人的同时介绍酒店服务项目。

(3) 前厅接待人员。为客人提供预订客房、登记入住、发放房卡、信息咨询等服务。

(4) 收银员。准确无误、快速地为客人提供财务服务。

2. 注重服务细节，提供情感化服务

服务质量是酒店服务业的灵魂，情感化服务是服务质量的重要体现，是服务的本质属性之一。情感化服务是充满"人情味"和"亲切感"的服务，它是对客服务的一个重要组成部分。

案例

一天清晨6:00，住在大连富丽华酒店1017房间的王小姐接到了酒店前厅服务台打来的叫醒电话，因为王小姐要搭乘当天9:00的飞机前往上海。服务员用柔和、甜美的声音告知王小姐起床的时间到了，正当王小姐要放下电话时，服务员又关照说："昨晚大连下了一场雪，今晨气温骤降并且路面湿滑，请您外出时多添加衣物，注意交通安全，祝您旅途顺利！"这让王小姐十分感动，连连道谢。离店前，王小姐还特意找到了大堂副理，对酒店的情感化服务表示赞赏。

分析： 美国管理心理学家赫茨伯格运用"双因素理论"来分析客人对服务的心态与评价。他提出，按照服务规范和标准提供功能性服务，只会避免客人的不满意，不会得到客人的好评。只有在满足客人功能性服务需要的基础上，提供情感化、个性化的魅力服务，才能真正赢得客人的满意和赞赏。

在本案例中，前厅服务员在提供叫醒服务时，正因为多了问候和关怀的话语，使客人感受到酒店服务的情感化这一魅力因素，所以取得了如此好的效果。在实际服务过程中，标准化的服务并不等于一流的服务。只有员工把自己的感情投入到服务中，真正从心里理解客人、关心客人，才能使服务更具有人情味，让客人倍感亲切，从而提高酒店的美誉度。

拓展阅读

一个无心的善举

一天夜里，已经很晚了，一对年老的夫妻走进一家旅馆，他们想要一个房间。前台侍者回答说："对不起，我们旅馆已经客满，一间空房也没有剩下。"但是，看着这对老人疲惫的神情，侍者又不忍心让这对老人出门另找住宿的地方。而且在这样一个小城，恐怕其他旅店也早已客满打烊了，这对疲惫不堪的老人极有可能在深夜流落街头。于是，好心的侍者将这对老人引领到一个房间，说："也许它不是最好的，但现在确定没有其他的房间。"老人见屋子整洁又干净，就愉快地住了下来。

第二天，当他们来到前台结账时，侍者却对他们说："不用了，因为我把自己的屋子借给你们住了一晚，祝你们旅途愉快！"原来，侍者一晚没睡，在前台值了一个通宵的夜班。两位老人十分感动，其中的老翁说："孩子，你是我见过的最好的旅店经营人，你会得到报答的。"侍者笑了笑，说："这不算什么，都是我应该做的。"他将老人送出门后，转身接着忙自己的事，把这件事情忘了个一干二净。

几个月后，侍者收到了一封信函，信封里面有一张去纽约的单程机票，并有简短附言，有人聘请他去做另一份工作。他乘飞机来到纽约，按信中所标明的路线来到一个地方，抬眼一看，一座金碧辉煌的大酒店耸立在他的眼前。原来，几个月前的那个深夜，他接待的是一位拥有亿万资产的富翁和他的妻子。富翁为这个侍者买下了一座大酒店，深信他会经营管理好这家酒店。这就是全球赫赫有名的希尔顿饭店首任经理的传奇故事。

3. 提高观察能力，为客人提供个性化服务

如今，在酒店业发展的过程中，优质服务已不仅仅局限为标准化服务。尤其对一些高星级酒店而言，优质服务是一种标准化服务与个性化服务相结合的灵活服务。由于客人的需求是多样的，每位客人所表现出来的性格特征又各有差异，因此，酒店首先要培养和提高前厅服务人员的素质，提高其观察能力和服务技能。这是因为，优质服务的体现，要建立在善于观察客人特征、了解客人需求的基础上才有意义。当一位着装雍容华贵、体态稳健、面带喜悦表情的老妈妈走到前厅需要服务时，前厅服务人员在热情接待的同时，适当地说些赞美与肯定的话，会更容易赢得她的好感；当一位着装整洁朴素、面带疑惑的老人走到前厅时，前厅服务人员同样要用热情的态度迎接，同时还要给予贴心的问候与诚挚的关心，亲情式的关照会使他打消疑虑，更加信任服务人员。在实际服务中，只有避免千篇一律的、模式化的、冷冰冰的接待方式，才能让客人真正感受到尊重和被重视，从而成为酒店的忠诚客户。

> **案例**

细节见真情，高效赢赞誉

一位客人在前厅等待时，频繁查看手表，显得很焦虑。服务员小廉注意到这一细节，主动上前询问客人是否需要帮助。在得知客人需要赶时间参加一场重要会议后，小廉迅速为客人安排了一辆专车，并联系餐厅为客人准备了一份便携早餐。客人对小廉的高效服务表示感谢，并在离店时留下了小费。

分析：作为酒店工作人员，要提高自身的服务技能和服务意识，增强自身的观察能力，想客人所想，为客人提供个性化服务。案例中的客人在尚未主动提出需求前，前厅服务人员小廉就能通过细心观察发现客人需求并主动提供服务。这种超值服务会让客人感觉到服务人员的善解人意以及自己受到了关注和重视，从而提升客人的忠诚度和酒店的美誉度。

 项目测验

一、单选题

1. "良好的开端是成功的一半"，说明(　　)效应对人有重大影响。
   A. 首因效应　　　B. 晕轮效应　　　C. 罗森塔尔效应　　　D. 近因效应
2. "在家千日好，出门一时难"说明人们外出旅游有(　　)心理。
   A. 求快　　　　B. 求方便　　　　C. 求卫生　　　　D. 求尊重
3. 为了避免让客人产生被敷衍的感觉，服务人员要注意(　　)。
   A. 不用过高的声音讲话　　　　B. 不用含鼻音的单词
   C. 忌用"刚性"的表达方式　　　D. 不使用否定性语言
4. 在给人留下的印象中，(　　)刺激所占比重最大。
   A. 嗅觉　　　　B. 味觉　　　　C. 听觉
   D. 视觉　　　　E. 肤觉

二、多选题

1. 客人在前厅办理入住登记手续时，其主要心理需求包括(　　)。
   A. 求快捷　　　B. 求方便　　　C. 求尊重　　　D. 求卫生
2. 客人初到酒店急于了解的信息主要集中在(　　)方面。
   A. 酒店　　　　　　　　　　B. 旅游客源地城市
   C. 旅游目的地城市　　　　　D. 天气信息
3. (　　)启示我们，前厅服务是酒店服务的窗口和脸面，是酒店的"神经中枢"。
   A. 首因效应　　B. 期望效应　　C. 近因效应　　D. 晕轮效应
4. 下列词汇中，属于"刚性"表达方式的有(　　)。
   A. 不允许　　　B. 不清楚　　　C. 不可以　　　D. 禁止

项目实训 | 酒店前厅接待服务策划案

◇ 任务导入

共建"一带一路"倡议提出10周年之际，备受瞩目的第三届"一带一路"国际合作高峰论坛于2023年10月在北京举行。在接待服务保障方面，北京遴选出多家接待酒店，为中外宾客提供住宿、餐饮、交通等服务。为圆满完成高峰论坛服务保障工作，展现"北京服务"风采，各大接待酒店分别成立了专项组织机构，精雕细琢会议接待、宴会服务、餐饮服务等细节，为中外宾客提供了温暖到位、精准高效的专业服务，彰显了大国风范，展现了东道主形象。

◇ 任务要求

一、各学习团队模拟第三届"一带一路"国际合作高峰论坛各接待酒店专项组织机构，设计"酒店前厅接待服务策划案"

二、"酒店前厅接待服务策划案"内容要求
1. 服务策略应突出心理性服务功能，满足贵宾在前厅的心理需求。
2. 服务策略应凸显中华优秀传统文化，提升贵宾在前厅的心理体验。
3. 服务策略(设施及人员服务策略)不少于15项。
4. 服务策略表述要清晰、简练，字数在50字以内。

三、项目任务成果形式
提交"酒店前厅接待服务策划案"Word文档。

四、"酒店前厅接待服务策划案"文档排版要求
1. 版面设计美观，格式规范。
2. 标题：小二号字，宋体，加粗，居中，与正文内容之间空一行。
3. 正文：宋体，小四号字，首行缩进2字符。
4. 纸型：A4纸，单面打印。
5. 页边距：上2.5cm，下2cm，左2.5cm，右2cm。
6. 行距：1.5倍行距。

◇ **任务实施**

一、教学组织

1. 教师向学生阐述项目任务及要求。

2. 由4~5名学生组成一个学习团队,以团队形式完成项目任务。

3. 学习团队通过查阅教材、教师授课资料以及上网查找第三届"一带一路"国际合作高峰论坛接待酒店信息及前厅服务经典案例,完善项目任务知识。

4. 教师解答学生的相关咨询,监督、指导、检查、评价项目任务的实施。

5. 提交项目任务成果,教师进行成果评定并进行提升性总结。

二、知识运用

1. 前厅服务心理。

2. 中华民族优秀传统文化。

3. 共建"一带一路"倡议。

4. "一带一路"国际合作高峰论坛。

◇ **任务成果范例**(参见二维码)

项目二　客房服务心理

📖 项目目标

◇ **知识目标**

1. 掌握客人在酒店客房的主要心理需求。
2. 掌握酒店客房的主要心理服务策略。

◇ **能力目标**

1. 能够洞察客人在酒店客房的心理需求。
2. 能够满足客人的心理需求，提供超值的心理服务。
3. 创新服务策略，提升客人在客房的体验。

◇ **素质目标**

1. 培育匠人精神，培养行业探索与创新的能力。
2. 培养以客人为中心、精益求精的职业素养。
3. 包容文化，尊重差异，合作共赢。
4. 弘扬中国传统文化，彰显文化自信。

📖 项目知识

一、客房心理需求分析

客房是酒店的主体部分，也是客人住店生活的主要场所。客人对客房服务有较高的要求，他们期望有一个舒适的、符合自己生活习惯的住宿环境，能及时得到热情周到的服务，获得满意的物质享受和精神享受。酒店要为客人提供优质的客房服务，应先了解客人的心理需求，在此基础上采取有针对性的服务措施。

案例

难熬的一夜

王女士和女儿去海岛游玩，舟车劳顿了一天，好不容易来到酒店住宿。结果，打开房门，便有一股浓浓的霉味扑鼻而来。因为王女士很累，便懒得与服务员交涉换房。临睡前，王女士想给女儿缝纽扣，可找遍了抽屉也没找到针线。躺下后，王女士发现被褥潮湿，很不舒服，只好和衣而睡。当王女士准备入睡时，卫生间关不紧的水龙头发出了扰人的滴水声。王女士索性起来看电视，打开电视却找不到节目，研究了半天也不知如何搜索节目，只好作罢。王女士好不容易熬到天亮，游玩兴致也大减，并表示要投诉这家酒店。

思考：王女士为何要投诉酒店？她的哪些心理需求没有得到满足？

(一) 求尊重心理

求尊重是人类较高层次的需求，人只有感受到被尊重，才能在心理上产生自豪感和价值感。客人在客房中求尊重的心理主要包括：希望自己是受客房部员工欢迎的人，希望能见到服务人员热情的笑脸、听到亲切的问候、感受到真诚的关心；希望受到重视，对于自己提出的要求能够在短时间内得到答复，如要求房内用餐、借用熨斗、为女性提供宽齿梳子等；希望服务人员能尊重自己对房间的使用权，希望服务人员在清扫、整理房间时能先征得自己的同意，希望自己的书籍及私人物品不要被随意翻动，更不能被随意处置；客人希望自己来访的朋友能受到尊重，能得到友好的问候和热情的接待；希望自己的宗教信仰和生活习俗、习惯得到尊重，如信仰基督教的客人在祈祷时，或者信仰伊斯兰教的客人过"斋月"时，都不能被打扰；希望服务人员能够自我尊重，有良好的职业形象。

案例：

一位大学教授入住酒店进行封闭式的书稿撰写工作。该教授有一个习惯，喜欢晚间工作。他经常晚间工作到凌晨两三点才上床休息，因为在夜深人静时教授的工作效率非常高。为了保证睡眠时间，教授一般会在上午十一点钟起床。然而，第二天清晨，教授在睡梦中被敲门声吵醒。原来是客房服务员准备清扫房间，教授便让服务员晚些时候再来。次日早晨，教授同样是在服务员的敲门声中醒来，周而复始，教授只好拂袖而去。

分析： 酒店是客人的家外之家，客房是这个家里相对比较私密的空间，客人希望自己对这个私密空间的使用权能得到尊重，同时希望酒店尊重自己的生活习惯。案例中，正是因为服务员没有照顾到客人对房间的使用权和客人的生活习惯，才使客人拂袖而去。

(二) 求知心理

客人住进客房后，首先想知道房间内有哪些陈设、有什么特点、如何使用、需要注意什么、房间内缺失什么等，以免在使用中因不明情况而引起麻烦。还有一些客人是初次出门住酒店，对于客房中的一些器具不会使用又不好意思开口询问，就希望服务人员能主动介绍。因此可以说，求知心理是客人在客房中较为明显的心理需求。

(三) 求卫生心理

客人来到客房最先关注的是房间的卫生状况，酒店客房清洁卫生是客人最为重视的生理和心理需求。根据喜来登集团对一万名住宿客人的调查，其中65%的人把清洁卫生列为第一需求。清洁卫生，能够使人保持身心健康。只有生活在清洁卫生、美观的环境里，客人才会感到舒适、愉快；否则，客人会感到焦虑、不安。

客人要直接接触客房中的许多器具，客房器具是通过反复出售来实现其价值的，而酒店很难保证入住酒店客房的客人都是健康的。所以，任何一位客人都会特别在意与身体直接接触的器具是否清洁。例如口杯、被褥、脸盆、浴缸、马桶、拖鞋等器具不消毒而且脏污，会使客人感到焦虑不安，甚至产生厌恶、愤怒的情绪，一些客人甚至会要求立刻离开，更换清洁的酒店。

客人对客房卫生方面的心理需求主要表现为：客人希望自己入住的房间是整洁干净的；希望自己所用的床单、被罩、枕头以及卫生间的毛巾、浴巾等是干净无污的；希望所有的地面、墙面、桌面、灯罩等表面应该是无异物、无灰尘的；希望自己所用的水杯是经过消毒的；希望卫生间的马桶、浴盆、面盆、镜面是洁净卫生的。

案例

李女士入住一家五星级酒店，酒店客房设施舒适大方，卫生间一尘不染，非常干净，她对这一切都非常满意。洗漱完毕后，李女士准备上床睡觉，由于觉得枕头有点矮，她便把另一张床上的枕头也拿了过来。可是，就在她拿起枕头时，却发现枕头的背面粘了两根头发。顿时，先前的愉悦感一扫而光，李女士感觉自己好像吃了一只苍蝇，心头泛起疑虑。第二天一早，李女士便早早退房离开了酒店。

分析：客人入住客房时，干净卫生是最基本、最强烈的心理需求，如果这一需求得不到满足，就会产生"100-1=0"的心理效应。本案例中，李女士正是因为最基本的卫生需求没有得到满足，才愤然离开酒店的。

拓展阅读

酒店卫生信任危机

近年来，酒店客房清洁乱象接连被曝光，导致消费者对酒店客房设施的信任度不断降低，整个酒店行业的网络口碑更是跌入谷底。2018年11月14日，王府半岛、喜来登、香格里拉等数十家高端酒店被曝存在用脏浴巾擦杯子和厕所等卫生乱象，引起轩然大波。然而，在媒体"口诛笔伐"之后，酒店行业卫生乱象依然没能遏制。此后，又有高端酒店相继发生"浴袍门""牙刷门"等乱象。除了高端酒店，经济型酒店也屡次上演"床单门"事件。2018年底，网络曝光了经济型酒店床单"暴力蒸白"事件，涉及7天等多家知名连锁酒店品牌。随着酒店"卫生门"屡屡曝光在媒体的聚光灯下，主管部门开始重拳整顿。

(四) 求宁静、舒适心理

客人在酒店的大部分时间是在客房中度过的，客房是客人休息或工作的场所。一般而言，客人希望客房安静无噪声，具体包括：房间隔音效果好；房间内的空调、换气扇等设备运转无噪声；客房服务人员工作时能做到"三轻"(说话轻、走路轻、操作轻)等。客人还希望客房环境舒适，具体包括：希望室内温度适宜；房内无异味；床铺宽大舒适；室内装饰色调、布局、灯光照明合理；物品、设施设备齐全、完好等。

案例

经过十几个小时的火车旅行，张先生终于在一家三星级酒店入住。刚进房间，张先生就放下行李准备洗澡，可打开热水龙头却发现没有热水。张先生随即打电话给房务中心，5分钟后，维修人员赶到。当维修人员用10分钟修好水龙头后，却发现张先生已经睡着了。

分析：舒适是每一个人的追求，尤其是在体验了一段时间的不舒适之后，对舒适更是向往。案例中，张先生想要洗热水澡的迫切需求就是求舒适心理的表现，但由于酒店的疏忽，这样简单的需求却没能得到满足，不知道睡醒后的张先生会不会投诉该酒店。

(五) 求安全心理

旅游者带着钱财来到陌生的环境中，由于非控制因素的增加，他们对安全的心理需求变得尤为突出。

客房是客人的一个临时落脚点，客人在此休息时，希望自己的人身安全和财产安全能够得到保障，具体包括：希望前台提供贵重物品保管服务或客房内有保险柜，使自己随身携带的贵重物品得到妥善保管；希望酒店客房保安严密，能保障他们的人身安全；希望自己不会在卫生间滑倒或者被热水烫伤；希望不会发生火灾、盗窃等意外事件；希望自己的隐私能得到尊重；希望自己在房间内不会被一些不欢迎的人或电话随意打扰；希望在生病或出现危险情况时，服务人员能及时采取措施，保障他们的人身安全，不出现意外。

拓展阅读

酒店相关小幽默

有一位名人入住一家酒店，为了检查房间内有没有窃听器，把地毯翻了个遍。突然，他发现地板上有一个纽扣状的东西，于是费了九牛二虎之力把它给弄了出来。这时，就听楼下轰隆一声，有人大叫："电风扇怎么掉下来啦！"[①]

(六) 求方便心理

经过舟车劳顿，初到陌生环境的客人会产生种种不方便感。客人入住后，希望生活上十分方便，酒店设施设备齐全，服务项目完善，有什么问题或需要，只需打个电话就能及时解决，一切都像在家里一样方便，主要包括：客人希望他们下榻的酒店客房能体现房内设施的使用价值；希望标准间的床头灯可分离调节灯光；希望电视遥控器能放在触手可及的地方；希望有质量较好的一次性拖鞋；希望浴室里所提供的低值易耗品的数量够用、质量过关；希望客房能有完整的服务项目、标准的服务程序和快捷的服务反应，希望当自己有要求时在铃响三声之内对方能接听电话，希望酒店在5分钟或更短的时间内能满足自己的一些特殊要求等。

---

① 黎泉. 导游趣味讲解资料库[M]. 北京：中国旅游出版社，2007.

> **案例**

酒店"六小件"

酒店"六小件"是指酒店通常提供的六种免费的基本用品,包括牙具、梳子、香皂、沐浴露、洗发水和拖鞋。这些用品属于酒店客房标配,为住客提供了极大的便利。随着环保意识的提升,越来越多的酒店开始关注可持续发展。因此,一些酒店开始推出环保"六小件",以减少一次性塑料的使用。例如,有的酒店提供可重复使用的玻璃瓶装洗护用品,有的酒店提供无包装或采用可降解材料包装的用品。这些举措不仅减少了环境污染,还提升了酒店的品牌形象。

为了进一步提升服务质量,一些酒店开始关注"六小件"的细节设计。例如,有的酒店提供软毛牙刷,以保护住客的牙齿和牙龈;有的酒店提供添加天然成分的香皂和沐浴露,以提升住客的使用体验。这些细节往往能让住客感受到酒店的贴心和专业。

二、客房服务心理策略

针对客人在酒店客房入住时所产生的种种心理需求,酒店应该有针对性地提供相应的服务和设施,在软件和硬件方面保证客人在酒店这个旅途中暂时的"家"中,同样能够感受到家的舒适、温馨、安全、方便等,真正做到"宾至如归"。

(一) 文明礼貌,充分尊重客人

求尊重是人们极为重要的心理需求,有了尊重才会有共同的语言,才会有感情的相通。酒店业通行的服务宗旨"顾客至上,服务第一"就体现了对满足客人求尊重心理的重视。

1. 记住客人的名字,对客人使用尊称

(1) 记住客人的名字,尽量用姓名去称呼他们。在酒店及其他服务性行业中,主动热情地称呼客人的名字是一种服务的艺术。服务员如果能在服务中记住客人的名字,让客人感受到自己被重视,往往能取得意想不到的效果。

马斯洛需要层次理论认为,人人都有得到社会尊重的需求。自己的名字被他人记住就是对这种需求的一种满足。美国一位学者曾经说过:"一种既简单又重要的获得他人好感的方法,就是牢记他的姓名。"记住别人的姓名,既是一种礼貌,又是一种情感投资。姓名是一个人的标志,人们由于自尊的需要,总是珍爱它,同时也希望别人能尊重它。在人际交往中,当你与曾打过交道的人再次见面时,如果对方能一下叫出你的名字,你一定会感到非常亲切,对对方的好感也油然而生。

客房服务人员应通过酒店前台人员尽力记住客人的房号、姓名和特征,借助敏锐的观察力和良好的记忆力,提供细心周到的服务,使客人留下深刻的印象。如果客人今后在不同的场合提起该酒店如何如何,就等于是在给酒店做义务宣传。

(2) 对客人要使用尊称,以满足客人的自尊心。遇到客人要面带微笑,主动问好,称呼得当,尽量使用尊称称呼客人,如××先生、××女士等;注意用"您"而不是"你",对于一些德高望重的人称呼您老、×老;当知道客人的头衔时,在称呼时要带上相应的头衔,以满足客人的自尊心理,如××教授、××博士、××经理等。

另外，应使用礼貌用语，如"请""您""您好""谢谢""对不起""再见"等。

2. 尊重客人对房间的使用权

(1) 服务人员应选择合适的时间进房，应在客人离开房间后清扫房间。如果客人整天留在房里，应选择其没有入睡的时间，并征得同意后再进行。清扫时，动作要轻、速度要快，不可在房间内无故逗留，不能从窗户向外张望。如果客人是在0：00—6：00入住的，应在客人休息8~10小时后，再打电话询问是否需要整理房间。

(2) 服务人员应养成良好的进房习惯。开门前，一定要确认房态，注意是否挂有"勿扰"牌子或者"勿扰"灯是否亮起。

(3) 服务人员要严格遵守进房程序，具体要求：服务人员站在门口中间，身体与房门平行，距房门50厘米左右，两眼正视门镜，轻轻地按铃1次。用右手中指关节敲门，敲门位置为门镜正下方10厘米处，轻轻地敲门2~3次，每次3下，两次敲门之间至少要间隔5秒钟，并报明自己的身份——客房服务员。如果门半掩着，千万不要从门缝窥探。如没有客人应答或开门，可用房卡(钥匙)把门打开，轻轻推开房门至开启三分之一时，再报明自己的身份。如果没有客人回话，可进房操作(开门后，如果发现有其他情况，应灵活机智地退出)；如果有客人应答，应立即后退一步，立即向客人做自我介绍"您好，客房服务员"，等候客人应答，征得客人同意后，方可进房打扫；如果客人不同意进房间打扫，应礼貌询问客人什么时间打扫比较方便，道歉后再离开。

3. 尊重客人的喜好、生活习俗，提供个性化服务

客人的性格、喜好各不相同，他们通常来自不同的国家和地区，其宗教信仰、生活方式、习俗等也会有所差异。这就要求服务人员尊重客人的生活习俗、喜好等，为客人提供个性化服务。例如，对于晚睡晚起的客人，服务人员要有敏锐的观察力，注意运用服务技巧；对于有特殊癖好的客人，服务人员应在合理范围内尽量满足其要求；对于一些客人的宗教信仰，服务人员也应有所了解，做好对客服务工作。

4. 尊重有生理缺陷的客人

生理上有缺陷的客人本身比较敏感，因此，服务人员应尽量用一种对待常客的心态对待他们，满足他们自尊自强的心理需求。另外，在正常对待的同时，要细心观察他们，当发现他们有某种特殊需求时应及时提供帮助。

5. 尊重有过失的客人

客人有时会因为对客房或服务不太了解而造成一些过失，如因不会使用空调而向酒店投诉，没有区分客房的自费用品和免费用品导致结账尴尬，因喜欢客房内某一陈设而将其装在行李箱内带走等。对于客人的这些过失，酒店首先应该考虑房内设施设置是否不合理、不人性化；在处理问题时，还要照顾客人的自尊心，以合情合理的方式、秉持"顾客永远是对的"的理念予以解决。

案例

星级酒店的被子上通常会铺着床旗。在南方，床旗多为丝绸材质；在北方，由于气候寒冷，一般铺着一块大毛巾(也叫"床尾巾")或者一个毛毯，起到装饰、御寒作用，也可

供来客使用，以免弄脏床单。这个毛毯下面平铺着被子，毛毯的两角压在床垫下，睡觉时要把毛毯两角拉出来，才能钻进被子里睡觉。

一天，××山区夕阳红团入住××星级酒店。早餐时间，客房服务员遇见一个老大妈，便关切地问道："大妈，昨晚睡得好不好？"老大妈说："房间挺好，但我没睡好，那个床太扎人了！"服务员："床？扎人？是弹簧出来了吗？"老大妈说："不是，毛毯扎人。"原来，老大妈第一次旅游住酒店，不知道要把床旗拉出来再进被窝，所以在床旗上睡了一夜，盖的是衣柜里的备用被。当时正值夏天，在那种化纤材质的床旗上睡了一夜，服务员听着都觉得痒。了解情况后，服务员在收拾房间时特意撤下了老大妈房间里的床旗。

分析： 案例中的客房服务员为了维护客人的面子，并没有直接告知客人不应该睡在床旗上，而是悄悄撤下了床旗，既为客人解决了困扰，又避免了客人尴尬，这种做法值得借鉴。

(二) 满足客人的求知心理

服务人员应做到在客人开口前主动介绍、主动服务，以满足客人知晓明了的心理需求。例如，引领客人进入房间时，可向客人说明"这是您的房间"，同时打开灯，让客人先进去。白天进房间后要先打开窗帘或窗户，或按客人要求调节室内温度，并向客人说明房间内的陈设及其使用方法或示范使用方法，主动询问客人还需何种服务等。

另外，房间的布置也要满足客人的求知心理。例如，注明哪些物品是免费提供的，哪些是需额外付费的；帮客人设置电视节目搜索说明；放置酒店服务手册；在客房中心用多种文字写出当天的天气情况；服务员做夜床时在床头或被子的折角处放置天气预报卡(多种文字)等。

(三) 保持客房干净整洁、宁静舒适

保持客房干净整洁是客房服务员的日常工作，应做到全面细致，严格按照规程进行，力求客房内外整齐清洁、环境幽雅温馨，以满足客人的心理需求，具体应做到以下几点。

1. 严格按照规范清扫和整理客房

具体包括：按需要拆换布草；细心清扫抹尘，干湿抹布分开，注意根据地面调整吸尘器的档位，格外关注一些卫生死角，如灯罩、墙角、踢脚线等处的灰尘；卫生间镜面、墙面和恭桶、面盆、浴缸应干净无污；对与客人直接接触的物品如恭桶、水杯和洗脸池等进行严格消毒，在已清洁消毒的茶具上蒙上杯套并贴上"已消毒"的封条；对于不锈钢把手、水龙头等，一定要保持洁净如新。现在，常有一些客人在墙角放一根火柴，或在浴缸内放一根头发丝，其目的就是检验酒店客房工作的细致与卫生程度。

2. 保证为客人创造一个宁静的休息环境

具体包括：对于客房走廊和室内，最好能根据条件铺设地毯等减少噪声的设施；房内采用隔音墙；服务人员在操作时尽量做到说话轻、走路轻和操作轻。此外，宁静的环境还包括不随意打扰客人，因此，要求服务人员有敏锐的观察力，能觉察不同类型客人的生活起居习惯，为其提供有针对性的服务。

3. 为客人提供一个舒适的客房环境

要使客人感到舒适，就要为客人安排妥当一切事务，无须客人费心。无论是服务还是环境，都要让客人感到舒服、周到、轻松、安全，有家的感觉，具体应注意以下3点。

(1) 客房的装修风格给客人以亲近感。客房是客人的家外之家，因此，客房的装修布置要让客人感觉到温馨舒适。有时，过于豪华的装修反倒会给客人带来一种距离感。另外，还要注意色彩的运用。目前，很多客房在设计时充分运用色彩学的原理，以提升住店客人的视觉舒适度。色彩的运用对于客房设计是非常重要的，它能起到调节心理的作用。例如，在蓝绿色房间工作的人，当温度降到15℃时就会有冷的感觉；而在橙色房间工作的人，当温度降到10℃～12℃时才会有冷的感觉，这就是由色彩造成的温差效果。此外，色彩也能起到拓展或压缩空间的作用。例如，高明度的浅色调会使空间显得比较宽敞，低明度的深色调会使空间显得窄小；浅色天棚有悬浮轻飘的感觉，深色天棚就有压抑沉重的感觉；款式相同的家具，浅色具有轻便感，而深色具有沉重感。

(2) 确保房内设施设备处于良好的运作状态。为了确保房内设施设备处于良好的运作状态，服务人员每天清洁整理时要对房内设施设备进行细致的检查和精心的维护，具体包括：窗帘拉动是否流畅；挂衣板、写字台是否干净，有无划痕；电视画面是否清晰；房内温度和光线是否适宜；灯具的摆放位置、灯泡的瓦数是否合适，以及开关是否运行良好；床上用品有无褪色或污渍，床垫是否有下陷的感觉，弹簧是否外露；洗手、洗澡的卫生间的水龙头刚流出来的水温是否合适，从出水到变热需多长时间；毛巾是否柔软且无污渍；低值易耗品的质量、数量是否合适等。如发现问题，应迅速作出处理，报告上级部门，在客人发现之前解决。

(3) 注意房内设施设备的配套性。有的酒店为了提升档次，在豪华套房的主卧里摆放了躺椅，客人在读书、看报、看电视时可以躺在上面，但躺椅没有根据人体结构设计，也没有配备靠枕；有的酒店在客房卫生间内安装了电视机，供客人盆浴时享用，但浴缸头部没有靠枕，无疑会影响客人的使用感受，导致设施设备没有发挥应有的价值；还有的酒店客房里的艺术品、装饰品只是胡乱拼凑，没有经过专业设计、量身定做，不能与酒店的主题文化或企业文化、地方特色有机结合起来。

(四) 满足客人求安全心理，打造令客人放心的空间

客房安全是酒店安全工作的重中之重，也是客人入住酒店非常关注的一个方面，具体应做好以下几方面工作。

1. 做好客房的防火、防盗工作

客房内禁止使用电炉、电饭锅、电暖气等电器；要及时清理楼面和客房内的易燃物品，以减少起火隐患；日常清扫时，要把烟灰缸内没有熄灭的烟头用水浸湿后再倒入垃圾袋中；清扫时要注意检查房内电器、电线和插头等，如有短路、漏电、超负荷用电、线头脱露等现象，应及时采取措施并报修；在卫生间内安装插座必须远离淋浴头，并有防水装置；吸尘器、洗地毯机等电器设备发生故障时，应通知工程部维修；对醉酒客人的房间要多注意，防止发生火灾。

此外，在客房内外应配备健全的保安设备；为客人提供贵重物品的保管服务或在客房中设置供住客使用的私人保险箱；服务员应提高警惕，配合保安人员工作，防止不法分子进入客房行窃。

2. 不能随意翻动、处置客人物品

服务人员在清扫整理房间时，除丢在垃圾桶里的东西外，不能随便扔掉客人的东西，以免引起误会。客人房内一切物品，应保持其原来位置，不得随意挪动；如确需挪动，要在整理完后放回原处。不可随意翻阅客人的书刊、文件和其他材料，客人的信件、电函要及时转送，更不得拆阅其书信和电报。对于客人遗落的文件、物品等，应及时送交接待单位处理，不得擅自抛弃或使用。

案例

7月9日晚，服务员在清理2836号房间后，把所有的垃圾都收走了。当晚10点，张先生回房间后反映，他花费了很长时间才收集到的一个可口可乐瓶子被服务人员当垃圾收走了。对此，张先生极度不满。事后酒店向张先生道歉，同时主管去垃圾站找回了收藏品，和总值班一同送到张先生房间，并再次向张先生赔礼道歉，还为张先生提供升值服务，最终消除了张先生的不满情绪。

分析：在对客服务中，客房服务员不仅要把房间打扫干净，给客人创造一个整洁、干净的住宿环境，还要给客人带来心理上的安全感。随意处置客人的东西可能会引起客人的反感，比如案例中的可乐瓶子，如果服务人员细心观察，肯定能够知道这是客人的爱好。因此，在清理房间过程中，一定要谨慎。对于客人的东西不能乱动，该清理的要清理，遇到自己拿不准的应该及时请示主管或经理，不可擅作主张，以免引起客人误会和不快，同时也会导致酒店工作陷入被动局面。

3. 为客人提供安全、放心的服务

客房服务员要做好客房钥匙管理和房客管理工作。服务人员禁止随便为陌生人开门，因公需用钥匙时必须随身携带，不得随处摆放。凡住客本人引带的客人，值台要做好记录。对独自来访者，要问明情况，必要时可礼貌查验证件，并应先往房间打电话征得住店客人同意后，再陪访客到门口，待其与客人握手后再离开；如住客不在房又没有亲自留言，不得让访客进房等候。

另外，如发现醉酒客人，要采取合理措施，不能将其关进房间了事，以免出现生命危险。如有客人生病，不能擅自给客人服用药物，要和酒店医务室的医生联系；或请示上级，送客人到附近医院治疗。不能随便向外人泄露住客情况，以免发生意外。例如，我国总理访问英国期间，曾住在伦敦的克拉里奇斯酒店。当记者问及酒店经理我国总理三餐吃些什么东西、起居生活如何时，酒店经理很抱歉地对他说："对不起，凡是客人的事情，我们都不能向外人说。"

(五) 热情周到，提供个性化超值服务

超值服务就是用爱心、诚心和耐心向消费者提供的超越其心理期望值的服务。现代企

业通常以超值服务的理念营销自己的产品，使顾客对企业服务的满意度超越其对企业所提供的服务的期望。这样可以使顾客真正认可企业，从而促使企业在激烈的市场竞争中不断发展。

酒店出售的产品是有形的设施和无形的服务的综合，酒店经营的前提之一是酒店所提供的产品能够最大限度地满足客人的需求。客人进入客房，渴望感受到"家"的舒适、温馨、方便、安全，更希望通过先进的设施和周到的服务获得超越"家"的享受和体验。针对这一心理需求，酒店应在现有设施、服务产品达到标准化、规范化的基础上，为客人提供个性化的超值服务。

服务人员除了要做到热情友好地接待客人外，还应潜心研究客人心理，查阅客史档案，给客人提供超值服务，来超越其对酒店服务质量的期望值。例如，客人走进房间后，送上客人喜欢的君子兰；按照客人喜欢的颜色、装饰布置客房；陪客人购物、美容；帮客人印名片、找旅行社；在客人过生日的时候，送上生日卡、鲜花、礼品、蛋糕；在客人生病的时候，给予无微不至的关怀；对于有特殊癖好的客人，应尽量满足其癖好；对于有需求但未表现出来的客人，要敏锐观察，在其开口之前提供服务；在电梯、楼梯、厅堂等处遇到老幼客人应搀扶；为喜欢靠在床头看电视的客人竖放一个枕头；气温骤降，为返店的客人送一碗姜汤等。通过为客人提供特殊服务、意外服务、细微服务等超值服务，不但能让客人真正产生"宾至如归"的感受，获得精神上和身体上的舒适体验，而且能够体现酒店的档次、服务水平，提升客人对酒店的感知度，从而促进酒店的发展。

案例

高峰论坛外宾盛赞北京服务

北京宝格丽酒店在第三届"一带一路"国际合作高峰论坛中承担驻地服务保障任务。酒店服务保障专班获得埃塞俄比亚外宾统筹工作人员的盛赞："酒店提供的服务太出色了，超出预期，非常感谢！"

酒店相关负责人透露，贵宾入住的房间窗外就是"亮马河国际风情水岸"，可谓"推窗见绿、推门见景、沿河有荫"。酒店员工和管家热情地介绍了风情水岸的情况，贵宾们被眼前的优美风景所吸引，希望能够游览。在获得安保部门的许可后，酒店相关部门迅速设计最为安全便捷的路线，带队出发，陪同各位贵宾步行游览亮马河。埃方贵宾住店期间多次高度赞赏酒店服务，并表示对健身房、理疗设施等相当满意。

(六) 善始善终，做好送客工作

在得知客人离店日期后，客房服务员要仔细检查该客人所委托代办的事项是否已经办妥，委托代办事项的费用是否收妥或费用账单是否已转至前台收银处。对清晨离店的客人，应提醒总机提供叫醒服务，或再次询问客人还需要什么帮助及服务。送别客人时，应主动征求客人对酒店的意见，对客人住店表示感谢。还应协助行李员搬运客人的行李，主动热情地送客人至电梯口，代为按下电梯按钮，以礼貌的语言向客人告别。客人离店后，客房服务人员应迅速入房仔细检查，如发现有客人遗忘物品，应立即派人追送；如来不及追送，要邮寄给客人。这些细节工作极易打动人心，给客人留下深刻印象，使客人愿意再"回头"。

项目测验

一、判断题

1. 国内部分酒店直接撤销"六小件"的举措是完全正确的。（   ）
2. 对生病客人，服务员要给予无微不至的关怀，并为客人提供相应的药品。（   ）
3. 酒店要为客人提供"超常服务"，应更多关注酒店无形服务的提升。（   ）
4. "顾客永远是对的"，因此，酒店对于客人的任何要求都应予以满足。（   ）
5. 尊重客人对房间的使用权，意思是敲门之后方可进入客人的房间。（   ）

二、多选题

1. 下列举措中，（   ）可以满足客人的求知心理。
   A. 配置健全的保安设备　　　　B. 说明设备的使用方法
   C. 服务员工作时做到"三轻"　　D. 示范设施的使用方法
2. 客人在酒店客房的主要心理需求包括（   ）。
   A. 求快速　　B. 求安全　　C. 求舒适
   D. 求卫生　　E. 求方便
3. 客人在酒店客房的求安全心理主要表现为（   ）。
   A. 心理安全　　B. 职业安全　　C. 人身安全　　D. 财产安全
4. 服务员工作时要做到"三轻"，具体是指（   ）。
   A. 走路轻　　B. 敲门轻　　C. 操作轻　　D. 说话轻
5. 在蓝绿色房间工作的人，当温度降到15℃时就有冷的感觉；而在橙色房间工作的人，当温度降到10℃～12℃时才有冷的感觉，这是（   ）
   A. 温度觉　　B. 联觉效应　　C. 色彩知觉　　D. 色彩造就的温差效果

项目实训 | 酒店客房接待服务策划案

◇ 任务导入

共建"一带一路"倡议提出10周年之际，备受瞩目的第三届"一带一路"国际合作高峰论坛于2023年10月在北京举行。在接待服务保障方面，北京遴选出多家接待酒店，为中外宾客提供住宿、餐饮、交通等服务。为圆满完成高峰论坛服务保障工作，展现"北京服务"风采，各大接待酒店分别成立了专项组织机构，精雕细琢会议接待、宴会服务、餐饮服务等细节，为中外宾客提供了温暖到位、精准高效的专业服务，彰显了大国风范，展现了东道主形象。

视频在线
课程4-2

制定酒店客房
接待服务策划案

◇ **任务要求**

一、各学习团队模拟第三届"一带一路"国际合作高峰论坛各接待酒店专项组织机构，设计"酒店客房接待服务策划案"。

二、"酒店客房接待服务策划案"内容要求

1. 服务策略应突出心理性服务功能，满足贵宾在客房的心理需求。

2. 服务策略应凸显中华优秀传统文化，提升贵宾在客房的心理体验。

3. 服务策略(设施及人员服务策略)不少于15项。

4. 服务策略表述要清晰、简练，字数在50字以内。

三、项目任务成果形式

提交"酒店客房接待服务策划案"Word文档。

四、"酒店客房接待服务策划案"文档排版要求

1. 版面设计美观，格式规范。

2. 标题：小二号字，宋体，加粗，居中，与正文内容之间空一行。

3. 正文：宋体，小四号字，首行缩进2字符。

4. 纸型：A4纸，单面打印。

5. 页边距：上2.5cm，下2cm，左2.5cm，右2cm。

6. 行距：1.5倍行距。

◇ **任务实施**

一、教学组织

1. 教师向学生阐述项目任务及要求。

2. 由4~5名学生组成一个学习团队，以团队形式完成项目任务。

3. 学习团队通过查阅教材、教师授课资料以及上网查找第三届"一带一路"国际合作高峰论坛接待酒店信息和客房服务经典案例，完善项目任务知识。

4. 教师解答学生的相关咨询，监督、指导、检查、评价项目任务的实施。

5. 提交项目任务成果，教师进行成果评定并进行提升性总结。

二、知识运用

1. 客房服务心理。

2. 中华优秀传统文化。

3. 共建"一带一路"倡议。

4. "一带一路"国际合作高峰论坛。

◇ **任务成果范例**(参见二维码)

项目三 餐厅服务心理

项目目标

◇ 知识目标
1. 掌握客人在酒店餐厅的主要心理需求。
2. 掌握酒店餐厅主要心理服务策略。

◇ 能力目标
1. 能够洞察客人在酒店餐厅的心理需求。
2. 能够满足客人的心理需求,提供超值的心理服务。
3. 创新服务策略,提升客人在酒店餐厅的体验。

◇ 素质目标
1. 树立爱岗敬业、创新服务的意识。
2. 培养精益求精、一丝不苟的匠人精神。
3. 培养文化自信、民族自豪感和爱国情怀。
4. 培养以诚相待、开放包容、和谐共处的精神。

项目知识

一、餐厅心理需求分析

餐饮是人类生存和发展的基础,人类生活中最基本、最重要的活动是餐饮。客人在餐厅进餐可满足基本的生理需求,其进餐活动也可视为一种消遣和娱乐活动。客人对餐厅的需求实际上隐含了客人对情感、社交、自我实现等的较高层次的需求。一般情况下,客人在餐厅的心理需求主要体现在以下几个方面。

(一) 求尊重心理

餐厅是一个公共场合,客人为了彰显身份地位,获得自我满足感,在整个就餐过程中,求尊重心理一直十分明显,具体表现在以下几个方面。

(1) 客人到达餐厅时,希望服务人员能礼貌问候,热情、主动地接待自己,提供微笑服务,在短时间内满足自己的要求。餐厅常客希望自己的名字能被服务人员记住。

(2) 客人到达餐厅时,希望自己能被迎宾人员引领到一个比较恰当的位置。餐厅服务人员应细心观察客人的具体情况,恰当引位,满足客人的心理需求。

(3) 客人到餐厅就餐时，希望自己的习俗能被尊重。例如，客人希望餐桌上的餐巾等摆设不与自己的民族或国家的禁忌相冲突，餐食不与自己的禁忌相冲突。餐厅常客希望自己的饮食习惯能被服务人员记住。

案例

一天，餐厅里来了几位海员，他们选了一个靠窗的座位。席间，他们表示对酒店的饭菜比较满意。此时，桌上的鱼吃掉了一半，他们向服务员夸奖鱼做得好时，服务员就试图帮他们把鱼翻过来。这一举动立刻引起了他们的反感，服务员一时不知所措。

分析：对海员来说，最禁忌的一个字是"翻"，而服务人员试图帮他们将鱼翻过来触犯了他们的大忌，让他们感觉到没有受到尊重。

(4) 客人希望自己的个性化口味需求能得到满足。例如，我国的饮食口味基本上呈现"南甜、北咸、东鲜、西辣"的特点。部分国外客人喜欢饮用低度葡萄酒，而部分国内客人喜欢饮用白酒。北方客人喜欢以面食为主食，而南方客人喜欢以米饭为主食。老年人喜欢嫩、烂、酥、软，容易消化的菜肴；儿童则喜欢新鲜、少骨无刺、味甜、造型美观的菜肴。女性客人通常喜欢蔬菜类菜肴，且其口味要清淡一些，尤其喜欢具有美容、养颜、瘦身功效的菜等。

案例

一片好心

服务员小李在餐厅为客人服务，有一道菜本来应该是酸甜口味的，可是客人王先生偏要吃麻辣口味的。小李便对客人说："这道菜用正宗做法来做，就应该是酸甜口味的，如果做成麻辣口味的，不会好吃吧？再说，我从来就没有听说过哪家餐厅会将这道菜做成麻辣口味的。做成麻辣口味的，你怎么吃啊？"

分析：小李说"这道菜用正宗做法来做，就应该是酸甜口味的"，就事实而言，她的说法没错。她担心把这道菜换成麻辣口味不好吃，也可以说是"一片好心"。可是她忽略了一个事实——这道菜不是做给她吃的，也不是做给别人吃的，而是做给这位王先生吃的。所以，到底是酸甜口味的更好吃，还是麻辣口味的更好吃，应该由这位王先生说了算。当然，服务员在提供服务的过程中，如果遇到这种情况，可以用适当的方式提醒客人，毕竟客人未必都是"内行"。比如，服务员可以这样说："您的意思是——不要做成酸甜口味的，改成麻辣口味是吗？但是，大多数客人都会选择酸甜口味的。"服务员可以一边解释，一边观察客人的反应。如果客人还是坚持要吃麻辣口味的，服务员就不必再说什么，也不必询问客人吃麻辣口味的原因，因为客人没有向服务员解释的必要，服务员应尽力满足客人的个性化口味需求。

(二) 求安全、卫生心理

客人到餐厅进餐时，尤为关心就餐环境及菜品是否卫生、安全。客人只有在安全、卫生的环境里才能放心进餐，进而享受餐饮食品的美味。这里的"安全、卫生"主要包括环境卫生、食品卫生、餐具卫生及服务员个人卫生等方面的内容。

客人在餐厅就餐时，希望自己所处的餐厅环境干净、舒适，餐台干净；自己所享用的食物是符合卫生要求的，是新鲜干净的；自己所饮用的酒水饮料是符合卫生标准的，无假冒伪劣、无过期的；自己所接触的餐具、茶具、酒具都是经过消毒的；为自己提供服务的服务员的个人卫生是符合卫生标准的；自己所享受的餐饮服务全过程是卫生的，如服务人员无任何传染性疾病、仪表整洁卫生、服务时使用托盘、服务动作符合规范、餐饮生产过程符合卫生标准等。

客人在餐厅就餐时有时会有一些意外事故发生。例如，汤汁滴到客人的衣物上，食物烫伤客人，破损的餐具划伤客人，地面太滑导致客人摔跤，甚至发生食物中毒事件等。这些事故都是客人不愿意经历的，也是客人产生不安全心理的原因。

案例

不要忽视"上帝"身边的"小皇帝"

午餐时间，一位老先生带着全家老小来到某餐厅大堂用餐，迎宾员将客人引到服务员小周负责的区域。上菜时，由于客人人数较多，座位之间靠得很近，小周看两个孩子之间的空位较大，就选择从这个位置上菜。当时，女主人就有些不高兴，说了句："你不能从别的地方上菜啊？"小周忙说："对不起。"过了一会儿，传菜员看小周正忙，就直接帮他上菜，仍选择孩子之间的位置。这时，女主人就生气了："不是和你们说了吗，怎么还在孩子那上菜？烫着孩子你们负责吗？"小周听到后马上道歉，说这是自己的过失，马上改为在其他空位上菜，并给小朋友送了小礼物。看到小朋友很高兴，大人也就不计较了。

分析： 孩子是现代家庭的重心，上了年纪的人对小辈人更是加倍疼爱，照顾得无微不至，只要看到儿孙喜悦的笑容，就会感到无比幸福。服务员在服务中要注意到这一现象，在接待带孩子的宾客时，要掌握儿童就餐中的特性。儿童好动，看到他喜爱的食物和饮料往往会大喊大叫、手舞足蹈，不高兴时又要乱动乱跑，这些情况随时都会发生。在儿童中间上菜，儿童极有可能碰翻菜肴汤水，导致烫伤事故的发生，后果不堪设想。因此，服务员上菜时要避开儿童，不要忽视上帝身边的"小皇帝"。

(三) 求知心理

客人在餐厅用餐的过程，也是了解和体验餐饮文化的过程。求知心理是客人在餐厅就餐时表现得非常明显的心理需求，具体包括以下几个方面。

(1) 客人希望了解酒店文化、餐厅主题活动、餐厅设计理念等方面的知识。

(2) 客人希望了解菜肴酒水知识，例如中国八大菜系，一些名菜的来历典故、烹调方法、用料、配料及营养价值等知识，菜肴酒水搭配常识，酒水的储存和饮用方法，世界和中国的一些酒水饮料知识等。

(3) 客人希望了解世界各国的饮食文化知识，例如韩式料理、日式料理、泰式菜肴等。

案例

偏黄色的石斑鱼

中午用餐时间，某酒店餐厅雅间的一位客人点了一份清蒸石斑鱼。过了一会儿，服务员将鱼端上桌。客人看了看鱼，疑惑地问道："服务员，上次我在这里点的石斑鱼，鱼肉是雪白色的，今天这条鱼的肉色怎么有点偏黄？是不是不新鲜了？"服务员回答："这是因为鱼的品种不同。"客人继续追问："难道石斑鱼还有不同种类？"服务员反驳道："人还有黑人和白人之分，更何况石斑鱼呢？"客人听后非常不悦。

分析：餐厅服务员在为客人提供服务时一定要熟悉菜肴酒水知识，这样当客人询问时，才能做到对答如流，满足客人求知的心理需求。对于自己不熟悉的知识，可以先礼貌地向客人道歉，然后请教别人再来向客人解释，而不应该像案例中这位服务员一样胡乱回答，且用语极其不礼貌。

拓展阅读

筷子的来历

姜子牙喜欢钓鱼，但钓了一整天也钓不到，只好空着两只手回家，他的妻子很生气。这天，姜子牙又空着手回来了，妻子连忙喊他吃饭。姜子牙很饿，伸手就去抓肉吃。这时，不知从哪里飞来一只小鸟，落在他的手面上抓他；他赶走了，又去抓肉吃，小鸟又落在他的手面上抓他。他想，这是只神鸟吧？我赶走了怎么又飞回来了？这时，小鸟说了句"姜子牙跟我走"，就飞了出去，姜子牙也随之而去。小鸟飞到一排竹笆上停了下来，抓了两根小竹棒送给姜子牙，说："你拿去夹肉，不要用手抓。"姜子牙听了小鸟的话，就把两根竹棒拿回家，坐下夹肉吃。这时，竹棒根冒出一股烟。姜子牙很惊讶，怎么会冒烟？是不是肉有问题？坐在他对面的妻子看在眼里，说出了实话："肉里我放毒药了，我想毒死你。"从此以后，姜子牙吃饭的时候都会使用这两根小竹棒，再后来人们将这两根竹棒称为"筷子"。

(四) 求美心理

客人在餐厅就餐时的求美心理主要表现在以下几个方面。

(1) 客人希望就餐环境和氛围在视觉、听觉和嗅觉方面是符合审美需求的，具体包括：客人希望餐厅的布局和物品的摆放符合自己的审美理念；希望餐厅内的色彩和搭配具有美感；希望餐厅播放的背景音乐能促进食欲，调节心境，使人感到轻松愉快；希望餐厅有良好的通风条件，不要有混合饭菜味、酒味甚至烟草味的难闻气息，以免给人带来不愉快的心理感受，进而影响进餐情绪。

(2) 客人希望餐厅工作人员仪表整洁，服务技巧娴熟，具体包括：客人希望服务人员的工作制服的式样、色彩、质地和餐厅的整体风格相协调；希望服务人员的坐姿、站姿等方面都能做到规范得体、自然大方；希望女性服务人员在工作时把头发束起，避免上菜或提供其他服务时有头发掉落或垂下；希望服务人员在穿着工作制服时随时保持整洁平整，避免工作制服不干净或是穿戴不整齐给自己带来不适感;希望餐厅工作人员在为客人服务时,能够在服务方式上树立一种独特的、令人耳目一新的规范,在服务礼仪上建立与餐厅主题相符合的标准,在服务态度上让客人感到亲切与贴心,在服务作风上以"诚信"为宗旨。

(3) 餐厅的菜肴与盛器能给客人带来美感享受。客人不仅关注菜肴的口味,还越来越关注菜肴的"卖相",例如菜肴的精致程度、配菜与主菜的颜色搭配、盛器的修饰等。客人希望餐厅提供的菜肴造型优美、形象生动;菜肴颜色能刺激食欲并具有美感;希望菜肴的盛器与菜肴的颜色搭配恰当,例如盛器的颜色能烘托菜肴的颜色,盛器的造型与菜肴分量、造型相匹配等。

(五) 求快速心理

等待会使客人尤其是部分心急或有事待办的客人感觉到不耐烦。当客人走进餐厅用餐时,希望能得到餐厅工作人员及时、热情的接待和引座服务;当客人在餐厅就座时,希望能及时拿到菜单;当客人对菜单有疑问时,希望能及时得到解答;点完菜和酒水饮料后,希望能知道上菜的大致时间,等待上菜的时间不能太漫长;在进餐过程中,客人希望能得到及时的席间服务,例如上小毛巾、撤换烟灰缸和骨碟等;用餐结束后,客人则希望能及时拿到账单,快速准确地结账。

(六) 求新求异心理

一些客人在餐厅就餐时,希望能吃到在其他地方吃不到的菜肴;希望餐厅的菜肴能常变常新;希望餐厅的服务方式能推陈出新;希望自己能得到超值的服务和享受。例如,有些客人喜欢喝名酒,吃名贵菜、特色菜,去名店,因为这些能使他显得与众不同,同时也能满足其求新求异的需求。

(七) 求公平心理

入住酒店的客人,一般都抱有"求公平"的心理,这是现代社会中每个人的普遍心理需求,也是社会文明进步的要求。客人光顾餐厅,不希望服务人员根据自己的穿衣打扮、社会地位或经济地位来提供服务;希望无论消费多少,都能受到餐厅工作人员一视同仁的欢迎和接待;希望餐厅提供的食物明码标价、价格合理、物有所值;希望自己所享受的菜肴符合健康、绿色的要求。

二、餐厅服务心理策略

随着社会生产力的提高和人们价值观的改变,人们对餐饮及其服务的要求也越来越高。这就要求酒店潜心研究分析客人的消费需求,在此基础上提供有针对性的服务,让客人从心理上产生愉悦感。

(一) 满足客人求尊重心理

求尊重心理是一种较高层次的需求,满足客人求尊重的心理,对树立酒店的良好形象和提高客人对酒店的认知度都将起到非常重要的作用。餐厅可从以下几个方面来满足客人求尊重的心理需求。

1. 服务热情周到，使用礼貌语言

当客人走进餐厅时，服务人员应热情迎接，主动向客人打招呼，尽量用敬语称呼客人，服务时要使用礼貌用语。下面列举一些常用的餐厅服务用语。

(1) 欢迎您，请问几位？
(2) 请往这边走。
(3) 请跟我走，请坐。
(4) 请稍等，我马上给您安排。
(5) 请您看看菜单。
(6) 现在可以点菜吗？
(7) 对不起，这菜刚卖完，换××菜您看行吗？
(8) 请品尝一下今天的特色菜，好吗？
(9) 您喝点什么酒？
(10) 加工这道菜需要半小时，您能多等一会儿吗？
(11) 现在上菜可以吗？
(12) 对不起，请让一让。
(13) 对不起，让您久等了。
(14) 您还需要点什么？
(15) 您吃得满意吗？
(16) 现在可以结账吗？
(17) 共××元，找您××元，谢谢。
(18) 请您签单好吗？
(19) 欢迎您常来。
(20) 谢谢，请慢走。

另外，在接待就餐客人时还要注意对第一次来就餐的客人要热情，而对打过交道的客人则要表现熟悉感。对于来店就餐的客人，服务人员要拿出像款待来自家做客的亲戚、朋友一样的热情。任何时候都不可得罪客人，即使客人错了，也要把"对"让给客人，把"错"留给自己，为客人营造一个舒心的环境氛围，提供更周到的服务。

2. 引座恰当，满足特殊需求

中高级餐厅一般都设迎宾专门负责为客人引座，引座分为迎接客人和引领就座两个环节。餐厅引座是一门学问，迎宾领座时应充分考虑客人的需求，根据客人的特点和习惯、爱好进行恰当的引座。例如，接待夫妇或情侣时，要把客人安排在餐厅中比较安静的位置；接待穿戴漂亮时髦的女客人时，要把她安排在能使众多客人看到的显眼位置，满足她的心理需求；接待商务客人时，要将其引领到尽量不被别人打扰的位置；接待有生理缺陷的客人时，不能用奇异的目光盯着客人或嘲笑客人，要考虑其缺陷部位，将其引领到不被人注意的位置；接待常客时，要将其引领到他以前习惯或曾经坐过的位置。

3. 尊重有差错的客人

酒店是一个现代化场所，其设施设备以及产品服务的科技含量和技巧性相对较高。对

于客人而言，可能会出现因为不了解酒店的服务设施而不会使用或使用不当的现象。例如，客人不知道某些餐具的名称和使用方法，不了解菜肴的吃法，不知道主菜与配料如何搭配，不知道用餐程序等。对于客人出现的这样或那样的差错或过失，餐厅工作人员不能嘲笑或者不理不睬，应做好相关的解释工作，尤其提倡针对不同客人的特点提前做好解释工作，以便其获得愉快的用餐经历。

另外，有时客人会在餐厅内出现一些意外情况，例如不小心打碎餐具，泼洒了汤汁菜肴等。对于这些出现意外情况的客人，服务人员同样要做好服务工作，表示尊重，不能因为客人犯错而指责客人。

4. 尊重客人的偏好、习俗，提供个性化服务

客人来自不同的地方，每个地方都有相应的习俗和饮食习惯。同时，不同个性的客人，其就餐时的心理需求也各不相同。这就需要餐厅工作人员根据客人的偏好、习俗和口味，提供个性化服务。

(1) 餐厅工作人员应留心及关注经常光顾的客人，谨记他们的喜好及口味，投其所好。要处处为客人着想，主动向客人征询意见并乐于接受意见。尽可能记下客人的重要日子，如生日、结婚纪念日、公司开业纪念日或家庭成员的生日等，并在相应的日子到来之前与客人联系，问候、沟通，如有必要可寄贺卡、送花篮等。

(2) 餐厅工作人员要善于观察客人，注意推销技巧。可通过细心观察了解客人的消费档次和消费动机与需求，以免推销时造成不必要的尴尬。例如，不同身份的客人对饮食有着不同的要求，一般大众客人讲究经济实惠，可推荐性价比高一些的菜肴；有一定社会地位的客人一般追求营养和健康，可推荐做法精细、口味清淡的菜肴；华侨一般喜欢家乡口味，普遍要求蔬菜新鲜，轻油腻、避内脏，数量不要太多；吃便餐的客人对菜品的要求是经济实惠，不需要太多品种，但要求菜肴制作时间短，以节约用餐时间；美食家更为关注菜肴的味道，大多想品尝餐厅的特色菜，追求少而精；举办商务宴请的客人比较讲究排场，菜肴要精美且丰富；一般聚餐客人是基于一定的情感因素相聚到一起的，他们希望场面热闹、菜肴丰富，但不需要太多太贵的菜肴，以免造成浪费。此外，由于客人对饮料酒水的消费比较多，要注意控制上菜的速度。

案例

唱收唱付

近几年来，王老板的生意一直不太景气。某日，他接到老同学的来电，约他小聚共叙同窗友情。当晚，王老板预订了一家装潢较好的餐厅，为从西安而来的五位大学同学接风洗尘。王老板和同学落座后，餐厅服务员送上菜单，同学们执意让王老板点菜。考虑到同学们来自西安以及大连的饮食特色，王老板点了八道菜品，其中四道为海鲜菜品。大家边吃边聊，都很开心。席间王老板请同学们加菜，同学们都表示自己已经吃饱，不必加菜。随后，服务员送来账单，当着所有人的面大声对王老板说道："你们共消费了560元。"王老板闻言，脸上瞬间显露不悦之色。

分析： 餐厅服务员用"唱收唱付"的方式来结账是非常失礼的做法，会让气氛变得尴尬，让客人认为餐厅员工缺乏正规培训，素质不高。服务员的正确做法是将账单悄悄递至

主人面前，请主人核对并结账。这样做有以下两方面原因：一方面，如果主人宴请的是地位很高的客人，一旦餐费比较便宜，客人会感觉自己被怠慢，没有得到重视，从而对主人心生芥蒂；另一方面，如果主人宴请的是经济不宽裕的朋友，对方也不会因为开销太大而心生不安，可避免气氛被破坏。"埋单"一词由来已久，即账单送来时，将其埋在茶杯下面或别人看不见的地方，以免令人尴尬。餐厅服务员应尤其注意结账环节的服务，提高客人对餐厅的满意度。

(3) 要充分考虑不同年龄及性别的客人的口味习惯以及相关禁忌。例如，儿童大多喜欢新鲜、少骨无刺、味甜、造型美观的菜肴，一般不会选择较高档的菜肴；年轻人喜欢有新意的菜肴，介绍菜品时应主动迅速，而且上菜要快，服务节奏也要相对快一些；中年人的情绪比较平稳，选择菜肴时比较理性，他们比较注重食物的实用性，注重菜肴的价格、质量和外观；老年人喜欢嫩、烂、酥、软、容易消化的菜肴，在服务中要有耐心、不要急躁，可以向他们推荐一些滋补炖品；女性客人多喜欢蔬菜类菜肴，口味要清淡一些，推销时多选择一些具有美容、养颜、瘦身功效的菜肴。另外，服务时要充分尊重各国饮食禁忌，例如泰国人忌食牛肉，美国人不吃动物内脏等。

另外，在服务过程中，服务员还应该满足部分客人想要彰显身份地位的心理需求，必要时，餐厅高级管理人员可以去敬酒，营造宴会气氛，让此类客人感受到被重视。

拓展阅读

上菜礼仪

餐厅服务员上菜要遵循"鸡不献头，鸭不献掌，鱼不献脊"的传统礼仪，即在宴请宾客时，端上桌的鸡、鸭、鱼等菜肴，应该避免将鸡头、鸭掌和鱼脊朝向主宾。这是因为鸡头有三多，即皮多、骨多、结缔组织多；鸭掌除皮即骨，无可食之肉，不如脯肉肥厚、鲜嫩、丰满；鱼腹之肉，刺少柔嫩，味鲜美，而脊背有鳍、刺多，肉质硬且柴，不如腹部肥美，故而献腹不献脊，以示恭敬。此外，献鱼时应头左尾右，腹朝前，横着放在主宾面前。

(二) 满足客人求美心理

客人就餐时的审美需求主要表现在对就餐环境、氛围、菜肴、盛器以及工作人员的服务仪态等方面的美感度需求，服务人员应为客人营造良好的视觉美、听觉美。

1. 营造幽雅美观的餐厅环境

(1) 酒店要为客人营造美观的用餐环境。用餐环境是为客人提供优质餐饮服务的基础，是满足客人物质享受和精神享受的重要因素。幽雅的就餐环境会给客人带来舒适的感受和唯美的情调。餐厅的环境要与餐厅的主题相协调，配以高标准的美味佳肴、质地考究的餐具，以给客人带来物超所值的感觉。为此，餐厅的格局要考究，要与酒店的整体布局相协调。例如，江南水乡风格的酒店，其餐厅的布局可适当采用小桥流水人家的格局，营造美观幽雅的视觉和听觉享受；餐厅的形状、大小应与酒店规模相适应；服务人员的外表、年龄和服饰设计都要考虑酒店整体特色；餐厅的温度要适宜；照明、色彩要符合审美要求；餐厅整体环境要清洁卫生。

(2) 酒店要为客人打造优美的听觉环境。现代心理学研究表明，音乐对于人们的情绪、身心具有特殊的调节作用。优美的听觉环境可以促进食欲，调节心境，使人感到轻松愉快。音乐是表达情感的物质载体，人们能够从中体会到丰富的思想感情，从而引起丰富的联想和强烈的共鸣。研究表明，背景音乐对于客人在消费场所的消费购买行为有直接影响。合适的背景音乐有助于营造良好的进餐氛围，能够起到活跃餐厅气氛、减弱噪声、提高客人和服务人员情绪、刺激消费行为的作用。

(3) 酒店要为客人创造良好的嗅觉环境。在餐厅中，由于环境的特殊性，往往容易存在各种气味，如饭菜味、酒味甚至烟草味。这些气味混合在一起，带给人的心理感受通常都是不愉快的，会影响客人的进餐情绪和食欲。为了保持餐厅良好的空气质量，一方面要做好餐厅通风工作，另一方面要做好餐厅温度调节工作。温度过高易使人感觉闷热，降低食欲；温度过低又会使人感觉寒冷，降低嗅觉的感受性，还会使上桌的菜很快变凉，影响客人品尝佳肴美味。现代化餐厅中，比较适宜的温度为18℃~22℃。

2. 打造具有美感的餐饮产品

(1) 餐食颜色要美观。菜肴的颜色是客人评判菜肴的视觉标准，同时能起到装饰菜肴的作用，对客人的进餐心理会产生一定影响。一般来说，餐饮消费心理中的视觉主要有两类：一类是彩色视觉，例如红、橙、黄、绿等视觉；另一类则是无彩色视觉，例如黑、白、灰等视觉。研究表明，食品的颜色与人的情绪和食欲存在一定的内在联系，每一种食品的色彩通常有其特定的心理功效。例如，红、黄、绿等颜色比较容易激起客人的食欲。红色食物能够使中枢神经保持兴奋，易使人感到食物有浓郁的香味且口感鲜美，还会给人以华贵喜庆之感；黄色食物多给人以淡香、高雅、温馨的感觉，可以调节人的心境；绿色食物往往代表新鲜、清爽，有舒缓情绪、愉悦心境的作用。餐饮工作人员应本着以食物的自然色为主的原则，充分利用各种色彩对人的心理调节功效来制作各色菜肴产品。

(2) 菜肴造型要优雅。菜肴是否具备优雅的造型是菜肴质量的外在表现，也是客人评定菜肴质量的视觉标准之一。造型优雅的菜肴可以起到美化客人视觉的作用，能增加其对菜肴的美感享受。

(3) 盛具要精美。盛具对菜肴具有衬托作用，能起到锦上添花的效果。为了满足客人对视觉美感的追求，餐厅除了对菜肴本身应追求造型优美、形象生动外，还应注意盛装菜肴的器具的搭配使用。古人云："美食不如美器。"餐具的形象的确会对客人的就餐心理产生影响。餐桌上，各式美食、美器相映成趣，容易让人感到赏心悦目、食欲大增。此外，餐具的搭配应与食物本身的大小以及分量相称，才能产生美的感官效果。

拓展阅读

美食与美器的搭配

1. 菜肴与器皿在色彩及纹饰方面要和谐

没有色彩对比，会使人感到单调；对比过分强烈，也会使人感到不和谐。为了确保菜肴与器皿的色彩和谐，应了解各种颜色之间的关系。美术家将红、黄、蓝称为原色；将红与绿、黄与紫、橙与蓝称为对比色；将红、橙、黄、赭等归类为暖色；将蓝、绿、青归类为冷色。一般说来，冷菜和夏令菜宜用冷色食器，热菜、冬令菜和喜庆菜宜用暖色食器，但切忌"靠色"。例如，将绿色的炒青蔬盛在绿色盘中，既显不出青蔬的鲜绿，又埋没了盘上的纹饰美；如果改盛在白花盘中，便会产生清爽悦目的艺术效果。再如，将嫩黄色的蛋羹盛在绿色的莲瓣碗中，色彩就格外清丽；盛在水晶碗里的八珍汤，汤色莹澈见底，透过碗腹，各色八珍清晰可辨。

菜肴的造型与器皿的图案要相得益彰。如果将炒肉丝放在纹理细密的花盘中，既会造成散乱感，又显不出肉丝的美味；反之，将肉丝盛在绿叶盘中，立时会使人感到爽心悦目。

2. 菜肴与器皿在形态方面要和谐

中国菜品种类繁多、形态各异，食器的形状也是千姿百态。可以说，在中国，有什么样的肴馔，就有什么样的食器相配。例如，平底盘适用于盛装爆炒菜，椭圆盘适用于盛装整鱼菜，深斗池适用于盛装整只鸡鸭菜，莲花瓣海碗适用于盛装汤菜等。如果用盛汤菜的盘盛爆炒菜，便无法取得美食与美器搭配和谐的效果。

3. 菜肴与器皿在空间方面要和谐

人们常说"量体裁衣"，食与器的搭配也是这个道理，菜肴的数量和器皿的大小相称，才能产生美的感观效果。汤汁漫至器缘的肴馔，不可能使人感到"秀色可餐"，只能给人以粗糙感；肴馔量小，又会使人感到食缩于器心，干瘪乏色。一般说来，平底盘、汤盘(包括鱼盘)中的凸凹线是食器结合的"最佳线"。用盘盛菜时，以菜不漫过此线为佳。用碗盛汤，则以八成满为宜。

4. 菜肴掌故与器皿图案要和谐

例如，将中国名菜"贵妃鸡"盛在饰有仙女拂袖起舞图案的莲花碗中，会使人很自然地联想起善舞的杨贵妃酒醉百花亭的故事。将"糖醋鱼"盛在饰有锦鲤跳龙门图案的鱼盘中，会使人情趣盎然，食欲大增。在提供餐饮服务时，要根据菜肴掌故选用图案与内容相称的器皿。

5. 一席菜的食器的搭配要和谐

对于一席菜的食器，如果使用清一色的青花瓷，或一色白的内花瓷，会失去中国菜丰富多彩的特色。因此，一席菜不但要品种多样，食器也要色彩缤纷。如此，佳肴耀目，美器生辉，蔚为壮观的席面美景便会呈现在客人的眼前。

3. 树立优雅端庄的服务人员形象

(1) 服务人员应注重仪容仪表，注意修饰得体大方，工作制服的式样、色彩和质地都应和餐厅的整体风格相协调。在服装样式上，可选择中式、西式，或以其他带有地方特色的民族性服装为主。可将服务人员的服饰与餐厅的室内环境艺术结合起来，以增强艺术特色，产生形象吸引力。对于服务人员的发型、饰物的要求是整洁、大方，特别是女性服务人员，在工作时应把头发束起，避免为客人上菜或提供其他服务时有头发掉落或垂下，引起客人的反感，甚至使客人质疑餐厅的卫生状况。此外，服务人员的坐姿、站姿等都应做到规范得体、自然大方，以期给客人留下良好的印象。由于餐饮服务工作的特殊性，服务人员在穿着工作制服时应随时保持整洁平整，避免因工作制服不干净或是穿戴不整齐给客人带来不适感，破坏餐厅甚至酒店的形象。

(2) 餐厅工作人员应该具备娴熟的服务技能，能按照规范熟练提供上菜、分菜、撤碟等餐饮服务。熟练的操作技巧是优质餐饮服务的重要体现，它将直接影响客人对服务人员以及整个餐厅的观感，甚至会影响客人对整个酒店的印象和评价。

(3) 餐厅服务人员还可以对某些服务方式进行创新，给客人带来全新的视觉享受。例如，现在很多酒店餐厅不仅提供精美菜单，而且将部分切配好拼盘但未加工成熟的菜肴实物置于四周围有透明玻璃的餐车里，推到客人面前加以介绍，往往容易激发客人兴趣而使其接受，同时也能加快客人点菜速度。另外，对于一些火候菜，服务人员应在客人面前完成最后一道工序。

(三) 满足客人求卫生、求安全心理

卫生需求是客人求安全心理的外部表现，酒店餐厅要满足就餐客人求卫生、求安全的心理，应该做到以下几点。

1. 确保餐厅环境卫生

客人的食欲往往受进食环境的影响，就餐环境清洁卫生，能够增强客人的食欲、调节就餐的情绪，满足客人饮食及相关的心理需求。餐厅是客人就餐的场所，其装饰、设施的清洁程度和维修状况对于食品经营卫生管理和饭店整体形象的提升都至关重要。因为，客人对饭店的全部体验就在餐厅，他们对于餐桌、座椅、地面的清洁有时是很挑剔的，往往会在心中留下第一印象。因此，在每次开餐之前和结束后都需要对这些地方进行仔细的清洁。餐厅的布置应视餐厅的大小、墙壁的面积而定，可布置得优美典雅或清新悦目，还可以摆上鲜花以使客人心情愉悦，并且要准备洗手用品及衣挂等。此外，餐厅地面、桌面、桌布、墙壁、门窗、餐具、座椅都应洁净，无油污、尘埃；卫生间、洗手池、痰盂干净无异味；餐厅应有供客人洗手和简易梳妆(有镜子可整装)的地方；卫生间最好通过过道与餐厅相通，不能与餐厅直接相通；厨房与餐厅之间最好有备餐间过渡，不要直接相通，如厨房与餐厅不在同一楼层；应该有专用的菜品传送通道，且应与客人进出通道分开；餐厅的装修装饰材料应达到绿色、环保、无毒的标准；等等。

2. 确保餐饮食品卫生

酒店应确保餐厅提供的食品新鲜、干净；酒水饮料应符合质量标准，无假冒伪劣；餐巾、毛巾干净整洁；无破边、破口的餐盘、玻璃杯具；餐具每次使用后必须消毒，以预防传染病；对于餐具的洗涤和消毒实行"四过关"，即一洗、二刷、三冲、四消毒；生熟食品加工要分开，避免交叉污染。

3. 确保餐饮服务人员的个人卫生和操作卫生

(1) 个人卫生。酒店要确保员工身体健康，无传染性疾病；服务人员要注重个人卫生习惯的养成，不用指尖搔头、挖鼻孔、擦拭嘴巴，饭前、厕后要洗手，接触食品或食品器具、器皿前要洗手；不可以在他人面前咳嗽、打喷嚏；经常洗脸、洗澡，以确保身体的清洁；经常理发、洗头、剪指甲；不随地吐痰，不随地抛果皮、废物；注意保持仪容整洁，不留胡须，剪短头发，戴帽后头发不可露出；不可佩戴饰物，保持服装干净整洁，

并穿清洁舒适的平底鞋；工作时应穿戴干净的工作衣帽，确保呈现在客人面前的是干净、利索、精神饱满、满面春风的形象。

(2) 服务操作卫生。具体包括以下几个方面。

视频在线
课程4-3
满足客人卫生需求的餐厅服务要点

① 餐前服务卫生要求。进餐前，当客人到齐后，服务员应给每位客人送上一条餐巾。递送餐巾是接待服务工作中的一项重要环节，是餐前服务卫生必不可少的内容。递送时，餐巾要用盘具盛装，用餐钳夹取。客人可用餐巾清洁手、脸，以保持手、脸的卫生；如果是喷有香水的餐巾，还可以起到提神醒脑、消困解乏的作用。餐巾应用质地柔软的全棉小方巾。冬季可使用清洁消毒后的湿热餐巾，可温手去寒；夏季可使用清洗消毒后的湿凉餐巾，可降温去暑。

② 上菜服务卫生要求。上菜应用托盘，托盘必须干净卫生，热菜菜盘不能置于凉菜菜盘之上。不允许不用托盘而直接用手端送菜盘和汤碗。最好为每道菜肴盖上符合卫生要求的盖子，以避免菜肴在上菜过程中受到污染，而且还能起到一定的保温作用。端菜时手指不得接触碗口内侧，更不得接触菜肴及汤汁。餐饮用具有裂纹或裂口时，不宜继续在餐厅中使用。

服务员在上菜时不能对着菜肴大声说话，也不能对着菜肴咳嗽或打喷嚏，以防止口腔、呼吸道飞沫对菜肴造成污染。上菜时要轻声向客人打招呼，并于客人左侧上菜，以防止汤汁溅出烫伤客人，或洒在客人身上弄脏衣物。向客人介绍菜肴时，应先将菜肴放于餐桌上适当位置，后退一步，上身稍微前倾，轻声向客人介绍所上菜点的菜名及特色，必要时还应介绍正确的食用方法。不得一边上菜，一边对着餐桌上的菜点说话。

分菜时，应使用分菜工具，或给客人配备分菜工具，以避免手与食物不必要的接触。服务员给客人分菜时，应于客人左侧进行，要求熟练细致，以防止菜汤、菜渣溅到客人身上。

当盘内和碗中的菜肴吃完后，菜盘和汤碗应及时撤下，及时送餐具洗涤消毒间进行清洗消毒处理。

③ 餐间服务卫生要求。菜肴中如有虾、蟹等需用手抓的食物，上菜前必须向客人递送餐巾，让客人清洁双手后再上菜肴，以保证进食卫生。

保证餐间服务卫生的另一个重要环节是勤换食碟。根据用餐情况，在整个进餐期间，一般要求更换1～2次食碟。当食碟尚未完全装满时，就应及时更换。席间如有客人吸烟，应配备干净的烟灰缸。在客人吸烟时，可向烟灰缸内滴点水，以防止烟灰在空调打开时飞起而污染餐桌上的食品，每餐次烟灰缸应更换一次以上。

服务员给客人斟酒、斟茶时，瓶口不宜触及杯口，仪态应自然优雅，不滴不洒，以八成满为宜。酒水必须符合卫生标准，斟酒之前需用清洁布巾将瓶口及瓶身擦净。斟啤酒时泡沫较多，应注意把握好斟酒的速度。如失误碰翻酒杯或茶杯，应迅速铺上餐巾，将桌面上的酒、水吸干。斟酒、斟茶取杯时，应注意握杯的位置，不要在杯口边缘留下指纹。

餐厅服务应重视筷勺的使用卫生，注意增设公勺，利用公勺分舀汤羹，可解决只用私勺所带来的宴饮卫生问题；酌情增设公筷，或实行双筷制，即先用公筷分食，或先用取食筷取食，而后各自用进食筷进食，可避免只用私筷所产生的宴饮卫生问题。筷子和勺匙必须符合卫生要求,每次使用后必须清洗、消毒和保洁,禁止多次或多人使用同一双筷子和同一个勺匙,以防传播疾病。

④ 餐后服务卫生要求。餐后应向客人再递送一次餐巾,供客人擦脸、擦手,清洁面上及手上的油污,使客人保持仪容的清洁。餐巾每次使用后应再次清洗、消毒和保洁,禁止多次或多人使用同一条餐巾,以防传播疾病。当客人餐毕离席时,服务员应主动拉椅送客,取递衣物,而后及时收拾餐桌,做好桌面、地面的卫生清洁工作。

(四) 满足客人求知心理

人们普遍具有强烈的求知欲,即使是在进餐时也不例外。为了服务好客人,使客人产生宾至如归的感觉,酒店员工应掌握丰富的文化知识,包括历史知识、地理知识、国际知识、语言知识等,从而在面对不同客人时,能够塑造出与客人背景相应的服务角色,与客人进行顺畅的沟通。酒店员工除了可以利用业余时间从书本上学习知识外,还可以在日常服务中积累知识。同时,酒店也应当进行有针对性的培训。

1. 营造餐厅文化和主题特色

客人走进餐厅,首先会对餐厅的整体布局风格感兴趣。此时,他最想了解的就是有关酒店、餐厅的文化,服务人员应熟悉这些方面的知识,以满足客人的求知欲望。

世界上有许多餐饮店,以举办各种文化活动作为招徕客人的重要手段。例如,有的餐馆举办与爵士音乐、轻音乐、电影、话剧、民歌等艺术形式相关的活动;有的餐馆布置成画廊的形式,或者以漫画、古董来装饰餐厅环境,以提高餐厅的文化品位;有些餐馆备有报纸、杂志、书籍等供客人随意阅读;有的餐馆举办各种讲座、培训、文化沙龙等活动;有的餐馆定期刊出有关营养、保健、医疗知识等方面的板报和印刷品;有些餐馆就像个小型的展览厅,常以不同主题陈列各式各样的相关物品,客人可以从中获取许多有用的知识。例如,在东京惠比寿有一家休闲餐厅,店中有外国人专任教师教授英文会话,采用会员制,第一次试听的顾客,1小时付费400日元,第二次就需付年费4000日元,这种附加咖啡或红茶的学习英文会话的方式,颇受欢迎。该店为了促进顾客之间的友谊,每两个月举办一次郊游、露营、舞会等活动。又如,在美国康涅狄格州有一家赠书餐厅,客人不仅能边就餐边阅读,甚至能得到老板赠送的书籍。尽管餐厅的饭菜是一流的,但许多顾客却是醉翁之意不在酒,他们去餐厅不是为了吃饭,而是看中了店内的书。

2. 熟悉餐厅菜肴、酒水知识

菜肴、酒水知识是餐厅服务员必须掌握的业务知识,熟练掌握这些知识有助于服务员更好地向客人推销,从而增加餐厅的销售收入。例如,当有外国客人询问中国菜的特点时,可这样应答:"中国菜历史悠久、品种丰富、精美绝伦、举世闻名,其特点主要为选料广泛、刀工精细、配菜巧妙、烹法多样、调味丰富、注意火候、造型美观、讲究盛器。"

(1) 熟悉菜名及配料、制作方法。服务人员应掌握过硬的专业知识,如当客人询问"佛跳墙"这道菜的菜名来历时,服务人员就应该从其典故说起。"佛跳墙"即"满坛香",又名"福寿全",是福州的首席名菜。据说,唐朝的高僧玄荃,在前往福建少林寺途中，路过"闽都"福州，夜宿旅店，正好隔墙贵官家以"满坛香"宴招待客人，高僧嗅之垂涎三尺，顿弃佛门多年修行，跳墙而入一享"满坛香"，"佛跳墙"即因此而得名。当客人对其香味和口感赞不绝口并询问原因时，服务人员应能告诉客人其原料和配料以及烹饪方法等。对于上述问题的解答，是以充足的知识储备为前提的。为此，餐厅服务人员应做到：首先，掌握一些烹调方法的基本知识，如主料、配料、烹饪时间等。这样就能配合厨房的出菜程序，懂得哪些宜先上、哪些宜后上，以保证菜肴质量不受影响。其次，应掌握我国菜肴的主要派系及代表菜品，熟知本酒店的餐饮特色及招牌菜肴，以便在服务中根据客人的口味、喜好适时推销。最后，如果餐厅服务人员还能掌握一些烹饪方面的人文趣事、典故等，则更能提高餐厅的服务水准。

(2) 熟悉酒水及与菜肴搭配的知识。餐厅服务人员应该全面了解本餐厅所供应的酒水饮料，熟悉酒水与菜肴的搭配常识，如汾酒配冷菜，清爽合宜；干白葡萄酒配海鲜，纯鲜可口；色味浓郁的酒应配色调艳、香气馥、口味杂的菜肴；泸州老窖酒宜配鸡、鸭菜肴，目的是取其味道中的浓郁、厚重、香馥；红葡萄酒宜配牛肉菜，酒纯肴香，口味投合。另外，咸鲜味的菜肴应配干酸型酒，甜香味的菜肴应配甜型酒，香辣味的菜肴则应选用浓香型酒，中餐尽可能搭配中国酒，西餐尽可能搭配西餐酒。尤其要注意的一点是，在西餐宴会里，酒水与菜肴的搭配十分严格。一般来讲，吃西餐时，每道不同的菜肴要配不同的酒水，吃一道菜便要换一种新的酒水。在西餐正餐或宴会上选择佐餐酒时，有一条重要的礼仪不可不知，那就是"白酒配白肉，红酒配红肉"。白肉，指的是鱼肉、海鲜、鸡肉等；红肉，指的是牛肉、羊肉、猪肉等。服务人员懂得一些专业知识，能给客人提供更准确、到位的服务，也能让客人了解酒店的专业水准，从而提高对酒店的满意度，日后会再次光顾。

(3) 熟悉餐食的营养搭配。客人在进餐时希望平衡膳食、合理摄取营养，因此，服务人员在协助点菜时应尽量告知其相关点菜技巧和营养搭配情况。例如，点冷菜时可以荤素各半；餐桌上必不可少的是豆类和菌藻类的菜肴；热菜中应有鱼类和禽类及有色蔬菜；多点烹调方法以蒸、煮、烩、急火快炒为主的菜品，少点炸、烤、熏、煎的菜品；菜单上如有杂粮不可放过，因为五谷杂粮是养生之本，尤其是粮菜或粮豆混制的菜品可多点些；最好点由发酵或半发酵面团制作的口味微甜或微咸的点心；点汤类菜品时，以素汤为好。按照上述原则点菜，基本上能达到维持体内酸碱平衡的目的，从而满足客人健康舒适的需求。

拓展阅读

八大菜系

民以食为天，中国是一个餐饮文化大国。长期以来，在某一地区由于受地理环境、气候物产、文化传统以及民族习俗等因素的影响，形成了有一定亲缘承袭关系、菜点风味相近、知名度较高并受部分群众喜爱的地方风味著名流派，这些流派被称为菜系。其中，粤菜、川菜、鲁菜、淮扬菜、浙菜、闽菜、湘菜、徽菜并称为"八大菜系"。

3. 设计精美合理的餐厅菜单

精美合理的菜单便于就餐客人快速了解餐厅的菜肴种类及价格。在设计菜单时，尽量配以图片并附菜肴的主料、配料、做法等相关说明，这能在一定程度上满足客人的求知欲望。

(五) 满足客人求快速心理

为了满足客人求快速的心理需求，服务人员应主动热情地迎接客人，安排客人就座，及时送上菜单供客人选择，并在一旁协助客人点菜；厨房应根据菜单对一些菜肴做半成品加工处理，以便当客人点到此菜肴时缩短准备时间；服务人员要及时将客人的点菜单送至厨房；对于一些需要等候时间较长的菜肴，要告诉客人需等候的大致时间；客人用餐结束后，要及时呈上账单，准确、迅速地办理结账手续。

案例

某日20:00左右，某酒店的送餐电话响个不停，原来是2919房客人要求在房内用膳。"先生，您需要用些什么？""一碟绍兴糟鸡、一条红烧鲈鱼、麻辣豆腐、番茄蛋汤加两碗饭。""好的，先生。"服务人员放下电话便立即通知餐饮部。大约过了30分钟，2919房客人打来电话催餐，还未等服务员开口便一顿骂："你们想把人饿死吗？还说是五星级，我点的餐到现在还没送来。"服务员刚要道歉，对方已经将电话挂断。服务员再次跟催厨房，5分钟以后终于将晚餐送进了2919房。

分析：送餐服务是高星级酒店的一项常规服务，它具有严格的时间限制，但具体的等待时间与客人所点的菜肴的烹饪时间有关系。此案例中，客人所点的菜肴与他跟催的时间显然是不相符的。其中，红烧鲈鱼的烹饪时间较长。作为订餐员，应对客人所点菜肴的相关知识有所了解，这样才能在客人订完餐后即告知一个明确的等待时间，尤其是烹制程序比较复杂的菜肴，应向客人事先说明以免引起投诉。但无论怎样，酒店应遵守对客人的任何承诺，这关系到酒店的声誉。

(六) 满足客人求新奇心理

心理学研究表明，凡是新鲜的、奇特的事物总能引人注目，激发人们的兴趣。在旅游活动过程中，客人一般都有探索新奇事物的心理需求，都希望能拥有一段不平常的经历。很多客人会将品尝美味佳肴以及那些极具地方传统特色的食品作为旅游活动的一部分，而旅游目的地所独有的特色风味食品，则恰好从饮食这一层面满足了客人的这一心理需求。为满足客人求异、猎奇、求刺激的心理，餐厅应注重打造有地方特色的食品和菜肴，菜肴品类要经常更新。近年来，更多的人开始关注无公害、无污染的绿色食品，餐厅应根据时尚健康理念设计绿色健康食谱、老年保健食谱、女性养颜美容瘦身食谱等，以满足客人日益变化的饮食需求。

案例

某餐厅主要经营汤包，生意平平，有时甚至亏本。一天，店里员工过生日，老板请他到麦当劳吃快餐。在就餐时，老板发现许多年轻人对"苹果派""菠萝派"很感兴趣，觉得相当有市场，于是便突发灵感："我们能不能生产一种果味型的汤包？是否更适合现代人口味呢？"当天晚上，老板便和厨师买来西红柿研制馅料，一个星期后，正式推出西红柿汤包。新品种"登台"那天，一位新郎好友很早到店专门订了28笼汤包，要求送到举办婚宴的酒店，当天销售额就突破1000元。因其选料独特、口感鲜而不腻，恰好迎合了现代人绿色健康的饮食理念，该汤包店一夜间名声大振。随着当地政府改造工程的完成，该店的外部经营环境得到进一步改善，客人越来越多。随后，汤包店老板对汤包品种、口味又进行了创新，草莓、菠萝等水果味汤包也陆续推出，更是让该汤包店坐稳了当地汤包食品领域的头把交椅。

分析： 要创新菜品，首先要找到能够带来创新思路的灵感。这就要求从业人员在生活中细心观察，发掘亮点。一家企业如果想知道客人需要什么，一方面可以在自己的企业里进行了解，另一方面可以深入市场进行调研。这样可能会有意想不到的收获，设计出既能满足客人需求又能吃出新意的菜品。在此案例中，他们把西式快餐中的水果派运用到中餐的汤包制作中，这种中西合璧的菜品创新是比较多的，想要脱颖而出就要想办法激起客人的购买欲。例如，在川菜盛行的地方可以推出辣味的披萨，可以根据国内不同地方消费者的习惯对三文鱼做法进行改良等。

健康是现代都市人越来越关注的话题，正如案例中的经营者，只有把握人们的消费心理，从健康的角度出发，才能吸引人们关注创新菜并乐于消费。中餐，尤其是一些小吃类的中餐，不应该局限于生产传统口味，经营者应积极把握市场趋势，大胆创造时尚饮食。

 项目测验

一、判断题

1. 客人在餐厅求尊重的心理体现在希望自己的个性化口味需求得到满足。（ ）
2. 在就餐过程中，客人希望了解菜肴酒水知识，体现了求知心理。（ ）
3. 客人进入餐厅进餐时，最关心的问题就是能否品尝到特色菜品。（ ）
4. 对于餐具的洗涤和消毒实行"四过关"，即一洗、二刷、三冲、四消毒。（ ）
5. 客人点菜时，对于一些需要等候较长时间的菜肴，服务员要告知客人需等候的大致时间，这主要是为了满足客人的求知心理。（ ）

二、单选题

1. 餐厅服务员可以向寻求知识的客人介绍餐厅历史、菜肴典故、经营特色及(　　)。
   A. 用餐须知　　B. 风土人情　　C. 客人反馈　　D. 服务技巧

2. 到餐厅用餐的客人都希望受到尊重，因此，当客人在进餐过程中出现(　　)，服务人员或视而不见，或者避开。
   A. 失误时　　B. 吵架时　　C. 身体不适时　　D. 麻烦时

3. 推荐快餐食品和半成品是针对( )的客人的服务方法。
   A. 性急求快　　　B. 寻求环境优美　　C. 寻求知识　　　D. 品尝风味
4. 研究表明，食品的颜色与人的情绪和食欲存在一定的内在联系，提示我们要( )。
   A. 营造美观的餐厅环境　　　　　B. 树立优雅的服务形象
   C. 打造具有美感的食品　　　　　D. 熟悉餐食的营养搭配
5. 将"糖醋鱼"盛在饰有金鲤跳龙门图案的鱼盘中，会使人感到情趣盎然，食欲大增。这说明在美食与美器的搭配中，( )。
   A. 菜肴掌故与器皿图案要和谐　　B. 菜肴与器皿在空间上要和谐
   C. 菜肴与器皿在形态上要和谐　　D. 菜肴与器皿在色彩纹饰上要和谐

项目实训｜酒店餐厅接待服务策划案

◇ 任务导入

共建"一带一路"倡议提出10周年之际，备受瞩目的第三届"一带一路"国际合作高峰论坛于2023年10月在北京举行。在接待服务保障方面，北京遴选出多家接待酒店，为中外宾客提供住宿、餐饮、交通等服务。为圆满完成高峰论坛服务保障工作，展现"北京服务"风采，各大接待酒店分别成立了专项组织机构，精雕细琢会议接待、宴会服务、餐饮服务等细节，为中外宾客提供了温暖到位、精准高效的专业服务，彰显了大国风范，展现了东道主形象。

◇ 任务要求

一、各学习团队模拟第三届"一带一路"国际合作高峰论坛各接待酒店专项组织机构，设计"酒店餐厅接待服务策划案"
二、"酒店餐厅接待服务策划案"内容要求
1. 服务策略应突出心理性服务功能，满足贵宾在餐厅的心理需求。
2. 服务策略应凸显中华优秀传统文化，提升贵宾在餐厅的心理体验。
3. 服务策略(设施及人员服务策略)不少于15项。
4. 服务策略表述要清晰、简练，字数在50字以内。
三、项目任务成果形式
提交"酒店餐厅接待服务策划案"Word文档。
四、"酒店餐厅接待服务策划案"文档排版要求
1. 版面设计美观，格式规范。
2. 标题：小二号字，宋体，加粗，居中，与正文内容之间空一行。
3. 正文：宋体，小四号字，首行缩进2字符。
4. 纸型：A4纸，单面打印。
5. 页边距：上2.5cm，下2cm，左2.5cm，右2cm。
6. 行距：1.5倍行距。

◇ **任务实施**

一、教学组织

1. 教师向学生阐述项目任务及要求。

2. 由4～5名学生组成一个学习团队,以团队形式完成项目任务。

3. 学习团队通过查阅教材、教师授课资料以及上网查找第三届"一带一路"国际合作高峰论坛接待酒店信息和餐厅服务经典案例,完善项目任务知识。

4. 教师解答学生的相关咨询,监督、指导、检查、评价项目任务的实施。

5. 提交项目任务成果,教师进行成果评定并进行提升性总结。

二、知识运用

1. 餐厅服务心理。

2. 中华民族优秀传统文化。

3. 共建"一带一路"倡议。

4. "一带一路"国际合作高峰论坛。

◇ **任务成果范例**(参见二维码)

模块五

旅游者心理与其他服务

模块背景

　　旅游企业包括旅行社、旅游酒店(饭店)、旅游景点、旅游车船公司、旅游商店等企业。本书在模块二、模块三和模块四中分别阐述了旅行社和旅游酒店(饭店)的服务心理知识,在本模块将详细阐述旅游商品服务、旅游交通服务方面的心理知识,以求更为全面地涵盖旅游企业的服务心理问题,从而提升旅游服务人员全过程的服务能力,丰富旅游者的出游体验。

　　如今,旅游企业间的竞争与其说是产品的竞争,不如说是服务的竞争。旅游产品的生产、销售和消费是在旅游者和旅游服务人员之间同时发生的。在旅游服务人员与旅游者高度接触的服务性旅游企业中,发生"生产事故"的概率要比制造业大得多。旅游者一旦感受到"质量缺陷",极有可能进行投诉,旅游企业必须妥善解决,弥补其损失,只有这样才能赢得旅游者的信赖,进而提高旅游者对本企业的忠诚度。因此,本模块还增加了旅游投诉服务心理的相关内容。

模块结构

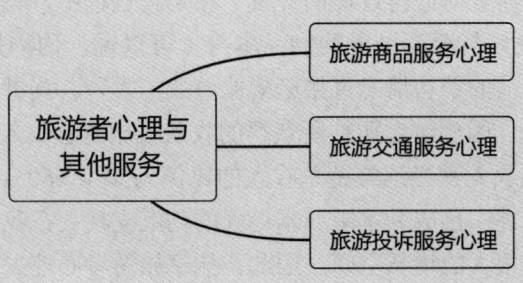

项目一　旅游商品服务心理

项目目标

◇ **知识目标**

1. 掌握旅游者对旅游商品的心理需求。
2. 掌握旅游者对旅游商品服务的心理需求。
3. 理解并掌握旅游商品购买行为特征。
4. 掌握旅游商品开发及销售相关知识。

◇ **能力目标**

1. 能够为旅游者提供符合心理需求的商品服务。
2. 能够运用商品导购技巧，促成旅游商品交易。
3. 能够满足旅游者心理，对旅游商品进行导购和讲解。
4. 能够提出本地旅游商品服务存在的问题及改进措施。

◇ **素质目标**

1. 培养自主学习能力和创新思维能力。
2. 培养团队协作意识和人际沟通能力。
3. 培养责任担当、自律、诚信等优良品质。
4. 热爱家乡，积极推广家乡物产。

项目知识

旅游活动包括食、住、行、游、购、娱6个环节，其中，旅游购物是旅游过程的延伸和物化。旅游者在旅游过程中，一般都要买点纪念品。一方面，能否购买到称心如意的旅游商品，将直接影响旅游者对旅游过程的评价。在购物过程中，与当地人讨价还价，其乐无穷，旅游者获得的快乐甚至超过所购物品本身。可以说，购物是游中和游后的一大乐趣。另一方面，旅游商品的销售情况直接影响旅游业的收入。据世界旅游组织统计，在每年的世界旅游总收入中，因旅游者购物所获得的收入占旅游总收入的30%，而在旅游业发达的国家和地区，此项收入占当地旅游总收入的比例为50%～60%。新加坡、我国香港等地的旅游商品收汇率更高，已成为本国或本地区的创汇支柱。在我国其他地区，目前这一比例还相对较低，具有很大的增长空间。因此，揣摩旅游者心理、提供适宜的商品服务尤为重要。

一、旅游商品心理需求

旅游商品心理需求是指旅游者购物时对旅游商品的数量、质量和品种的购买和消费倾向。旅游商品心理需求是旅游商品市场形成的基础，没有旅游商品心理需求，旅游商品市场便无法存在。旅游者购买某种商品的内部动因是满足个体的某种心理需求，因此，旅游商品生产经营企业应在调查和了解旅游商品心理需求的基础上开展经营活动，针对市场需求开发并生产旅游商品，以实现较好的经济效益和社会效益。旅游商品心理需求具有多样性，概括起来主要有以下几种。

视频在线
课程5-1

旅游商品
心理需求

(一) 求纪念心理

旅游者外出旅游时，总是希望将自己的旅游经历通过旅游商品进行物化。旅游者希望购买旅游地具有民族特色、地方特色及审美价值和纪念价值的旅游商品，并把在旅游地购买的纪念品连同他们在旅行中拍的照片保存起来，留待日后借此回忆难忘的旅行生活。例如，旅游者去北京游玩可能会购买故宫文创产品，去西安游玩可能会购买一些兵马俑复制品，去南京的雨花台游玩可能会购买雨花石，去西藏游玩可能会购买银饰品和藏刀，去云南丽江游玩可能会购买民族手工艺品、木雕等。这些商品作为独特的文化符号，具有一定的纪念意义，能让旅游者在日后回忆起旅行的美好瞬间。

(二) 求馈赠心理

旅游不仅是个人体验，也是一种社交行为。旅游者常常会购买旅游商品作为礼物，送给家人和朋友。例如，云南的鲜花饼、新疆的葡萄干、景德镇的瓷器……这些商品不仅具有地方特色，还能体现旅游者的心意。求馈赠心理反映了旅游者的社交动机和情感表达需求。旅游商品在这里不仅是物品，更是情感的纽带。

(三) 求新奇心理

旅游购物是满足旅游者好奇心的一种方式，是旅游者的旅游目的之一，也是旅游活动成功的标志之一。旅游者在旅游过程中对购物的新异性需求表现为：一方面，旅游者希望体验异地他乡的商品消费方式和环境氛围，从而满足好奇心和对新事物的求知欲。另一方面，那些具有浓郁地方特色和民族特色的新异旅游商品，往往能引起旅游者的注意和兴趣。例如，旅游者在乡村旅游时，喜欢购买竹编、草编、藤编工艺品等。有新异性购买需求的旅游者大部分是城市旅游者和青年，一般经济条件较好，思想比较开放。

(四) 求廉价心理

旅游者在购买旅游商品时，往往会因旅游地的某种商品物美价廉而产生购买需求，这种心理被称为"求廉价"心理。由于运输费用、中间商、关税等因素，相同的商品在不同的国家、地区、城市常常会以不同的价格出售。如果旅游地某种商品的价格明显低于该商品在旅游者居住地的价格，旅游者往往会借旅游之机，在旅游地购买该种商品，以满足求廉价的心理。例如，人们到云南旅游时，往往会购买茶叶、花粉、精油等商品。这些商品旅游地的特产，往往价格相对较低，性价比高。

(五) 求实用心理

在旅游活动中,旅游商品不仅是旅行纪念品,更是旅游者在旅途和日常生活中实际需求的延伸。旅游者在外出旅游时,虽然暂时脱离了日常生活的"第一现实",进入充满新鲜感和探索性的"第二现实",但他们并未完全脱离现实生活的实际需求。因此,为现实生活打算仍然是许多旅游者的正常行为。旅游者在购买旅游商品时,希望商品不仅具有纪念价值或审美价值,而且能在日常生活中发挥实际功能,满足实际使用需求。例如,带有旅游地标志的杯子、盘子、钥匙链、手机支架等商品,既能唤醒旅游者对旅行的美好回忆,又能作为日常用品使用。

求实用的心理需求反映了旅游者的理性消费观念,旅游商品如果能同时具有纪念意义和实际使用功能,不仅能提升旅游者的满意度,还能增加旅游商品的市场竞争力。

二、旅游商品服务心理需求

在旅游活动中,旅游者除了对旅游目的地的商品具有上述几种主要心理需求外,对旅游目的地的旅游商品服务也有一定的需求,具体表现在以下两个方面。

(一) 求知心理

求知心理的特点是旅游者想要通过购物获得某种知识。有些旅游者特别希望售货员和导游员能介绍有关商品特色、制作过程,作品年代、作者的逸闻趣事以及鉴别商品优劣的知识等,有些旅游者还对当场制作或刻制的旅游商品及有关资料说明特别感兴趣。

(二) 求尊重心理

求尊重心理是旅游者在购物过程中的共同需要。这种需要表现在很多方面,如希望售货员能热情回答他们提出的问题;希望售货员任其挑选商品,不怕麻烦;希望售货员彬彬有礼,尊重他们的爱好、习俗、生活习惯等。

案例

多为客人想一想

几位游客来到苏州园林景区的特产店,准备购买丝绸制品。当他们看到丝绸围巾专柜的价格后,觉得有些贵,便商量着去外面看看。这时,店员微笑着走上前,礼貌地提醒他们,外面虽然选择多,但市场上存在不少仿品,建议去正规专卖店或大型商场购买,以免买到假货。

游客们停下脚步,好奇地询问店员挑选围巾的方法,并请她推荐店铺。店员耐心地解释,挑选丝绸围巾时,可以通过"摸、看、闻"三种方法来判断品质。真丝围巾手感柔软顺滑,有轻微凉感;光泽自然柔和,没有刺眼的反光;而且没有刺鼻的化学气味。她还介绍,店内围巾都是100%桑蚕丝制作的,虽然价格稍高,但品质有保障,特别适合作为礼物或自用。店员强调,游客买得放心、用得舒心才是最重要的。

听完店员的介绍,游客们纷纷表示受益匪浅,原来挑选丝绸还有这么多学问。最终,他们爽快地购买了几条围巾,满意地离开了店铺。

分析：在上述案例中，店员面对不购买自己店里商品的游客，并没有表现出不屑一顾，也没有一味地宣传本店商品的优势，而是站在游客的角度，提供了专业的建议和贴心的服务，帮助游客解决了疑问，让他们对丝绸制品有了更深的了解。最终，店员赢得了游客的信任，促成了这笔生意。这说明基于游客心理需要提供的服务，才是最有效的服务。

三、旅游商品购买行为分析

(一) 旅游商品购买行为特征

旅游者在远离居住地的旅游目的地逗留时间短且不熟悉当地的情况，因而其旅游商品购买行为有别于日常商品购买行为，主要表现为以下几个特征。

1. 异地性

旅游是非定居者的旅行和暂时居留引起的现象和关系的总和。旅游购物场所处于旅游目的地或旅行途中，因此，旅游者对旅游商品的便携性要求较高。异地性是购买旅游商品的吸引力所在，但同时异地性也给旅游者带来了诸多不便。例如，旅游者不熟悉当地情况，很容易受导游及当地民众、传播媒体等各方面的诱导造成购买失误，购买失误后又较难退换。

2. 仓促性

由于受行程安排的限制，旅游购物不可避免地具有选购时间短、决策仓促的特征。旅游者在购物过程中，往往容易对那些摆设位置醒目、包装精美、造型独特的旅游商品产生兴趣，并在较短时间内完成购买行为。旅游购买行为的仓促性给旅游者带来诸多负面影响。例如，旅游者来不及对旅游商品仔细鉴别，回到居住地后才发现购买的旅游商品不尽如人意；旅游者被服务人员的热情与耐心所感染，购买了并不需要的旅游商品；旅游者受其他旅游者购买行为的影响，跟随购买了不需要的旅游商品。

3. 随意性

在旅游活动六要素"吃、住、行、游、购、娱"中，"购"属于非基本旅游消费，弹性大、随意性强。旅游者可能有既定的购物意向，也可能没有既定的购物意向。有既定的购物意向者不一定购买到称心如意的旅游商品，没有既定购物意向者可能购买到许多满意的旅游商品。旅游购物可多可少，弹性较大。我国旅游业中旅游购物比重一直较低，旅游购物消费相对于其他旅游要素的消费而言，有较大发展空间。

4. 一次性

旅游商品的购买行为实现条件较为复杂，具有重复性差、一次性的特点。虽然旅游者可能多次前往同一旅游目的地，购买相同的旅游商品，但这种行为的经济成本较高，只适合少数旅游者。购买行为的一次性决定了旅游者往往青睐于购买纪念性强、具有当地特色或知名品牌的旅游商品。

(二) 不同年龄旅游者购买商品行为分析

旅游购物是旅游活动的重要组成部分，不同年龄段的旅游者在购买旅游商品时表现出不同的行为特征和心理需求。了解这些差异，有助于旅游从业者更好地满足旅游者需求，提升旅游者的旅游购物体验。

1. 青年旅游者

青年人通常指18～35岁群体。青年人通常具有较强的消费能力和时尚意识，对新鲜事物充满好奇心，注重个性化和体验感。以下是对青年旅游者购买商品行为的分析。

(1) 注重个性化和新奇性。青年旅游者倾向于购买设计独特、具有文化内涵或科技元素的旅游商品。例如，带有地方特色的创意手工艺品、智能旅游装备(如便携式充电宝、智能翻译机)等。他们更愿意为"独一无二"的商品支付较高价格。

(2) 追求时尚与潮流。青年旅游者对时尚和流行趋势较为敏感，喜欢购买能够体现个人风格的商品。例如，印有当地文化元素的时尚服饰、潮玩、限量版纪念品等。这类商品不仅具有纪念意义，还能在社交平台上分享，满足他们的社交需求。

(3) 注重体验和实用性。青年旅游者更关注商品的实用性和体验感。例如，他们喜欢购买户外运动装备、便携式生活用品等，以满足旅行中的实际需求。他们也愿意购买具有互动性的旅游商品，如DIY手工体验包。

(4) 受社交媒体影响大。青年旅游者的购买决策往往受到社交媒体和网络评价的影响。他们更倾向于参考网络上的推荐和评价，选择热门的旅游商品。

2. 中老年旅游者

中年人通常指35～55岁的群体，老年人通常指55岁以上的群体。中年人一般拥有较高的经济收入，具有购买旅游商品的决策权，且购物范围极为广泛。老年人因身体状况的变化，对于自用的商品在安全、保健、方便、舒适等方面有特殊要求。

总体来看，中老年旅游者具有较强的消费能力和稳定的生活方式，注重商品的品质、实用性和性价比。以下是对中老年旅游者购买商品行为的分析。

(1) 注重品质与实用性。中老年旅游者在购买旅游商品时，更倾向于选择品质优良、实用性强的商品。他们对商品的耐用性和功能性有较高要求，愿意为高品质的商品支付合理价格。例如，购买地方特产时，会选择包装精美、品质上乘的茶叶、干货等；购买手工艺品时，注重工艺的精细和材质的优良。

(2) 偏好传统与文化商品。中老年旅游者对传统文化和历史有浓厚的兴趣，喜欢购买具有地方特色和文化内涵的商品。这些商品不仅具有纪念意义，还能体现他们对传统文化的尊重。例如，景德镇瓷器、苏绣、传统中药材等都是他们经常购买的商品。这些商品既能作为旅行的纪念品，也能作为礼物送给亲友。

(3) 关注健康与养生。健康是中老年旅游者的重要关注点。他们对健康养生类商品有较高的需求，如冬虫夏草、人参、枸杞等中药材，以及具有保健功能的食品和用品。这类商品既能满足他们的健康需求，又能作为礼物送给家人和朋友。

(4) 受口碑与品牌影响大。中老年旅游者的购买决策更多受到口碑和品牌的影响。他们更倾向于选择知名品牌和经过市场验证的商品，对价格相对不那么敏感，但对品质和信誉有较高要求。在购买旅游商品时，他们会参考朋友、家人的推荐，选择信誉良好的商家和品牌。

(5) 注重性价比。尽管中老年旅游者对品质有较高要求，但他们也会关注商品的性价比。他们会仔细比较不同商家的价格和品质，选择物有所值的商品。例如，在购买地方特产时，会优先选择价格合理、品质优良的商品，避免浪费。

四、旅游商品导购服务技巧

旅游者的购物行为是认知、情感、意志活动综合作用的结果。因此，旅游商品应能满足旅游者的需求，商品包装应精美，质量应有保证，而要真正使旅游商品从旅游企业转移到旅游者手中，必须重视旅游商品销售人员的服务技巧。

(一) 了解旅游者的真实动机

光顾商店的旅游者大致有3种类型。

第一类是想要实现既定购买目的的旅游者。这类旅游者要买什么商品，在他们进商店之前就有打算。因此，他们显得比较自信，很少咨询。销售人员接待这类旅游者时，不必过多介绍商品的特点、性能、规格和使用方法，旅游者要什么就拿什么。

第二类是了解行情的旅游者。这类旅游者进入商店以后，会东看看、西瞧瞧，主要是比较一下这里的商品与他们本地的商品在价格、式样等方面有什么差异。如果觉得合算，就可能购买，买与不买常常就在一念之间。销售人员在接待这类旅游者时，可先用"您先看看"的招呼语言，并视其心理状态伺机向其介绍商品的特点；如果旅游者被介绍的商品吸引，再了解旅游者是给自己买还是替别人买，然后进一步了解使用者的年龄、性别、爱好、职业等情况，以负责的态度帮助旅游者做出决定，促使其产生购买行为。

第三类是浏览商品或看热闹的旅游者。这类旅游者大多是为了满足精神需要而来商店逛逛。他们通常边走边谈，偶尔也向销售人员询问某些商品。销售人员接待这类旅游者时，不能采取怠慢、应付的态度，因为眼前的旅游者也许就是明天的购买者。销售人员只有明确旅游者光顾商店的真实动机，才能有针对性地为旅游者提供个性化服务。

(二) 善于接触旅游者

销售人员除了要注意自己的着装和仪容仪表外，还要善于与旅游者沟通。一般来说，旅游者进店后，销售人员应把握好与旅游者打招呼的时机。这是因为，过早接近旅游者并询问，容易使客人产生戒备心理；过迟接近旅游者，则往往会使旅游者觉得销售人员不主动、不热情，容易使旅游者失去购买兴趣。接触旅游者的最佳时机，是在旅游者认知与表现出喜欢商品之间，此时，旅游者通常有以下表现。

(1) 长时间凝视某一种商品。
(2) 一直关注商品，然后抬起头来。
(3) 突然止步盯着某一商品看。
(4) 用手触摸商品。
(5) 像是在寻找什么东西。
(6) 眼光和销售人员的眼光相遇。

销售人员一旦捕捉到上述时机，应马上微笑着向旅游者打招呼。销售人员必须善于察言观色，通过观察旅游者的言行、年龄、穿着、神态表情等外部现象，经过思维分析、比较，作出判断，积极主动地发现旅游者明显的生理特点、情绪、需要和行为特点，有针对性地为旅游者服务。例如，对于目光集中、步子轻快、迅速地直奔某个商品柜台、主动提出购买要求的旅游者，销售人员要主动热情接待，动作要和旅游者"求快速"的心理相呼应，否则旅游者容易不耐烦。又如，对于神色自若、脚步徐缓、无明显购买意图的旅游者，销售人员应让其在轻松的气氛下自由观赏。

(三) 展示商品特征，激发旅游者购买兴趣

接近旅游者后的重要工作就是向旅游者展示商品，让旅游者观看、触摸、嗅闻，目的是使旅游者看清商品特征，产生对商品质量的信任，引起其购买欲望，加快成交速度。

展示商品是一项技术性较强的工作，需要销售人员具有丰富的商品知识和熟练的展示技巧。在展示时，动作要敏捷、稳健，拿递、搬运、摆放、操作示范等动作不可粗鲁、草率，否则会显得销售人员对工作不负责任，对商品不爱惜，对旅游者不尊重。

(四) 热情介绍商品，增进旅游者信任

当旅游者关注某一商品并对商品进行比较、评价的时候，销售人员应适时地介绍商品知识，如名称、种类、价格、特性、产地、厂家、原料、式样、颜色、大小、使用方法、流行性等。所谓适时介绍，就是在分析旅游者心理需求的基础上，有重点地说明商品，以便"投其所好"。事实表明，销售人员积极热情、详细生动地介绍商品，可以激发旅游者的购买欲望，促成购买行为。有时，旅游者不一定要买什么，但由于销售人员的主动热情、多方介绍，使旅游者对商品有了更多的了解，或者因盛情难却而最终达成交易。反之，销售人员若漫不经心，不主动介绍商品，就可能失去达成交易的机会。

案例

有一位外国客人到商店买东西，看中了一件雕刻品，便询问服务员这是由什么原料雕成的。服务员随口答道："石头。"这位客人听后，放下雕刻品就走了。到了另一家商店，他又看到同类雕刻品，服务员不等客人发问，就主动介绍说："这是以青田石为原料雕成的。青田石是浙江特产，具有玉石的特点，是制印章或雕刻的上品。"客人一听，非常高兴，当即购买了一件青田石雕刻工艺品。由此可见，同样的商品，以不同的方式介绍，结果会大不相同。

(五) 抓住时机，促成交易

销售人员在介绍商品的特点后，如果旅游者仍犹豫不决，就要抓住时机，采用增进信任的办法，打消旅游者的顾虑，以促成交易。增进信任的关键在于掌握旅游者的喜好。例如，一位旅游者在商店里选中了一款旅行提包，问道："这好像不是真皮制作的吧？"销售人员答道："这是人造革制作的，价格便宜一半，而且轻便。"旅游者又问："还有没有颜色浅一些的？"销售人员解释道："浅色很容易显脏，这种颜色今年很流行。"于是，旅游者立即付款买下了这款提包。

总之，销售人员在介绍商品时，要根据旅游者的年龄、性别、国籍、职业、语气和购买需要等不同情况，采取不同的方式，语言要详略得当。此外，无论旅游者是否购物，离

柜或离店时，销售人员均应热情告别，并表示欢迎其再来。那种听任旅游者离店的做法，不利于树立商场的良好形象。

五、旅游商品的开发

旅游者对旅游商品的需求与对一般商品的需求既有相似性，又有区别，因此，旅游企业在设计、生产旅游商品时必须考虑这种心理需求上的差异。例如，根据旅游者不同的购买需求，设计、生产的旅游商品要具有纪念性、艺术性、实用性，要有民族特色和地方风格等。

(一) 全力打造有地方特色的旅游商品

总体来看，我国旅游商品最大的缺陷是缺乏地方特色，这是全国旅游行业普遍存在的问题。

一个木桶能够装多少水，往往取决于最短的那块木板的高度。如果说旅游是一个综合性的活动，包含食、住、行、游、购、娱等多种元素，那么，在目前的中国，应该说购物是其中最短的一块木板。因为旅游者普遍反映，我国许多旅游目的地出售的旅游商品都是雷同的。例如，大家去张家界、凤凰山看到的旅游商品，如玉石、手机链等，造型、质地、款式都是相似的；去青岛、大连所见到的旅游商品都是海产品、贝壳类工艺品等，品种完全相同，毫无新意可言。旅游商品的雷同性，使旅游者的购物兴趣锐减，也大大影响了旅游地的经济收入。

我们的当务之急是充分挖掘各地有特色、个性化的旅游商品。因此，视野要更开阔一些，创意要大胆一些。旅游商品的制作，要注意满足人性化的需求。具体来说，一是要将观赏性与实用性相结合。例如，湖南的菊花石因其本身特点，在实用性方面受到限制，但是如果把菊花石做成实用性的笔筒、镇纸，肯定是有市场的。二是要把本地文化特色与纪念性相结合。例如，荷兰的风车模型、新加坡的鱼尾狮雕塑等，都是广受旅游者欢迎的旅游商品。三是要把景区景点特征与纪念性相结合。例如，大连金石滩文博广场的生命奥秘馆出售的人体保健按摩器械和鲨鱼牙挂件，一直是该馆销售最好的旅游商品。

> **拓展阅读**
>
> **旅游购物特色突出5个字**
>
> (1) "小"。这是西方旅游者和大多数旅游者购物的第一注意点。首先，旅游商品应便于携带；其次，旅游商品的"小"一般和精巧连在一起，小巧玲珑，才能引起旅游者的喜爱。
>
> (2) "土"。旅游商品有地方特色、民族特色、原始味道，能引起旅游者对往昔生活的回忆。
>
> (3) "巧"。巧是指物品的构思是否巧妙、独特，是否有"创新"意识而不落俗套，是否让人一看就会产生一番惊喜的感觉。
>
> (4) "异"。旅游商品是他乡产品，平时很少见到，应能反映当地制作者的文化内涵和独特的价值观。
>
> (5) "纪"。"纪"是指纪念性，多年以后再见此物，应能使旅游者想起当年旅游时的状况。

(二) 注重旅游商品包装设计

俗话说"人靠衣装马靠鞍",旅游商品的包装犹如人的衣着打扮,对旅游者具有强烈的刺激作用。因为旅游者在购买商品时,首先看到的是外部包装,而不是商品本身。

过去,人们对包装重要性的认识仅仅停留在防止商品损失、散失,方便商品储存或销售等实用功能方面。今天,随着市场竞争的日益激烈,自动售货方式的出现,消费者生活习惯的变化,以及包装新工艺、新材料的应用和包装技术水平的提高,包装变成了美化商品、宣传商品和推销商品的必要手段。尽管审美观点不同,但爱美是人的天性,特别是对旅游者来说,他们尤其喜爱美观而富有艺术特色的商品包装。常言道"三分长相,七分打扮",强调的正是外部特征对于人们的重要性,这个道理同样适用于商品消费。商品美化所依靠的就是商品本身的包装与装潢。

在购物环境中,旅游者面对没有消费经验的商品并形成对该商品的印象,主要是通过商品包装来完成的。因此,商品包装形象的美观程度与包装的质量,在购物环境中会直接影响旅游者购买决策,精美的包装无疑会为商品的推销起到"无言的推销员"的作用。对一件好的商品来说,好的包装会使这件商品锦上添花;而对质量和功能等方面都很普通的商品来说,好的包装会起到美化商品形象的作用。例如,在香水行业,人们就认为"设计精美的香水瓶是香水最佳的推销员"。对旅游商品来说,包装除了要具有保护商品,使商品不易散失、污损或破坏等物理功能外,还应注意以下几个方面。

1. 独特易识

旅游者在旅游过程中,用于购物的时间相对较少,所以,只有包装独特的商品才能在短时间内引起旅游者的注意,并刺激旅游者的购买欲望。因此,对于一些旅游商品,可以通过独特的商标、形状、色彩、材质等树立品牌,体现当地的传统文化、自然风光和建筑特色等,并附以文字说明产品的用途、用法、产地、特性、储存方法等,以符合人们的消费习惯,便于旅游者在短时间内区别、选购。

2. 讲求审美

旅游本身是一种寻求美、欣赏美的活动。在旅游购物活动中,旅游者对美的追求特别强烈。好的包装不仅能起到保护商品的作用,而且具有美化商品、宣传商品、推销商品的功能。为此,旅游商品的设计者在商品包装方面要充分利用美学原理美化商品,提高商品的外观档次。通过增强视觉效果,给旅游者以文化熏陶和美的享受,从而吸引旅游者的眼球,将其潜在的购买心态变成现实的购买行动。

3. 方便适用

旅游活动是一种异地活动,旅游商品包装应适应旅游生活流动性的特点。因此,旅游商品包装设计应遵循科学、合理、轻便、安全的原则,与商品特性相适应,以保护商品质量完好、数量完整,方便旅游者携带以及长途运输和储存。

4. 经济环保

随着"绿色经济""循环经济"的观念深入人心,人们越来越重视旅游景区的污染问题。其中,商品包装也是影响环境质量的重要因素。例如,众所周知的旅游景区白色污染问题就是商品包装对旅游景区造成环境污染的典型代表。具有环保意识的旅游者，会通过旅游商品的包装是否环保来判断生产厂家是否遵守国家法律，其行为是否有利于人类社会的发展，其产品质量是否合格等，并最终决定是否购买该厂家生产的产品。因此，好的商品包装设计应在保证商品质量的同时，注重环保问题，而且应注意降低造价，做到经济适用，切忌过度包装。

六、旅游商品的销售

(一) 旅游商品的陈列

要使旅游商品成为旅游者的购买对象，首先要引起旅游者的注意，而商品的陈列形式是引起旅游者注意的重要因素。因此，销售服务人员在陈列商品时对如何排列、突出什么、用什么作陪衬等都要统筹规划，做到和谐统一，并运用美学的基本原理，配以灯光、色彩、布景道具、文字说明等装饰手段，努力营造销售空间特有的风格和气氛，以引起旅游者的兴趣与注意。

1. 合理摆放商品，提高感知度

为了方便旅游者尽快购买到称心如意的商品，旅游商品的陈列应充分考虑到旅游者的购买习惯。商品的陈列应层次分明、搭配合理，以促进销售；同类商品要相对集中，以便突出醒目，方便旅游者容易发现商品并挑选；应把促销商品摆在货架外部显眼处，把非促销商品摆在货架后部不显眼的地方；陈列商品的货架高度应与旅游者的视角、视线和距离相适应。

2. 精心布置商品，刺激旅游者的随机购买心理

俗话说"爱屋及乌"，旅游商品销售人员应当精心布置商品，巧妙地运用光线和色彩来营造气氛。当旅游者被商品所营造的艺术气氛打动时，会产生积极的联想，其潜在需要就会被激发出来，从而产生对旅游商品的购买欲望。例如，对于有色商品往往配以无色背景，在对比的作用下，以鲜艳夺目的色块先把旅游者吸引过来，再使其注意商品的细节。这样，在保持商品独立美感的前提下，通过艺术造型、巧妙布局，将待售商品布置在主题环境或特定背景中，可达到整体美的艺术效果，从而唤醒旅游者的知觉，促使其作出积极购买的决策。

(二) 旅游商品的定价

旅游购物行为的实现条件较为复杂，重复性差，具有一次性的特点。因此，许多商家往往抱着"一锤子买卖"的心理来销售商品。主要表现为：价格虚高，甚至出现某些旅游商品的价格高出客源地的现象；以次充好、以假乱真，坑骗旅游者的现象更是屡有发生；旅游定点商店和景区、景点周边的小商贩出售的旅游商品的价格往往超过大型综合性商场价格的1～3倍；等等。这些现象极大地损害了旅游者的利益，导致多数旅游者的购物热情受到打压。鉴于这种价格乱象，旅游、价格监管部门应加大整治及管理力度，从根本上遏制旅游商品定价的随意性和欺诈性。

1. 旅游商品定价须上报物价部门审批

旅游商品的定价须上报当地物价部门审批，相关部门应监督价格审批制度的实行，严查随意定价、调价现象。

2. 统一不同销售场所的旅游商品价格

我国旅游城市的旅游商品价格缺乏统一性，常常出现一物多价的现象，且价格差距较大。一般表现为，景区、景点，交通口岸出售的旅游商品价格普遍虚高，大型商场、超市出售的旅游商品的价格相对合理。

价格监管部门应对旅游商品的出售价格提出指导性意见，制定明确的监管措施。在这一方面，欧美等国家的旅游商品价格的透明性是值得我们借鉴与学习的。

(三) 旅游商品的促销

促销(promotion)是指企业利用各种有效的方法和手段，使消费者了解和注意企业的产品，激发消费者的购买欲望，并促使其实现最终的购买行为。

1. 节庆、纪念日优惠

节庆、纪念日是旅游高峰期，旅游商品销售企业应抓住这一大好时机，让利于旅游者，使更多的潜在旅游商品购买者转化为实际的旅游商品购买者。

2. 旅游团队独享折扣

在我国现阶段，团队旅游仍是人们外出旅游的主要方式，团队的购买力直接影响旅游目的地的旅游收入。旅游商品销售企业可抓住团队人员多、从众心理较强的特点，开展团队购买价格优惠活动，可吸引更多旅游者参与购买。

3. 展览和联合展销式促销

展览和联合展销式促销是指在促销时，商家可以邀请多家同类商品厂家在特定场所共同举办商品展销会，形成一定声势和规模，让旅游者有更多的选择机会。例如，旅游目的地的旅游局会同有关部门，定期举办一些旅游商品展销会等，以促进旅游商品的销售与购买。

(四) 旅游商品的销售方式

1. 实行专卖

实行专卖是指景区、景点只卖自己独有的东西，那些最能体现景区、景点特征的旅游纪念品，既不允许流出旅游区销售，也不允许仿制品、复制品在景区、景点内销售，以促使各景区、景点的纪念品形成强烈的对比和鲜明的特色。

2. "前店后厂"式经营

不论是马来西亚的手表免税店和锡器加工厂，还是泰国的珠宝加工中心，基本都采用"前店后厂"式经营。旅游者在购买手表、锡器、珠宝时，可直接到生产地点参观、了解制作工艺及流程等，相关人员会详细介绍如何选购锡器和手表、如何鉴别珠宝等，旅游者不仅购买到心仪的商品，还能学到相关的知识。

我国的许多旅游购物点应进一步完善"前店后厂"式的旅游商品销售方式。例如，山东青岛的京华饰品、贝雕工艺、崂山茶等购物点就成功地进行了"前店后厂"式的尝试。

3. 旅游者参与性经营

旅游者参与性经营是指在旅游风景区或景点建设一些集设计、制造、生产和销售于一体的旅游纪念品中心，将纪念品制成半成品，留下易完成的工序由旅游者参与制作，有意识地让旅游者留下自己的制作印记后再出售。

4. 实行出售标记制度

实行出售标记制度是指由出售人应旅游者要求，在出售现场加注该旅游区特有的出售标记或由出售者签字等。例如，我国傣族旅游区在出售石刻拓片时，会加盖文物管理部门公章；少林寺出售佛珠及饰品时，寺内的僧人会当场开光等。

(五) 旅游商品的销售渠道

1. 大型商场参与旅游商品销售

摒弃只有旅游部门才能销售旅游商品的传统观念，利用商场分布面广、交通便利、商品集中和可选择余地大等优势，自营或引入景点、景区企业进店，为旅游者购物提供更方便的服务。

2. 发展商业连锁式经营

在旅游景点、景区发展商业连锁式经营，方便、快捷地为旅游者提供物美价廉的旅游商品。

3. 摒弃"小而散"的销售方式

旅游商品销售要摒弃小而散的方式，结合城区商业网点进行规划，筹划旅游商品交易市场或旅游商品一条街。

4. 多人员推销

销售旅游商品时，应大力依靠旅游企业相关工作人员。例如，东南亚一些国家的旅游企业就经常依靠导游、司机、空姐等工作人员销售旅游商品。有的导游人员、司机与旅游者相处得十分融洽，出于对他们的感谢，旅游者往往会选择购买；有的旅游者在旅游地无暇购买，会利用空中旅行的空闲时间选购旅游商品，既满足了购物需求又使漫长的空中旅行变得不再单调无聊。

(六) 旅游商品的售后服务

目前，我国旅游商品售后服务普及率较低，大多数旅游商品销售企业将旅游商品售出后就与购买者脱离关系，不再关心旅游商品购买者的购后行为，甚至对已出售的问题商品也不予承认。这一现状使旅游者普遍意识到购买旅游商品的潜在风险，从而放弃购买价格较高的旅游商品，大大降低了旅游商品的销售利润。针对这种情况，可采取以下措施。

1. 建立完善的旅游商品售后服务体系

针对旅游商品的售后服务制定标准的服务流程，使旅游者在购买旅游商品前就明确自已购买的旅游商品可以获得哪些服务和保障，以免后顾之忧。例如，我国香港就出台了入港游客旅游商品售后服务细则，受到普遍欢迎。

2.旅游商品售后服务人性化

旅游商品的售后服务不能只停留在对已售出的旅游商品可能存在的质量问题进行承诺的层面上，更应该让旅游者实实在在地感受到旅游商品售后服务具体细节的人性化、情感化。例如，提高旅游商品的便携性，代办旅游商品托运等。

 项目测验

一、单选题

1.我国港澳台同胞来云南、西藏等地旅游时，喜欢购买云南白药、六神丸、冬虫夏草等中成药和中药材，反映出(　　)的购物心理需求。

　　A.求纪念　　B.求新异　　C.求知　　D.求实用

2.俗语说"三分长相，七分打扮"，因此，在旅游商品销售中要注重(　　)。

　　A.包装　　B.陈列　　C.定价　　D.促销

3.目前，在旅游六要素中，(　　)是我国旅游服务行业的短板。

　　A.吃　　B.住　　C.购　　D.游

4.将纪念品制成半成品，留下易完成的工序由旅游者制作，让旅游者留下自己的制作印记后再出售，这种销售方式属于(　　)。

　　A.实行专卖　　　　　　　　B."前店后厂"式经营
　　C.旅游者参与性经营　　　　D.实行出售标记制度

5.旅游商品购买行为的(　　)特征，对旅游商品的便携性要求较高。

　　A.仓促性　　B.一次性　　C.异地性　　D.随意性

二、多选题

1.旅游者对商品需求具有多样性，概括起来主要有(　　)。

　　A.求纪念　　B.求馈赠　　C.求尊重
　　D.求廉价　　E.求实用

2.旅游商品购买行为特征包括(　　)。

　　A.异地性　　B.仓促性　　C.重复性　　D.随意性

3.服务人员接触旅游者的最佳时机为(　　)。

　　A.旅游者长时间凝视某一种商品时　　B.旅游者刚进店时
　　C.旅游者突然止步盯着某一商品时　　D.旅游者像在寻找什么东西时

4.旅游者光顾商店的主要目的是(　　)。

　　A.实现既定购买目的　　　　B.了解行情
　　C.满足精神需要　　　　　　D.感受购物乐趣

5.旅游商品的主要销售方式有(　　)。

　　A.实行专卖　　　　　　　　B."前店后厂"式经营
　　C.游客参与性经营　　　　　D.实行出售标记制度

项目实训 | 大连海产品导购技巧

◇ **任务导入**

夏之河国际旅行社的导游员小张最近接到一项地陪任务。凭借多年的带团经验，她在了解旅游团成员情况后，敏锐地意识到该团有较大的旅游商品消费潜力和需求，于是决定重点推荐大连海产品。如果你是小张，你会如何在带团过程中满足旅游者的购物心理需求，做好大连海产品的导购服务，让旅游者购买到称心如意的大连海产品？请谈谈你的导购技巧。

◇ **任务要求**

一、编写一份"大连海产品导购技巧"

二、"大连海产品导购技巧"内容要求

(一) 列举大连(辽宁)海产品

(二) 大连(辽宁)海产品导购服务技巧

1. 基于旅游商品服务心理相关理论，提出各种服务技巧。

2. 服务技巧内容具体、全面，能够紧密结合旅游团队性质。

3. 旅游商品导购技巧应具有创新性。

4. 具体导购服务技巧不少于15项。

三、项目任务成果形式

提交"大连海产品导购技巧"Word文档。

四、"大连海产品导购技巧"文档排版要求

1. 版面设计美观，格式规范。

2. 标题：小二号字，宋体，加粗，居中，与正文内容之间空一行。

3. 一级标题：四号字，宋体，加粗，首行缩进2字符。

4. 二级标题：小四号字，宋体，加粗，首行缩进2字符。

5. 正文：宋体，小四号字，首行缩进2字符。

6. 纸型：A4纸，单面打印。

7. 页边距：上2.5cm，下2cm，左2.5cm，右2cm。

8. 行距：1.5倍行距。

◇ **任务实施**

一、教学组织

1. 教师向学生阐述项目任务及要求。

2. 由4～5名学生组成一个学习团队，以团队形式完成项目任务。

3. 学习团队通过查阅网络相关资料及教师授课内容，完善项目任务知识。

4. 教师解答学生的相关咨询，监督、指导、检查、评价项目任务的实施。

5. 提交项目任务成果，教师进行成果评定并进行提升性总结。

二、知识运用

1. 旅游商品服务心理。
2. 旅游购买决策。

◇ 任务成果范例(参见二维码)

项目二 旅游交通服务心理

项目目标

◇ 知识目标
1. 理解并掌握距离知觉与旅游行为之间的关系。
2. 掌握旅游者的时间知觉特点。
3. 掌握旅游者对各种交通方式(汽车、火车、飞机、轮船)的主要心理需求。

◇ 能力目标
1. 能够分析特定旅游者选择近距离与远距离旅游的内在原因。
2. 能够找出某一具体旅游线路产品在时间安排方面的不足之处。
3. 能够设计出满足目标群体交通心理需求的旅游交通服务方案。

◇ 素质目标
1. 提高交通安全的敏感度和警觉性。
2. 培养绿色出行、环境保护的意识和责任感。
3. 培养时间管理能力和效率观念。
4. 培养服务意识和职业素养。
5. 提高旅游交通风险的识别和应对能力。

项目知识

一、旅游条件知觉

对旅游者而言,旅游地的距离、旅游活动时间安排、旅游交通工具、旅游目的地等都是旅游活动的构成要素。旅游者对上述旅游条件的知觉,是旅游者做出旅游决策、产生相应的旅游行为并对旅游服务做出评价的前提条件。

(一) 旅游者对空间距离的知觉

旅游是在时间和空间双重因素的影响下产生的行为。旅游既能用时间衡量,也能用距离计算。在实际生活中,人们习惯于用时间来衡量距离。旅游者对旅游距离的知觉,将对其旅游态度和行为产生深刻的影响。不同个性的旅游者对距离的知觉可能完全不相同,因此其出游行为也会有所差异。例如,有一个家庭计划从沈阳出发自驾车去大连春游,虽然全家都知道一路上大约需要5小时的时间，但这一家庭中的每个成员对这5小时距离的知觉并不相同。父亲经常出差，因此5小时的路程对他来说可以算得上"小菜一碟"；母亲虽然没有这么多的旅行机会，但对于5小时的路程咬咬牙也能坚持下来；孩子可就完全不同了，他也许会因为等待时间太长而游兴全无。这就是不同个性的旅游者对于相同旅游距离的不同知觉而产生的旅游者态度和行为上的差异。对旅游距离的知觉是影响旅游者做出旅游决策的重要条件，它对旅游者会产生不同的作用，因此，如何发挥旅游距离知觉的积极作用、抑制它的消极作用，既是旅游目的地关注的问题，也是旅游心理学研究的对象。

1. 旅游距离知觉对旅游行为的阻止作用和威胁作用

旅游是需要花费时间和金钱的消费行为。为了获得丰富的旅游体验，旅游者还需要在其他方面付出相应的代价，例如精力上、体力上和感情上的代价。

从理论上来说，代价的大小与旅游距离的远近成正比。旅游的距离越远，旅游者付出的各种代价就越大。这些代价往往会使一部分旅游者产生畏惧心理，从而在很大程度上影响旅游行为的产生和发展。旅游者如果不能从旅游中得到足以补偿这些代价的收获，就不会下决心到距离较远的地方去旅游。这便是我们所说的旅游距离知觉对于旅游行为的阻止作用和威胁作用。

2. 旅游距离知觉对旅游行为的促进作用和激励作用

事物具有两面性。一方面，距离在很大程度上阻止和威胁旅游行为的产生和发展；另一方面，远距离的目的地具有一定的神秘感，在无形中产生一种特殊的吸引力。此外，从心理学的角度看，远距离会使人产生一种朦胧感，产生一种"距离美"，给人以更广阔的想象空间。正是这种吸引力、神秘感、"距离美"，吸引着众多旅游者舍近求远，到陌生、遥远的地方旅游。这就是距离对旅游行为的促进作用和激励作用。

距离遥远能够促进旅游行为的产生，尤其在以观光为目的的旅游中，距离的促进作用最大。运用这一原理能够解释人们的某些旅游行为。例如，在经济条件许可的情况下，美国旅游者选择去塔希提岛度假比选择去夏威夷度假的可能性更大。虽然旅游者在两个海岛上都可以参加基本相同的活动，获得同样的乐趣，但是，塔希提岛远得多，它因为距离远而产生了更大的吸引力。

又如，我国西部地区相对于沿海高出游率地区来说，总体区位较偏远，这是其发展旅游业的不利一面；但同时，距离产生美感和吸引力，如果改善交通、宣传得当，反而能促进旅游行为的产生。

总而言之，距离知觉对人们的旅游行为既有阻止和威胁作用，又有促进和激励作用。但是，距离知觉到底发挥怎样的作用以及影响的程度如何，则因旅游者的旅游经验、旅游条件以及旅游目的而异。

对旅游接待地来说，要降低距离的阻止作用、强化它的激励作用，首先，要为旅游市场提供高质量的旅游产品和服务，注意产品周期，不断创新产品；其次，做好市场细分，抓住邻近地区的客源，同时吸引远距离的旅游者，从而占领客源市场；最后，必须高度重视旅游宣传，塑造良好的旅游形象，引导旅游者做出旅游决策。只有多管齐下，才能使距离知觉的激励作用达到最大化、阻止作用达到最小化，从而强化旅游产品和服务的吸引力。

拓展阅读

距离的阻止作用

距离对旅游行为有显著的阻止作用，主要体现在时间成本、经济成本和心理压力等方面。

从时间成本来看，旅游目的地距离越远，旅游者越需要花费更多的时间做出旅游决策和旅游规划，同时需要集中假期，这可能导致旅游者延迟甚至放弃旅游。

从经济成本来看，相较于近距离旅游，远距离旅游的交通成本更高，从而增加旅游费用，这也会影响旅游者出游。

从心理层面来看，远距离旅行可能引发旅游者的不确定性和焦虑感，尤其是对老年旅游者或风险敏感人群来说，这种心理压力会削弱其旅游动机，降低其出游意愿。

(二) 旅游者对旅游时间的知觉

旅游者的时间知觉是其通过某种媒介对客观现象的延续性和顺序性的反映。其中，媒介可以是自然界的周期现象，也可以是机体的生理状态，例如人体的生物钟。视觉、听觉和触觉等感觉都参与了时间知觉，其发展受到个体的活动内容、情绪状态和态度等的影响。时间知觉也是人对客观世界的主观印象，它主要受两方面主观因素的影响：活动的内容，旅游者的情绪和态度。了解旅游者在旅行过程中的时间知觉是非常重要的，它主要有以下几个特点。

1. 有节奏

"文武之道，一张一弛。"节奏，是大自然的根本规律之一，也是人类活动的时间规律之一。旅游者在旅游活动中要有节奏，具体来说三句话，即"有张有弛、先张后弛、路张的弛"。"有张有弛"是指旅游活动要张弛结合、劳逸相宜，不能过分紧张，当然也不能过分松弛。"先张后弛"是指在旅游活动的全过程中，在起始阶段，因为旅游者体力旺盛、精力充沛、求知欲望强，活动可安排得紧张一点；在结束阶段，旅游者身体疲劳，活动宜安排得松弛一点。"路张的弛"将在下文中解释。

2. 旅宜速

旅行行程安排要紧张，即"路张"。旅行要快，即要用较短的时间完成居住地与目的地之间的往返行程。旅游者外出旅游，总要设法缩短枯燥的途中时间，选用最高效、迅捷的交通工具来节省时间。因为旅游者的旅游时间是固定不变的，缩短在途时间意味着延长在旅游目的地逗留的时间。旅，只是条件；游，才是目的。绝大部分旅游活动的目的地是旅游景点，旅游者都希望有充足的时间观光游览，而在交通工具上的旅行是实现这一目的的途径与方式。同时，由于交通工具的空间限制会给人带来生理的疲惫与心理的单调枯燥感，为了减轻这种不良感觉，导游常在旅途中安排一些有趣的活动，做一些让旅游者感兴趣的讲解，或以唱歌、做游戏等方式来消磨时间。但是，旅游者对旅游时间的知觉也因旅游动机而异，例如徒步旅行者更愿意把较多的时间消耗在旅行途中，以更好地了解当地的风土人情。

3. 游宜慢

游览要舒缓，即"的弛"。在旅游目的地逗留的时间要充足，活动安排要松弛，能够保证旅游者尽兴地观赏游玩、从容地品评体味。游览景点是旅游的目的，而在游览时保持安逸轻松的心情，才能领略山川大海、风景名胜、历史古迹的美景，若是走马观花，不能从深处领略美的内涵，则不能尽兴开怀。旅游者希望有足够的时间在旅游地停留，有丰富的活动供自己体验；旅游供给方也应尽量在食、住、行、游、购、娱等方面，为旅游者提供尽善尽美的服务，变单调的观光产品为集观光、休闲、参与、度假等产品并举的多元化产品，从而尽量延长旅游者在旅游目的地的滞留时间，使旅游者流连忘返。

4. 要准时

活动要准时，要兑现事先承诺的服务时间，包括限时、守时、准时。例如，交通工具准时出发、准点到达，各种服务规范要有时间制约。在保证安全的前提下，交通工具能否准时就显得非常重要。因为准时能保证旅游者按照计划去安排时间和活动，在旅行中一旦因为各种原因导致误时、误事，就会打乱旅游者的心理平衡，引起他们的反感和强烈不安，甚至要求旅游供给方赔偿其损失。

5. 可调控

时间，不仅指物理时间、社会时间，还包括心理时间。旅游者的时间知觉是旅游者对时间这种客观事物的主观印象。人的时间知觉是相对的，心理时间是可以调控的，影响时间知觉的因素有如下3点。

(1) 活动内容。旅游活动内容丰富多彩，旅游者心情愉快，就会觉得时间过得很快；相反，旅游活动贫乏寡味，旅游者就会心情落寞，觉得时间过得很慢。

(2) 情绪、态度。如旅游者态度积极、情绪盎然，会对时间"短估"，感到时间过得快；相反，如旅游者态度消极、情绪索然，会对时间"长估"，感到时间过得慢。

(3) 期待。人在等待时，会感觉时间过得慢；等待对象来到后，则会感觉时间过得快。

拓展阅读

"慢游"受宠

所谓慢游(slow travel)是指反对乘坐飞机等快速交通工具的旅游，它比较重视游的过程，认为"旅游过程和旅游目的地同样重要"。旅游先锋派人士西姆斯(Sims)认为，"就像慢食运动拒绝标准化、规格化的汉堡类食品，鼓励人们即使在最忙的时候也毋忘本国的美食，并以更缓和的步调去培植、去烹调、去食用一样，慢游鼓励人们进行深思熟虑的旅游"。慢游不仅意味着选择火车、轮船、自行车乃至步行等环境友好型的方式旅行，更呼吁旅游者在旅游过程中探寻旅游的本真，进而实现旅游本质的精神回归。对慢游者而言，旅游不再是购买一些纪念品、拍几张照片，而是要带回来一个故事。

(三) 旅游者对旅游交通的知觉

旅游交通知觉主要表现为人们在旅游活动中对各类旅游交通工具的选择以及由此选择而引发的旅游者对旅游交通的态度、观念、思想、情感等因素的综合。

旅游者对于旅游交通工具的选择和知觉，主要在飞机、旅游列车、旅游出租汽车和游船之间进行。无论是飞机、旅游列车，还是旅游出租汽车、游船，作为旅游交通工具，其本身并不存在所谓的优劣之分，而是以各自不同的特点，满足不同层次和不同偏好的旅游者的需要。旅游者的交通知觉有其特殊性和普遍性之分。例如，在同时有多种旅游交通工具可供选择的情况下，追求效率的旅游者会选择乘坐飞机；喜欢湖光山色的旅游者会选择乘坐游船；一些节俭和讲究实惠的旅游者会选择乘坐火车或汽车，这是旅游交通知觉的特殊性。旅游者交通知觉的普遍性大体与启程时间、是否按时抵达、途中花费时间、中途停留次数、舒适与安全、服务态度等因素有紧密联系。总体来看，时间价值和安全性是旅游交通知觉中两个较为重要的因素，对旅游者态度和行为的影响最大。

1. 影响旅游者交通知觉的因素

旅游者的交通知觉与其在出游地和目的地之间的交通位移中的心理需求有很大的关系。直接影响旅游者知觉印象的因素有乘车是否安全、交通工具出发和到达是否准时、登机(火车、汽车)手续是否方便等。另外，交通工具座椅的舒适性，减震装置的性能，视听系统的效果，是否配有导游员，导游员能否提供优质服务等，也会对旅游者的交通知觉产生重大影响。

1) 旅游交通的安全程度

安全需求是旅游者首要关心的因素，包括人身安全和物品安全。为保证旅行安全，旅游者通常会事先通过各种渠道了解和考察旅游目的地的自然环境状况、社会治安情况和运输安全情况等，然后做出是否旅行的决定。旅游者对旅游交通安全的需求主要体现在以下两个方面。

(1) 办理相关手续要便利。安全与便利是分不开的，便利的手续在省心、省力、省时的同时也意味着旅游者的人身和财产安全更有保障。便利性具体表现为购票、进出站、上下车(飞机、轮船等)以及中转等方面的便捷性和通畅性，要求尽量减少旅行中间环节。

(2) 确保旅途平安。根据马斯洛的需求层次理论，人对安全的需要仅次于对生理需要。外出旅游是人生的乐事，每个人都希望能平平安安、快快乐乐地度过这段有意义的时光，旅途平安对于旅游者来说尤为重要。

2) 旅游交通的时间效率

为保证旅游者有更多的时间游览，组织者应该尽力缩短旅行时间，快速到达目的地，以节约时间、减轻旅行疲劳感。为提高旅游交通的时间效率，应做好以下方面。

(1) 交通工具要准时出发、准时到达。旅游者在旅行时都希望交通工具能准时启程、准时到达旅游目的地、准时返回居住地。因此，旅游交通部门应确保交通工具的正点运行，如果遭遇特殊情况，例如恶劣天气、空中管制等，应做好预报和事发时的解释工作。

(2) 旅游交通速度要适宜。在旅游者完成旅游位移的过程中要做到"行宜速""游宜慢"。"行宜速"即用较短的时间完成从甲地到乙地的旅程。现代社会生活节奏较快，人们的闲暇时间有限，为了确保旅游者在有限的时间内完成计划内的所有项目，应设法缩短无意义的活动占用的时间和空间距离，以免浪费旅游者的时间与精力。旅游者对旅游景点往往充满了美好的幻想，总是迫不及待地想到旅游景点一饱眼福。也正因如此，旅游者总要设法缩短枯燥的旅行时间，采用最高效、迅捷的交通工具。

> **拓展阅读**
>
> ### 纵横山海，快旅慢游
>
> 哈大高铁开通为东北旅游业注入新活力。这条纵贯东北三省的高速铁路，使得沈阳市民只需花费90分钟即可抵达大连，2小时直达哈尔滨，其耗时与市区公交出行相仿。时空距离的革命性压缩，不仅将传统两日游升级为"当日往返"的轻旅行模式，更重塑了区域旅游格局。
>
> 某旅行社负责人指出，高铁网络显著提升了旅游舒适度与行程灵活性。旅客无须忍受长途颠簸，即可实现"朝赏松花江雾凇，午观星海湾鸥影"的跨省际体验。基于此，旅游市场涌现出"高铁+"创新产品。例如，串联大连滨海风情与长白山原始森林的"山海专列"，配备全景车窗的观景车厢让旅客尽享"移动风景画廊"。

3) 旅游交通的舒适程度

旅途中是否有高质量、高规格的交通服务设施，以及文明礼貌、热情周到、人性化的服务，将直接影响旅游者对旅途的知觉感应。舒适的交通服务可以缓解身心疲惫，改善旅游者的情绪，提高旅游者的兴致。随着经济的发展、人们生活水平的提高，旅游者对旅行舒适性的要求越来越高，对乘车环境、文化娱乐、饮食、休息等方面的要求也相应提高。旅游者都希望在旅途中能享受到舒适的环境和优质的服务，这是对旅游交通的硬件和软件提出的高标准要求，也是今后我国旅游交通业重点努力的方向。

目前，随着我国铁路的全面提速，时速超过200千米的动车越来越受到旅游者的欢迎。一些动车车厢内配置舒适的航空式座椅、新型通风换气系统、多媒体影视系统、真空集便卫生系统等，为广大旅游者提供了宽敞、舒适、明亮的乘车环境，提升了旅游者的旅途体验。

2. 旅游者对不同交通工具的知觉

1) 旅游者对飞机的知觉

飞机具有飞行速度快、节省时间、航程远、乘坐舒适、灵活性强、安全系数高、服务质量好等特点，是一种广泛用于远距离旅游特别是国际旅游的旅游交通方式。目前，旅游包机是旅游旺季时用来补充班机运力不足的一种临时交通方式，对解决旺季旅游者滞留问题起到了重要作用。此外，适用近距离旅游的直升机以及飞艇等既可作为交通工具，也可作为一种旅游吸引物。

随着航空事业的发展，飞机以其快速、方便、舒适的优势对旅游者的吸引力越来越强，特别是在飞机的安全性能得到可靠的保证以后，它已成为旅游者(尤其适合长途旅行)理想的、主要的交通工具。

乘坐飞机旅行能给旅游者带来一种美好的享受。在马达轰鸣、飞机一跃而起、直冲云霄的时刻，旅游者会因为即将脱离日常生活的束缚、感受新的体验而产生激动的感觉。随着飞机进入巡航阶段，旅游者会感觉到心神舒展，行为自由。由于好奇心的驱使，旅游者常常透过机窗看翻滚的云海，鸟瞰大地、高山、城镇、河流、田野等，饱览一番与地面所视不同的景象。乘务员的热情服务，美味的空中食品，机舱内幽雅清洁、温暖舒适的环境，都会增添旅途的情趣，消除旅游者生理上和心理上的疲劳，旅游者会产生舒适、愉悦的情绪体验。但由于飞机是在空中飞行的，旅游者也可能会产生不同程度的紧张感与忧虑感。

旅游者对飞机的知觉印象主要与以下因素有关。

(1) 起飞时间。旅游者重视时间价值，会考虑飞机起飞和到达的时间是否符合自己的行程安排，以便充分利用时间，顺利完成旅游计划，获得预期的旅游享受。

(2) 中途着陆次数的多少。旅游者通常会优先选择直达航班，因为中途着陆次数多的航班可能延误飞行时间，耽误行程，而且飞机事故发生频率最高的时段就是起飞和降落阶段，着陆次数多会增加旅途的危险性。

(3) 机上服务的好坏。一般来说，旅游者倾向于选择那些乘务员友好、热情的航班。

(4) 其他因素。飞机机型新旧、驾驶员的技术水平高低以及机上休息娱乐条件等的好坏，都会影响旅游者对航班的选择。

从上述4个因素可以看出，时间价值对旅游者来说是非常重要的，比机型和娱乐条件等因素更为重要。旅游者希望飞机准时起飞，按时抵达，更喜欢直达航班。另外，乘务员的态度也相当重要。相互竞争的航空公司除了航班时间不同，很难再找出它们的区别，因此服务质量非常重要，航空公司应竭力为乘客提供最好的服务。

2) 旅游者对火车的知觉

铁路运输具有运力大、价格低、安全、准时、环境污染少、不易堵塞、事故发生率低、能源消耗少、乘坐平稳等特点，长期以来一直是国内旅游者进行较远距离旅游所采用的主要交通方式。特别是运行于旅游客源地和旅游目的地之间的旅游列车，以其灵活性强、季节性强和舒适性好的特点深受一些中短距离旅游者的喜爱。但由于坐火车的时间较长，火车车厢内人员密集且空间相对封闭，有些旅游者会产生心理上的焦虑，容易引发一些事故。近年来，随着我国列车全面提速和高铁的运营，越来越多的旅游者倾向于选择乘火车出游。

旅游者对火车的知觉印象取决于以下3个因素。

(1) 运行速度。旅游者希望火车运行速度快、安全，沿途不停站或停站次数越少越好，直达列车最受欢迎。

(2) 发车时间。旅游者希望发车时间符合自己的需求，他们通常希望朝发午至、午发暮归，这有利于他们最大限度地利用时间进行观光游览及购物娱乐等活动。

(3) 舒适程度。旅游者希望车型新、设备齐全，车体外表美观，车内装饰高雅，卫生条件好，乘务员素质高。此外，他们还希望行车时间有利于休息、娱乐和社交。

拓展阅读

旅途精神障碍

旅途精神障碍是一种比较常见的短暂性心理障碍。乘客长时间乘坐交通工具，再加上节假日期间车上人多拥挤，极易产生情绪波动，引起急躁、紧张、烦恼、易怒、矛盾等情绪问题。一些适应能力差的乘客会因此吃不好、睡不好，精神高度紧张，缺水缺氧，最终导致身体新陈代谢失调，大脑功能紊乱，从而引发精神障碍。旅途精神障碍的症状主要有意识模糊、定向障碍、出现妄想症、怀疑周围乘客对己不利、行为失控等。

3) 旅游者对汽车的知觉

公路旅游交通具有灵活性强、行驶自由、路程短、速度快等特点，是近距离旅游者首选的交通方式。主要交通工具有客运汽车、出租汽车、旅游汽车和私人汽车等。旅游者对旅游汽车的知觉印象受下列因素的影响：车窗的宽敞程度，有无空调，座椅是否舒适，路面状况及车上减震系统能否消除颠簸之苦，导游工作和视听设备的好坏等。此外，车上空间是否拥挤和能否按时发车并抵达，也会影响旅游者的知觉印象。

目前，在国内，自驾游逐渐成为越来越受旅游者追捧的一种旅游休闲方式，更多的旅游者倾向于选择这种自由度较大的旅行方式。但在自驾游过程中，容易出现异地迷路、出险、保险理赔等问题，需要业内人士为旅游者导航、给予专业指导。在国外，房车因其可配挂车、备有可折叠的野营帐篷、小汽艇、舢板等游乐设施以及具备食品及饮料加工设备、盥洗设备等日常设施，已成为很多家庭外出旅行的首选。在我国，由于露营地建设落后、后方供给困难，房车的应用比较有限，因此在这方面有很大的发展空间。

4) 旅游者对轮船的知觉

轮船主要包括渡轮和游轮。游轮既包括行驶于海上的豪华邮轮，也包括穿行于江河湖泊的一般观光船舶。由于乘船旅行时间一般比较长，旅游者除了重视轮船的安全性和舒适性之外，还更加关注轮船上的休闲娱乐设施、所能提供的服务项目以及船上服务员的态度等。对于选择邮轮的旅游者来说，影响其知觉的因素主要有以下几个。

(1) 邮轮外观。邮轮外观给旅游者留下的第一印象非常重要。豪华、壮观和先进的邮轮往往能够引起旅游者的兴趣和好奇心。

(2) 邮轮的内部设施和服务。旅游者会关注船舱的舒适度、设施的完善程度、餐厅的食物质量和服务水平等方面。此外，邮轮上配备的健身房、游泳池、剧院等也是旅游者关注的重点，这些休闲娱乐设施的品质往往会影响旅游者对邮轮的整体印象和满意度。

(3) 行程安排。行程安排是影响旅游者知觉的重要因素。不同的航线、停靠的港口和岸上观光活动都会给旅游者带来不同的体验和感受。通过乘坐邮轮，他们可能会欣赏到壮丽的海洋景色、探索异国风情、体验不同的文化和传统，这些体验往往能够增强旅游者对邮轮旅行的兴趣，提高其满意度。

(4) 其他因素。旅游者对邮轮的知觉也会受到其他因素的影响，例如邮轮所属公司、邮轮上的人际关系、旅行氛围、船上活动的丰富程度等。这些因素可能会影响旅游者的心情和旅行体验，从而对旅游者的邮轮知觉产生积极或消极的影响。

> **拓展阅读**

在中国设立母港的国际邮轮公司

截至2025年，中国母港国际邮轮公司包括：皇家加勒比(上海母港，推"双船三母港")、MSC地中海(上海/深圳/厦门母港，计划"双船四母港")、本土爱达邮轮(上海/天津/广州母港，国产邮轮部署)、星旅远洋(上海母港，文旅融合航线)、华夏国际(上海母港，联动海南/深圳)。主导企业为皇家加勒比和MSC，通过多母港布局、本土化服务推动中国邮轮业步入"黄金十年"。

二、旅游交通服务心理需求

旅游交通服务心理主要涉及旅游者在旅行过程中对交通服务的心理需求和感受。作为旅游要素之一的旅游交通，对旅游者的心理体验有着重要影响。以下是旅游者对旅游交通服务的几种主要心理需求。

(一) 求安全心理

旅游者在选择交通方式时，通常会优先考虑安全性。无论是乘坐飞机、火车、汽车还是轮船，他们都希望交通工具能够提供安全可靠的运行环境，避免发生任何事故或意外。

(二) 求准时心理

旅游者通常希望能够准时出发和到达，以避免因时间延误而错过重要的旅游活动或导致行程紧张。准时对于旅游者来说是非常重要的，因为这直接关系到旅游者的旅行计划和体验。

(三) 求快捷心理

旅游者通常希望能够快速到达目的地，以缩短旅行时间，提高旅行效率。旅游者希望能够在有限的时间内尽可能多地游览景点，享受旅行的乐趣。

(四) 求舒适心理

旅游者在旅行过程中通常追求舒适的环境和服务，他们希望交通工具内部设施齐全、座位舒适、空间宽敞，并且能够得到周到的服务，如餐饮、娱乐等服务。

(五) 求价廉心理

旅游者在选择交通服务时，通常会考虑价格因素。他们希望能够在保证服务质量的前提下，选择价格相对较低的交通方式，以节省旅行成本。

总之，了解旅游者的心理需求对于提供优质的旅游交通服务至关重要。服务人员应该关注旅游者的需求和感受，提供安全、准时、快捷、舒适和价廉的服务，以提升旅游者的旅行体验。

三、旅游交通服务心理策略

(一) 旅游交通部门服务策略

为了满足旅游者的心理需求，旅游交通服务提供者需要不断提升服务质量，提高安全性、准时性、快捷性和舒适性，并关注价格因素，以吸引更多的旅游者选择其服务。以下是旅游交通部门的主要服务策略。

1. 优化交通网络

优化交通网络是提升旅游交通服务水平的基础。通过增加交通线路、提高交通工具的运行效率、减少交通拥堵等方式，为旅游者提供更加便捷、快速的旅行体验。例如，打造主题民航旅游融合航线，整合民航中长途与低空短途交通功能，搭建"干支通，全网联"航线网络，大大提升了旅游资源的可进入性。

2. 提供多样化交通方式

旅游交通服务部门应根据旅游者的需求和预算，提供多样化的交通方式，包括飞机、高铁、汽车、轮船、巴士、出租车、共享单车等。同时，对于有特殊需求的旅游者，如老年人、残疾人等，应提供相应的无障碍交通服务。此外，还可以在交通设施中增加旅游服务功能，如在服务区设置游客服务中心、休闲区、观景平台等。

3. 确保安全和舒适

确保安全是旅游交通服务的首要任务。旅游交通服务部门应定期对交通工具进行维护和检查，确保它们的运行状况良好，同时还应确保安全设施齐全，例如安全带、灭火器、急救箱等。在行程中，为提升旅游者的舒适感，应提供舒适的座椅，随时调节车内温度等。

4. 提供便利的票务服务

为了方便旅游者购票，应提高票务服务水平，可以提供多种购票方式，例如在线购票、手机购票、自助售票机购票等。同时，还需要提供详细的票务信息，例如班次、座位、价格等，以便旅游者做出适合自己的选择。

5. 加强信息共享和沟通

为了提高旅游交通服务的质量和效率，需要加强信息共享和沟通。例如，提供实时的交通信息和服务信息，方便旅游者了解交通状况和行程信息。同时，还需要建立有效的沟通渠道，例如客服热线、在线客服等，以便旅游者随时联系和咨询相关问题。

6. 关注旅游者反馈和意见

旅游交通部门应以旅游者为中心，提供高效、安全、舒适、便利的交通服务。同时，还需要关注旅游者的反馈和意见，及时改进服务，不断提升旅游交通的服务品质和游客满意度。

(二) 旅行社服务策略

旅行社交通服务旨在确保旅游者在旅行过程中的交通需求得到满足，同时提升旅游者的满意度和忠诚度。以下是旅行社应采取的旅游交通服务策略。

视频在线
课程5-2

旅行社交通
服务策略

1. 多样化的交通方式选择

旅行社应根据旅游目的地、距离和旅游者需求，提供多样化的交通方式。例如，对于长途旅行，可以提供火车、飞机或长途汽车等交通工具。同时，旅行社还可以提供定制化的旅游交通服务，例如包车、专车等。这样可以满足不同旅游者的偏好和预算，提高旅行的灵活性和便利性。

2. 提前预订和规划

旅行社应提前预订交通工具和座位，确保旅游者在旅行期间有足够的座位和舒适的旅行体验。同时，旅行社应规划合理的行程，避免交通拥堵、延误和天气等因素对行程的影响，确保旅游者能够快速、安全地到达目的地。

3. 提供准确的交通信息

旅行社应向旅游者提供准确的交通信息，包括出发时间、到达时间、交通工具的班次和座位号等。这有助于旅游者做好行程安排，减少麻烦和误解。

4. 确保交通安全

旅行社应与正规的交通服务提供商合作，提醒司机避免疲劳驾驶，以确保旅游者的交通安全。同时，旅行社还应加强对旅游者的安全教育，包括提醒旅游者遵守交通规则、注意交通安全标识等。

5. 提供舒适的旅行体验

为了提高旅游者的旅行体验，旅行社可以采取一些措施，例如提供舒适的座位、提供饮料和小吃、播放音乐等，让旅游者在旅行过程中感到愉悦和放松。

6. 建立应急处理机制

旅行社应建立完善的应急处理机制，以应对可能出现的交通延误、事故等突发情况。在发生问题时，旅行社应迅速采取措施，安抚旅游者情绪，提供替代方案或补偿措施，减少旅游者的不便。

总之，旅行社交通服务策略应以满足旅游者的需求和提高旅游者的满意度为导向，通过多样化的交通方式选择、提前预订和规划、提供准确的交通信息、确保交通安全、提供舒适的旅行体验以及建立应急处理机制等措施，提高旅游者的满意度和忠诚度。

一、判断题

1. 在从出发地到旅游目的地，以及从旅游目的地返回出发地的途中，行程速度不宜过快。

（　　）

2. 旅游距离知觉对旅游行为既具有阻止作用又具有激励作用。　　（　）
3. 旅游者态度消极，兴趣索然，会"短估"时间，感到时间过得快。（　）
4. "旅宜速、游宜慢、要准时"是旅游者在旅游过程中对时间知觉的特点。（　）
5. 旅游活动要有节奏，具体来说三句话："有张有弛、后张先弛、路张的弛。"
　　　　　　　　　　　　　　　　　　　　　　　　　　　　　　（　）

二、多选题

1. 影响旅游者交通知觉的因素包括(　　)。
　A. 安全度　　　B. 购票难度　　C. 舒适度　　　D. 时间效率
2. 对于选择飞机的旅游者来说，影响其知觉的因素有(　　)。
　A. 起飞时间　　B. 机型新旧　　C. 着陆次数　　D. 机上服务
3. 对于选择邮轮的旅游者来说，影响其知觉的因素有(　　)。
　A. 内部设施　　B. 邮轮外观　　C. 行程安排　　D. 服务水平
4. 下列选项中，属于旅游交通部门的交通服务策略的是(　　)。
　A. 提前预订交通工具　　　　　B. 与旅游者保持良好的沟通
　C. 提供便利的票务服务　　　　D. 优化交通网络
5. 旅游者在旅行过程中对交通服务的心理需求包括(　　)。
　A. 求安全　　　B. 求价廉　　　C. 求舒适　　　D. 求快捷

项目实训 | 旅游交通服务策略

◇ **任务导入**

　　研究人员曾针对国内旅游者开展了一次有关旅游距离的调查，得出一个结论：中国城市居民旅游和休闲出游市场规模随距离增加而缩减，80%的出游市场集中在距城市500千米以内的范围内。这项研究表明，距离对旅游行为有着很大程度的阻止作用。作为旅游交通部门和旅行社，应如何满足旅游者的旅游交通心理需求，破解距离对旅游行为的阻止作用，发挥距离对旅游行为的促进作用？

◇ **任务要求**

一、编写一份"旅游交通服务策略"
二、"旅游交通服务策略"内容要求
(一) 旅游交通部门服务策略
(二) 旅行社交通服务策略
1. 计调员交通服务策略。
2. 导游员交通服务策略。
(三) 具体策略要求
1. 基于旅游者交通服务心理需求，提出各项服务策略。
2. 旅游交通部门及旅行社服务策略各提出6项以上。
3. 交通服务策略具有创新性和可操作性。

三、项目任务成果形式

提交"旅游交通服务策略"Word文档。

四、"旅游交通服务策略"文档排版要求

1. 版面设计美观，格式规范。
2. 标题：小二号字，宋体，加粗，居中，与正文内容之间空一行。
3. 一级标题：四号字，宋体，加粗，首行缩进2字符。
4. 二级标题：小四号字，宋体，加粗，首行缩进2字符。
5. 正文：宋体，小四号字，首行缩进2字符。
6. 纸型：A4纸，单面打印。
7. 页边距：上2.5cm，下2cm，左2.5cm，右2cm。
8. 行距：1.5倍行距。

◇ **任务实施**

一、教学组织

1. 教师向学生阐述项目任务及要求。
2. 由4~5名学生组成一个学习团队，以团队形式完成项目任务。
3. 学习团队通过查阅网络资料及教师授课内容，完善项目任务知识。
4. 教师解答学生的相关咨询，监督、指导、检查、评价项目任务的实施。
5. 提交项目任务成果，教师进行成果评定并进行提升性总结。

二、知识运用

旅游交通服务心理。

◇ **任务成果范例**(参见二维码)

项目三 旅游投诉服务心理

项目目标

◇ **知识目标**
1. 掌握旅游者投诉的主观及客观原因。
2. 掌握旅游投诉心理的形成过程。
3. 掌握旅游者投诉的一般心理需求。

◇ **能力目标**
1. 能够分析特定旅游者选择近距离与远距离旅游的内在原因。
2. 能够找出某一具体旅游线路产品在时间安排方面的不足之处。
3. 能够设计出满足目标群体交通心理需求的旅游交通服务方案。

◇ **素质目标**
1. 培养交通安全的敏感度和警觉性。
2. 培养绿色出行、环境保护的意识和责任感。
3. 培养时间管理能力和效率观念。
4. 培养服务意识和职业素养。
5. 提高旅游交通风险的识别和应对能力。

项目知识

一、引起旅游投诉的原因

旅游投诉是指旅游者认为旅游经营者损害其合法权益,请求旅游行政管理部门、旅游质量监督管理机构或者旅游执法机构对双方发生的民事争议进行处理的行为。在旅行游览过程中,当旅游者认为自己得到的旅游服务与期望不符,与实际心理要求有落差时,就会产生抱怨;当这种抱怨的情绪在某一方面超过临界值时,便会引起投诉。导致旅游者投诉的原因有很多,既有与旅游经营单位服务接待有关的主观原因,也有一些客观原因。

(一) 主观原因

1. 不尊重旅游者

不尊重旅游者主要表现为旅游服务人员对客服务不主动,不热情;对旅游者厚此薄彼，不一视同仁；服务语言不礼貌，服务行为不恰当，例如顶撞旅游者或无理由地猜忌旅游者；不尊重旅游者的风俗习惯，触犯旅游者的生活禁忌等。

2. 工作不负责任，服务水平低

有些旅游服务人员在工作中缺乏责任心，马虎了事、粗枝大叶，服务水平低下。例如，一些服务人员不能摆正自己与旅游者的角色关系，怠慢旅游者，对旅游者的询问不予理睬，或有意回答"不知道"。另外，在旅游服务过程中，如果一些硬件设施的损坏导致旅游者使用不便或损害了旅游者的利益，也会导致投诉。例如，餐厅中的座椅不牢固，导致旅游者摔倒；餐桌椅钉头暴露在外，划伤旅游者或钩破旅游者的衣裤；电梯出现故障，将旅游者关在里面等。

案例

是耶稣，不是玛丽亚

吕女士是个虔诚的基督教徒，每个礼拜天都要去教堂做礼拜，出门在外旅行也不例外。一天，吕女士随旅游团来到某市，地陪是小张，第二天恰好是星期天，吕女士对小张说："我要自由活动，不跟团了，我要做礼拜，请问哪里有基督教堂？"地陪小张对基督教知之甚少，在他的印象中，教堂无非就是尖顶钟楼式的建筑，高悬十字标志，院落幽深而清净，里面时不时还传来悠扬的唱诗班的歌声。他记得每天上下班都要经过那样一个地方，对此再熟悉不过了。于是，他迅速拿出卡片写下详细地址、路线和附近标志性建筑名称，并礼貌地把卡片交到吕女士的手中。可当吕女士兴冲冲地找到小张指引的那座教堂时，却发现那是一个天主教堂，根本不是自己想找的基督教堂。吕女士气愤地向旅行社投诉，称导游素质太差，连基督教堂和天主教堂都分不清，让人不可理喻，这与国际大旅行社的服务标准相差甚远。

思考：本案例中的吕女士为何要投诉地陪小张？

这是一起由导游缺乏基本的宗教文化知识而引起的旅游投诉。从根本上说，是由导游服务水平较低、工作不负责任引起的投诉。

案例中，小张缺乏基本的宗教知识，没有将自己了解的信息核实准确就草率给旅游者答复，这种行为是极不负责的。本案例带来的启示是，从深层次管理的角度来看，作为国际旅行社，会常常接待一些信仰不同宗教的旅游者，为了能为这些旅游者提供准确的信息，需要对员工进行相关知识的培训，从而提供让旅游者满意的服务。

(二) 客观原因

1. 服务质量与服务态度很难量化

旅游服务是一种非物质化的一次性体验，尽管有专家学者对服务质量与服务态度提出了一系列规范标准，但也只能作为基本要求，很难准确量化。服务质量与服务态度的优劣，往往与旅游者的心理感受有直接关系。由于受语言障碍、自然环境、突发事件、风俗习惯等客观条件的影响，每个旅游者心中都有自己的标准，所以服务标准"众口难调"，很难做到尽善尽美。

2.旅游者个性的差异性

旅游者个性差异是引发投诉的重要客观因素。不同旅游者在气质、性格和情绪上存在显著区别,这直接影响他们对问题的处理方式和反应强度。例如,面对相同的服务失误,内向、情绪稳定的旅游者可能仅私下抱怨,而外向、情绪敏感的旅游者则可能直接投诉。这种差异源于不同个体的心理特质和情绪管理能力不同。旅游从业者需要关注旅游者的个性特点,提前做好沟通和服务预案,灵活调整应对策略,以降低投诉风险,提升旅游者的满意度。

二、旅游投诉心理分析

视频在线
课程5-3

旅游投诉心理分析

旅游投诉心理是指旅游者对即将进行或已经进行的旅游投诉的心理反应,包括对旅游投诉的知觉、需要、动机、态度等,也包括对被投诉者、投诉处理部门、投诉过程的心理反应。无论是何种原因导致旅游者投诉,在面对旅游者的投诉时,首先应该了解他们的投诉心理,并对其深入进行分析。一般情况下,旅游者投诉时的心理需求主要包括以下几个方面。

(一) 求尊重心理

旅游者采取投诉行为时,希望别人认为他们的投诉是有道理的,渴望得到他人的尊重、同情和支持,希望自己的投诉能够被认真对待,而不是敷衍了事。当投诉得到及时回应、耐心倾听以及投诉问题得到妥善处理时,他们会感到被尊重和被认可,从而增强对旅游企业或服务人员的信任感。

案例

王先生第三次入住W饭店,次日一早便来到前台要求结账离店,同时入住同市另一家档次相当的Y饭店。这时,W饭店的公共关系部经理在Y饭店办事碰见了王先生,就礼貌询问王先生换饭店的原因,王先生直言不讳,说:"我已经第三次入住你们饭店,每次住店时间也较长,但每次你们的服务人员总是用'先生你好'来招呼我,给我的感觉就像鹦鹉在不断地重复一句话,不够热情;而Y饭店的服务员总能根据不同情况跟我打招呼,例如'王先生早上好''王先生用餐愉快'等,我觉得像百灵鸟一样动听。"虽然王先生选择无声离开,并未对W饭店进行投诉,但W饭店的公关部经理听了王先生的话后,心里很不是滋味……

思考:王先生离开W饭店的主要原因是什么?

分析:本案例中,王先生离开W饭店的主要原因是其求尊重的心理需求未能得到满足。虽是无声的投诉,却也给饭店敲响了警钟。作为第三次入住饭店的客人,饭店服务人员应能记得其姓名,并礼貌而灵活地跟客人打招呼。显然,W饭店的服务员打招呼的方式有失服务水准。

(二) 求补偿心理

当旅游者因蒙受损失(物质方面或精神方面)而向有关旅游部门投诉时,希望被投诉对象能补偿他们的损失,让他们感受到企业的诚意和责任心,这是普遍的心理需求。赔偿或补偿的形式有退款、升级服务、赠送礼品等。例如,当旅游者在餐厅用餐,发现食物不洁、菜中有异物时,希望服务员能换一道菜;当衣物被弄脏时,旅游者希望能免费洗干净;当房间太热时,旅游者希望餐费打折等。另外,当旅游者寻求心理满足,而又因种种原因或条件的限制其需求无法得到满足时,"求满足"也会变成"求补偿"。例如,饭店临时线路出现故障,造成旅游者生活起居上的不便;导游带团游览过程中天气突变,导致某些景点无法观赏,等等。这时,旅游经营者应能及时预见旅游者的心理需求,为其提供补偿服务。

案例

散客李某入住某酒店。在办理入住登记手续时,前台人员提醒他,酒店中央空调出现故障,工程部正在抢修,维修完成后就马上送冷气。李某入住房间后觉得很热,过了一会儿便打电话到前台询问,被告知还需等待20分钟左右,维修完成后马上送冷气。李某很不满意,认为自己花了四星级酒店的价钱,就应该享受到相应的服务及设施,房间没有冷气怎么能算四星级酒店?于是,他拿起电话投诉……

思考: 在已知冷气还需20分钟左右就能送到的情况下,李某还是拿起电话进行投诉,其心理需求是什么?

分析: 本案例中,李某的心理需求是求补偿。

(三) 求平衡心理

旅游者投诉一般是在心情不愉快、满腹怨气、态度愤怒的状态下进行的,无论采取何种投诉形式,都难免要发牢骚、讲气话甚至吵闹与谩骂。投诉者的这种情绪表现,就是为了发泄内心的不满,以维持心理上的平衡。

旅游者求平衡心理主要表现在两个方面:一方面,他们通过旅游消费来放松精神,舒缓日常生活中的压力(包括心理压力和工作压力);另一方面,旅游者在消费过程中也需要保持必要的心理平衡,借此获得社会的尊重,并体现自我尊严和社会地位。旅游者的心理随时会受到社会环境及个人情感、情绪的影响。例如,当旅游者到酒店消费时,一方面,他希望能摆脱日常生活中的精神紧张,并能从中获得日常生活中所缺少的亲切感、自豪感和新鲜感;另一方面,旅游者往往会担心在付出代价之后不能如愿以偿,甚至在"日常生活之外的生活"中又遇到新的麻烦,使自己遭受新的损失。

案例

重视客人的"求平衡"心理

某日中午,一位独自旅行的女客人抵达杭州某酒店办理入住。在前台,她特别提醒工作人员,自己的房间需要准备一瓶红酒,因为当晚她计划庆祝自己的生日。前台人员记录了需求，但在交接班时未特别强调。下午，客人回到房间，发现酒店并未按照要求准备红酒，心中顿时感到失落和愤怒。她立刻前往前台投诉，情绪激动地说："我明明说了要准备红酒，你们怎么一点都记不住？"前台服务员立刻道歉，但客人仍不依不饶。

这时，值班经理赶到，看到客人情绪不佳，立刻递上一杯热茶，轻声安抚："非常抱歉给您带来不便，我们马上为您准备红酒。"经理还主动询问客人是否需要生日蛋糕，并表示酒店愿意免费提供。客人的情绪逐渐缓和，最终接受了酒店的补救措施。事后，经理了解到客人当天独自旅行，又恰逢生日，心理上渴望被关注和尊重，而酒店未能满足其需求，因此情绪才会如此激动。酒店通过及时补救和真诚道歉，成功挽回了客人，既保证了客人满意度，又避免了负面事件的扩大。

分析： 此案例中，女客人因生日当天独自旅行，在心理上渴望被关注和尊重。酒店前台未妥善交接，导致没能满足客人需求，使客人产生心理落差，从而引发投诉。值班经理通过递上热茶、主动补救(准备红酒和生日蛋糕)以及真诚道歉，成功安抚了客人的情绪，使客人满意。这表明客人在消费过程中不仅追求物质满足，更需要心理上的平衡和尊重。酒店的服务失误打破了这种平衡，而及时的补救和关怀则重新建立了客人的心理平衡。酒店应从此事件中吸取教训，加强员工培训，注重交接班沟通，同时关注客人的心理需求，以提升整体服务质量，避免类似事件再次发生。

(四) 求保护心理

旅游者敢于投诉，是自我法律保护意识的觉醒。通过合法的途径投诉，既是为自己，也是为所有的消费者寻求利益保护。通过投诉，能促使旅游相关部门重视旅游者并不断改进服务，从而促使服务质量不断提高，进而可使旅游者在今后的旅游中得到更优质的服务。

三、旅游投诉服务心理策略

投诉是旅游者维护自身利益的合法权利，旅游服务与管理人员应持欢迎态度，不应有任何不满或抵触情绪。因为从旅游者的投诉中，我们可以了解管理和服务中存在的实际问题，发现服务工作中的弱点、漏洞和不足，特别是能发现一些带有倾向性的问题，以便有针对性地采取措施，改进服务工作，提供高质量、高效率的服务，从而赢得旅游者的尊重和信任。另外，对待旅游者的投诉一定要慎重，如果处理不当会激化矛盾，给旅游企业的声誉造成损失，带来严重的后果。因此，在处理旅游者投诉时，应做到如下几点。

(一) 熟悉旅游投诉心理形成过程

旅游投诉心理是指旅游者对即将进行或已经进行的旅游投诉的心理反应。从旅游者心理反应过程来看，旅游投诉心理经历了情绪波动产生、旅游体验兴趣度降低、心理压力增大、发泄愿望强烈、摆脱困境动机形成等一系列过程，具体又可分为投诉犹豫、投诉行动、投诉处理3个阶段。熟悉旅游者每一阶段的投诉心理活动，有利于对旅游投诉进行有效预防和正确处理。

1. 投诉犹豫阶段的心理

投诉犹豫阶段多发生在旅行游览过程中，旅游者的心理活动不易被人察觉，这样的旅游者被称为潜在旅游投诉者。他们往往对吃、住、行、游、购、娱等其中某一项服务或价格有些许不满，具体表现为行动上消极抵制、情绪上烦躁不安、心理上郁郁寡欢。在旅行游览过程中，始终存在生产和消费的统一性、众多项目消费和服务的同时性以及评价标准的主观性。当旅游者的消费实际感受低于他的期望值时，产生不满情绪是不可避免的。部分旅游者不会将不满表现出来而是默默离去，所以旅游经营者需善于主动了解旅游者的心理，设法通过一些有效的途径来获取旅游者不满的信息，最终目的是不断鞭策自己、创新服务，让旅游者满意，消除潜在的投诉危机。

2. 投诉行动阶段的心理

旅游属于消费活动，当旅游者的合法利益受到侵犯时，在经历是否投诉的心理挣扎过程后，如果问题没有及时得到解决，旅游者没有获得心理解脱，就会进一步采取投诉行动，去争取应有的经济和精神补偿，维护自身的合法利益。在此阶段，旅游者会明显表现出以下心理特征：一是意志坚定性，他们会采取行动，向旅游行政管理部门和经营企业讨个说法；二是行动群体性，他们会动员利益相关者集体投诉，希望问题扩大化，引起社会舆论和他人关注；三是积极主动性，他们会认真了解投诉途径与方法、投诉对象，寻找投诉理由，搜集证据并进行法律咨询等。总之，旅游者希望通过投诉获得经济和精神补偿，从投诉犹豫阶段的纠结中解脱，实现作为一名消费者的维权愿望。

3. 投诉处理阶段的心理

在投诉处理阶段，旅游者会极力争取有利于自身的证据和理由，驳斥被投诉者的应对证据和侵权行为，希望争取更多的赔偿。

(二) 积极有效地处理旅游者投诉

1. 充分尊重旅游者，不与旅游者争辩

"客人永远是对的"这句话是由"饭店管理之父"斯塔特勒(E.M.Statler)首先提出来的，而后得到饭店同行乃至整个服务业的普遍认可。许多饭店都把这句话作为座右铭，用它来指导服务工作，强调无条件、全心全意为客人服务的思想和处理问题的原则。在欧洲，许多商店的店规写道："①顾客永远是对的。②如果顾客错了，请参阅第一条。"这样的条律同样适用于旅游企业。在服务过程中，为表现对旅游者的充分尊重，旅游企业应该做到以下几点。

(1) 礼貌接待，耐心倾听。旅游者前来投诉时，处理旅游投诉的工作人员应礼貌接待。如条件许可，可以为旅游者倒茶，请旅游者坐下，以缓和气氛，让交谈变得轻松。要耐心听旅游者把话说完，有时耐心可以使本来暴跳如雷的旅游者自然地平静下来；同时耐心倾听旅游者投诉，也能了解事件经过，以便恰当处理。倾听时可以适当做些记录，便于以后核实。一定要保持冷静，不要辩解和反驳，尤其是在旅游者宣泄愤怒情绪时，工作人员的解释可能会被旅游者认为是在推脱责任或者狡辩，会使旅游者更加不满和愤怒。

> **案例**
>
> 某日，某地一位知名企业老总带客户到饭店入住，他一到前台，就催促着服务员拿房卡办理入住手续。因为前台没有订单，所以履行找房间、核对订房等程序时耽搁了一段时间，导致这位老总非常不满。后来，服务员解释了原因，结果该老总投诉至总经理处，认为该服务员态度不好。
>
> **分析：** 在服务过程中，要遵循"客人永远是对的"的原则。所以，即使客人错了，我们也要把"对"让给客人，以满足其求尊重心理，否则就会引起不必要的投诉。案例中的服务员其实不用向客人解释原因，只需回答客人"好的，我们马上为您办理，请稍等"即可。

(2) 表示尊重，诚恳道歉。无论旅游投诉事件的真相如何，发生投诉，就意味着旅游服务存在缺陷，并给旅游者带来了不便与烦恼。旅游者发牢骚、投诉，是因为确实遇到了问题和麻烦，确实需要服务人员的帮助，而他们的投诉将有助于服务人员改进工作。因此，投诉接待人员一定要站在投诉者的立场考虑问题，以诚恳的态度向他们表示理解、尊重与歉意，以旅游企业代表的身份欢迎并感谢他们提出批评和意见。必要时，还可以请职位高的经理或主管来向旅游者道歉，以示重视。

(3) 让旅游者先宣泄情绪。宣泄是指当一个人遇到某种挫折时，把由此而引起的悲伤、懊丧、愤怒、不满等感情痛痛快快地"发泄"出来的心理调节方法。当旅游者把情绪宣泄出来后，就能比较理智地对待这个挫折，以后也比较容易忘掉这个挫折，而不至于总是耿耿于怀。

当旅游者由于服务缺陷而感到不满意时，服务人员也应该让旅游者"宣泄"自己的情绪，让他们"出了气再说"或者"出了气再走"。旅游者尽情发泄不满情绪以后，本身会产生一种较为放松的感觉，心情也能逐渐地平静下来，这样的心理状态和情绪有利于接待人员与其进行较为顺畅的沟通。

(4) 善用肢体语言。在处理旅游投诉过程中，接待人员倾听时应以专注的眼神及间歇的点头来表示自己正在仔细地倾听，要让旅游者感觉到自己受到了重视。同时，要注意观察旅游者在述说事情时的各种情绪和态度，以便接下来选择合适的处理方式。

2. 掌握旅游者投诉心态，满足其不同心理需求

旅游者一旦投诉，通常会有一定的目的，或求补偿，或求发泄，或求其他。例如，旅游者希望通过投诉，引起旅游企业的重视，使其尊重自己；或者促使旅游企业采取一定的措施，进行补偿，让自己获得心理平衡。掌握好旅游者的心态，处理问题就会达到较好的效果。投诉处理的目的是让不满意的旅游者成为满意的旅游者。因此，一定要在正确分析旅游者投诉心理的基础上真心实意地帮助旅游者解决问题，如此才能赢得旅游者的良好口碑。

旅游企业在处理旅游者投诉时，一定要重视旅游者的"求平衡"心理，努力使服务承诺超出旅游者的期望值，给旅游者惊喜，使其真正获得"就像回到自己家里"的感觉，也就是现在所倡导的"满意加惊喜"的服务。例如，举世闻名的曼谷东方饭店向客人提供许多特色服务，其中之一是向客人提供"水果卡"。众所周知，泰国是有名的"热带水果之国"，名目繁多的热带水果让客人目不暇接，大部分客人不了解这些水果的味道，甚至不

知道这些水果的名字。这张"水果卡"会告知客人这些水果的产地、味道和生长环境等常识，并附有绘制精美的插图，客人在学到知识的同时获得了艺术享受，这就是一份惊喜。

针对想要发泄情绪的旅游者，一定要让其先发泄情绪，然后以服务或其他补偿来平衡其遭遇麻烦时的心理缺失。针对寻求保护的旅游者，旅游企业从业人员一定要做到知法懂法，尽量不让此类投诉发生；如果不幸发生，应按照法律规定给予补偿，并尽力安抚旅游者。

3. 确认问题所在，有效解决问题

倾听是解决问题的重要环节，在倾听投诉的过程中，接待人员应认真了解事情的每一个细节，确认问题的症结所在，并用纸笔将问题记录下来。如果对投诉的内容不是十分了解，接待人员可以在旅游者说完之后再请教对方，不过不能让旅游者产生被质问的感觉，而应以婉转的方式请对方提供信息。例如，"很抱歉，有一个地方我还不是很了解，是不是可以再向您请教有关……的问题"。当对方再次说明后，应以"我懂了"之类的回应来表示对问题的了解程度。

解决问题是最关键的一步，也是对投诉旅游者最有效的尊重。问题解决得好，旅游者感到满意，下次自然还愿意来；如果敷衍了事，旅游者会更加不满，也许事情会闹得更大，也许旅游者以后永远都不会再光顾。如果是旅游企业方面的错误，要马上道歉，并做出补偿处理；对于复杂的问题，要想办法缓和旅游者的过激心态，不要马上表态，可请示上级领导后再向旅游者答复；对于不合理的投诉，处理时要做到有理有据；对于不能马上处理的投诉，要向旅游者说明，并及时告知旅游者处理进展情况，应避免和旅游者出现正面冲突。

案例

W饭店1204房间的客人在咖啡厅用餐后对服务员说："小姐，今天的菜挺好，就是餐厅温度高了些。"次日，当他又一次来到餐厅时，经理走上前来对他说："先生，我们已把您对餐厅温度的意见转达工程部，他们及时处理了，您觉得今天的温度怎么样？"客人满意地说："谢谢，很好。"

分析： 本案例中，客人只是提出意见并未投诉，但我们仍然应将其视为投诉，因为客人向我们传达的是批评的信息。处理投诉，最关键的一个环节是解决问题。很明显，案例中的客人对这家饭店的满意度已大大提高，如果饭店在其他方面没有大的问题，这位客人将会成为该饭店的忠诚客户。然而，在现实中，一些饭店极有可能忽略客人的意见，客人再次来到餐厅，包括温度在内一切都是老样子，也没人向他解释什么。餐厅员工不记得他昨天说了什么，即便记得也不会认为那是在投诉，因为他没有发脾气，也没要找经理，只不过随口说说，况且他还夸过餐厅的菜不错呢。

(三) 做好旅游者投诉的整理分析工作，完善旅游服务

对于旅游者的投诉，接待人员一定要做好记录。因为对于旅游企业而言，这是一笔非常宝贵的财富。通过这些投诉，旅游企业能够有预见性地发现日常经营管理中的一些问题，及时解决这些问题，可以提高旅游服务质量。对于投诉记录，最好能形成典型案例，运用于日常员工培训体系中。

总之，在处理旅游者投诉时，接待人员要全面了解和正确分析旅游者投诉的原因和心理，掌握处理投诉的程序和要点，把握处理投诉的技巧和艺术，辅之以恰当的体态语言，以便形成良好的洽谈环境，消除隔阂、相互理解，最终达到解决问题的目的。旅游者的感受就是事实，旅游者永远是正确的，给旅游者想要的东西，让他们满意和高兴是每一个旅游企业从业人员应该遵循的原则。只有这样，旅游企业才能赢得更多的旅游者；也只有这样，旅游企业才能在旅游业中脱颖而出，获得成功。

项目测验

一、判断题

1. 由于服务质量与态度的优劣与旅游者的心理感受直接相关，使得旅游服务质量往往很难准确量化。（　　）

2. 服务人员服务不主动、不热情等客观因素会造成旅游者投诉。（　　）

3. 旅游者没有进行旅游投诉，证明旅游服务的整个过程都是完美的。（　　）

4. 在投诉行动阶段，旅游者会极力争取利于自身的证据和理由，驳斥被投诉者的证据和侵权的行为，希望争取更多的赔偿。（　　）

5. 解决问题是最关键的一步，也是对投诉者最有效的尊重。（　　）

二、多选题

1. 旅游者投诉的心理需求有(　　)。
   A. 求平衡心理　　B. 求补偿心理　　C. 求尊重心理　　D. 求保护心理

2. 引起投诉的主观原因包括(　　)。
   A. 不尊重旅游者　　　　　　B. 工作不负责任
   C. 服务标准"众口难调"　　D. 服务水平低

3. 工作人员接待旅游投诉时，充分尊重旅游者的表现包括(　　)。
   A. 耐心倾听　　　　　　　　B. 诚恳道歉
   C. 让旅游者先宣泄情绪　　　D. 善用肢体语言

4. 旅游者投诉心理通常经历(　　)阶段。
   A. 投诉行动　　B. 情绪波动　　C. 投诉犹豫　　D. 投诉处理

5. 补偿的形式有(　　)。
   A. 打折　　　　B. 赠送礼品　　C. 退款　　　　D. 道歉

项目实训 | 旅游投诉接待服务小贴士

◇ 任务导入

某饭店前厅服务员接待了一位因饭店叫醒服务失误而延误行程的客人。

服务员："先生，您好，请告诉我发生了什么事情？"

客人："什么事你自然知道，我没有赶上飞机，你们要赔偿我的损失。"

服务员："您不要着急，请坐下来慢慢说。"

客人："不着急，你别站着说话不腰疼，换成你试试？"

服务员："如果这件事发生在我身上，我肯定会保持冷静的。因为着急是没有用的，所以我希望您也能冷静下来。"

客人："你算什么东西？也来教训我！我们没什么好说的，去叫你们经理来。"

服务员："您可以叫经理来，但您应该对我有起码的尊重，我是来解决问题的，不是来受气的。"

客人："你不是来受气的，难道我花钱是来受气的？真是岂有此理。"

服务员：……

请说明在上述误机投诉案例中，服务员的投诉处理存在哪些不足之处。

请根据旅游者投诉心理需求，编写一份"旅游投诉接待服务小贴士"，以供负责处理旅游者投诉的服务人员参考，避免出现上述案例中的服务失误。

◇ **任务要求**

一、编写一份"旅游投诉接待服务小贴士"

二、"旅游投诉接待服务小贴士"内容要求

1. 基于投诉服务心理等相关理论，提出服务策略。

2. 具体服务策略不少于10项。

三、项目任务成果形式

提交"旅游投诉接待服务小贴士"Word文档。

四、"旅游投诉接待服务小贴士"文档排版要求

1. 版面设计美观，格式规范。

2. 标题：小二号字，宋体，加粗，居中，与正文内容之间空一行。

3. 正文：宋体，小四号字，首行缩进2字符。

4. 纸型：A4纸，单面打印。

5. 页边距：上2.5cm，下2cm，左2.5cm，右2cm。

6. 行距：1.5倍行距。

◇ **任务实施**

一、教学组织

1. 教师向学生阐述项目任务及要求。

2. 由4～5名学生组成一个学习团队，以团队形式完成项目任务。

3. 学习团队通过查阅网络相关资料及教师授课内容，完善项目任务知识。

4. 教师解答学生的相关咨询，监督、指导、检查、评价项目任务的实施。

5. 提交项目任务成果，教师进行成果评定并进行提升性总结。

二、知识运用

旅游投诉服务心理。

◇ **任务成果范例**(参见二维码)

模块六

旅游工作者心理

模块背景

旅游服务产品具有生产和消费同时进行的特性，旅游服务的对象是人而非"机器"，人兼具内在理性认知和感性情绪两方面。因此，旅游工作者在工作中，除了需要付出脑力劳动和体力劳动外，还需要付出情感。旅游工作者又常常因繁重的工作、突发事件、游客投诉等承受巨大的心理压力，需要具备积极、稳定的情绪和健康的心理，确保能以冷静、理智的态度，处理和应对工作中的压力和挫折。

另外，旅游工作者往往要应对大量信息记忆，良好的记忆力可以大大提高工作效率和服务质量。例如，导游要快速、准确地记住游客的姓名、相貌特征，牢记大量导游讲解词；餐饮服务人员要熟记酒水、菜品的名称、口味、价格等。不断探索并提升自己的记忆力，也是旅游企业员工学习能力和创新能力的一种体现。

模块结构

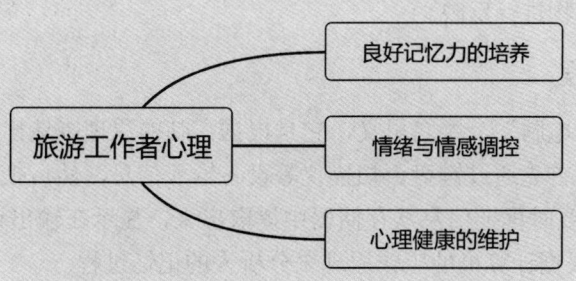

项目一　良好记忆力的培养

📌 项目目标

◇ **知识目标**
1. 理解并掌握记忆的概念、过程及分类。
2. 理解并掌握遗忘的概念及规律。
3. 掌握提升记忆力的方法及策略。

◇ **能力目标**
1. 能够运用记忆方法及策略，提高记忆力。
2. 能够运用遗忘的规律，克服干扰，增强记忆力。

◇ **素质目标**
1. 培养终身学习能力，提升竞争力。
2. 培养独立思考、创造性地解决问题的能力。

📌 项目知识

一、认识记忆

记忆是人脑对过去经验的反映。由于有记忆，凡是人感知过的事物、思考过的问题、体验过的情感以及操作过的动作，都能以映像的形式保留在大脑中。一段时间后，在一定条件下，即使客观事物不作用于人的感官，也可以在人的大脑中重新反映。例如，"余音绕梁，三日不绝"，就是形容人们听过优美的歌声或音乐后，歌声或音乐仍保留在大脑中，好像不断地在耳边回响。记忆不直接以客观事物为对象，而以保留在大脑中的事物映像为对象，间接对事物进行反映。

(一) 记忆的过程

计算机又称为"电脑"，顾名思义，它是根据人脑的原理制造出来的。计算机工作的基本过程是这样的：首先通过键盘、扫描仪等设备输入信息，然后把这些信息储存在存储器(如硬盘等)中，需要时再把信息从存储器中提取出来，显示在输出设备上(如屏幕、打印机等)。现在，我们根据计算机的工作原理来分析人的记忆过程。

记忆是学习过程中一种重要的心理活动，它包括3个基本环节，即识记、保持、再现

(再认或回忆)。识记和保持就是"记",再现就是"忆"。记忆是大脑这部高度复杂的机器的主要功能,大脑是人类至今仍无法完全理解的奥秘之一。记忆力是智力活动的基础和仓库,离开了记忆就谈不上掌握知识和运用知识。

1. 识记

1) 识记的概念

识记是把所需信息输入头脑的过程。它是记忆过程的开端,是反复感知事物的过程。

2) 识记的种类

按识记有无明确的目的性和自觉性,可以把识记分为无意识记和有意识记。

(1) 无意识记。它是指事先没有预定目的,也不需要任何意志努力的识记。无意识记具有很强的偶然性、片段性和选择性。那些在生活中具有重要意义,符合人的兴趣、需要,能激发强烈情感的事物,容易被记住。例如,某人在童年时看过一部有趣的电影,至今记忆犹新。其实,当时他在观看这部电影时并没有刻意地要记住它,但它自然而然地成为记忆中的内容。

(2) 有意识记。它是指有预定目的,需要意志努力的识记。人们在生活中经常接触某一事物,如果没有有意识记,就不会在大脑中留下印象。例如,学生学习知识、掌握技能,需要按一定的方法和步骤,对有关材料进行有目的并且需要做出意志努力的有意识记。按记忆是否建立在理解的基础上,可以把有意识记分为机械识记和意义识记。

① 机械识记。它是指根据事物表面的形式,通过多次机械复述进行识记的方式。例如,对历史年代、外语单词、电话号码、人名、地名等的识记,就是机械识记。机械识记的基本条件是重复,它虽是一种低级的识记方法,但在生活和学习中是不可缺少的。

② 意义识记。它是指在对材料进行理解的情况下,根据材料的内在联系,运用有关经验进行识记。例如,对定义、公式、定理、法则、规律等的识记就是意义识记。意义识记的基本条件是理解,它是一种与思维活动密切联系、积极主动的识记,是把材料整理后归入已有知识系统中的识记,所以它的记忆效果总是优于机械识记。

2. 保持

1) 保持的概念

保持是识记的延续,是将识记过的事物信息在头脑中储存并巩固记忆的过程,是评估实现回忆的保证,是评估记忆力强弱的重要标志之一。

2) 保持中的变化

将识记过的事物信息储存在头脑中并不像将物品放在保险箱中,识记的材料不会一成不变地保持原样,而是会随着时间的推移和后继经验的影响发生量与质的变化。量的变化主要指内容的减少,这是一种普遍现象,随着时间的流逝,人们对于经历的事情总要忘掉一些;质的变化是指内容的加工和改造,改造的情况因个人经验不同而不同。

在保持过程中,量和质的变化是复杂的、有意义的心理活动过程,是心理活动主观性的一种表现。

3. 再现(再认和回忆)

再认和回忆是将在大脑中保持的信息提取出来的两种形式。再认是指再次感知过去识记的事物时会感到熟悉，可以识别和确认。例如，学生在考试和测验中做选择题时，根据学过的知识在几个选项中选择正确的答案，就是再认的过程。回忆是指在过去识记的事物不出现的情况下，能够在大脑中重现这些事物的形象或有关信息。例如，学生在考试测验中做填空或者问答题时，要靠在头脑中重现已经学过的知识，这就是回忆的过程。回忆的记忆程度比再认高，能再认的不一定能回忆，而能回忆的一般都能再认。例如，学习英语时，有许多单词我们能够认读，但是不能默写出来。因此，记忆是否牢固主要通过回忆来检验。

(二) 记忆的种类

1. 根据记忆保持的时间分类

根据记忆保持时间的长短，可将记忆分为3种，即瞬时记忆、短时记忆、长时记忆。

(1) 瞬时记忆。瞬时记忆又称感觉记忆，是指通过感觉器官所获得的感觉信息在大脑中储存0.25～2秒的记忆。瞬时记忆的信息是未经加工的原始信息，当人们通过感觉器官获得事物的信息后，这些信息不会立刻消失，会在神经系统的相应部位保留极短的时间(0.25～2秒)。电影、电视和动画就是根据这个原理制造出来的，当一系列画面以很快的速度按顺序逐一呈现(每秒呈现24幅画面)时，因为先后呈现的两个画面之间的时间间隔非常短暂，人们在看下一幅画面时还保留对上一幅画面的瞬时记忆，所以就可以看到一些活动的连续映像。

(2) 短时记忆。短时记忆是指被注意到的瞬时记忆信息在头脑中储存不超过1分钟的记忆。短时记忆保持的时间很短，头脑储存的都是刚刚发生的事情的相关信息。例如，我们想要打一个陌生电话，查到电话号码后立即拨号，电话打完后，号码也随之忘记，我们对这个电话号码的记忆就是短时记忆。

短时记忆储存信息的数量是有限的，实验证明，短时记忆的容量为7±2个组块。组块是记忆的单位。究竟多大范围和多少数量为一个组块，没有一个固定的说法。组块可以包括一个或几个数字、一个或几个汉字，也可以是一个词、一个短语、一个句子等。

(3) 长时记忆。长时记忆是指保持1分钟以上甚至终身的记忆，它是短时记忆经过加工和重复的结果。长时记忆的容量是没有限制的，只要有足够的复习，把信息按意义加以整理、归类，整合于已有的信息储存系统中，就能把信息保持在记忆中。

📖 拓展阅读

大脑由约140亿个细胞构成，重约1400克，大脑皮层厚度为2～3毫米，总面积约为2200平方厘米。据估计，脑细胞每天死亡约10万个（越不用脑，脑细胞死亡越多）。一个人的脑储存信息的容量相当于1万个藏书为1000万册的图书馆，最善于用脑的人，一生中也仅使用大脑能力的10%。大脑虽只占人体体重的2%，但耗氧量占人体总耗氧量的四分之一。因此，氧气充足有助于提高大脑的工作效率，用脑时，需特别注重学习、工作环境的空气质量。

以上3种记忆是相互联系的，它们之间的关系可以理解为：外界刺激引起感觉，留下的痕迹就是瞬时记忆。如果不加注意，痕迹便会迅速消失；如果加以注意，就会转入第二阶段——短时记忆。对于短时记忆保持的信息，如果不及时复述就会被遗忘；如果加以复述，就会转入第三阶段——长时记忆。信息在长时记忆中被储存起来，在一定条件下又可提取出来。从长时记忆中提取的信息变成短时记忆，从而能被人意识到。长时记忆中的信息如果受到干扰或其他因素的影响，也会被遗忘。

2. 根据记忆的内容分类

当我们在自己的大脑中搜索时，会发现记忆各种各样、数不胜数。按信息内容的不同，可将记忆分为形象记忆、逻辑记忆、情感记忆和运动记忆4种。

(1) 形象记忆。形象记忆是以感知过的事物的具体形象为内容的记忆。形象记忆保留的是事物的感性特征，具有鲜明的直观性。例如，对物体颜色、形状、体积，对人物的外貌、体型、仪表，对音乐的旋律、节奏，对自然景观以及对食物的口感和味道等的记忆，都是形象记忆。

(2) 逻辑记忆。逻辑记忆是以抽象的概念、公式、规律及定理等逻辑材料为内容的记忆。逻辑记忆经过严密的逻辑思维过程而形成，具有高度的概括性、理解性、逻辑性和抽象性。逻辑记忆透过事物表面的具体细节，抽取事物内在的本质特征，是人类独有的记忆形式。人类的思维活动，从简单的加减运算到复杂的科学研究，都离不开逻辑记忆。

(3) 情感记忆。情感记忆是以体验过的情感为内容的记忆。生活中发生的事情都可以使人产生各种情感，一些深刻的情感体验可以长期保留在记忆中。过了一段时间后，人们可能已经忘记过去事情的具体情节，但对当时产生的情感记忆犹新。例如，一些外国游客到北京旅游，在登上万里长城时心情十分兴奋，当他们回国后再想起这次旅程时，会再次体验到登长城时的兴奋情感，令他们回味无穷。

(4) 运动记忆。运动记忆是以人们的运动状态和动作形象为内容的记忆。例如，旅游从业人员掌握各种服务流程及操作技能就要利用运动记忆，我们对广播体操动作的记忆也是运动记忆。

对记忆进行分类只是为了方便学习和研究，在生活实践中，上述4种记忆是相互联系的。要记住某一事物，常常需要两种或两种以上记忆类型的参与。此外，由于每个人的先天素质和后天的实际活动不同，记忆类型在每个人身上发展的程度也不一样。例如，歌唱家、画家、建筑师等的形象记忆很好；数学家、思想家善于逻辑记忆；表演艺术家的情感记忆极佳；运动员的运动记忆相较于普通人更容易得到充分发展。

二、认识遗忘

(一) 遗忘的概念

遗忘是指记忆的内容不能保持或不能正确再现。遗忘是与保持相反的过程，这两个性质相反的过程实质上是同一记忆活动的两个方面：保持住的信息，就是没有遗忘的信息；而遗忘的信息，就是没有保持住信息。保持得越多，遗忘得越少，反之亦然。

(二) 遗忘的规律

在信息处理方面，记忆是对输入信息的编码进行储存和提取的过程。人的记忆能力从生理上讲是十分惊人的，可是大部分人只开发了10%的记忆潜能，还有很大的记忆拓展空间。这是因为有些人只关注记忆当时的效果，却忽视了记忆过程中更重要的方面，即记忆的牢固度问题，这就牵涉心理学领域常用的记忆遗忘规律。

1. 艾宾浩斯遗忘曲线

德国心理学家艾宾浩斯(H. Ebbinghaus，1850—1909)于1885年发表了他的实验报告，此后，记忆研究就成为心理学领域的研究热点，艾宾浩斯也成为发现记忆遗忘规律的第一人。

根据我们对记忆的认识，记忆的保持时间是不同的，我们平时的记忆过程如图6-1所示。

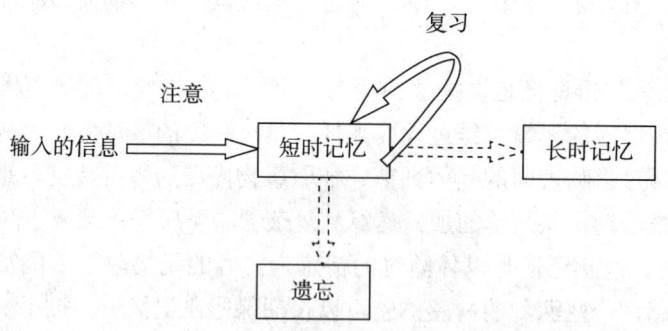

图6-1　记忆过程示意图

输入的信息在经过人的注意过程的学习后，便成为人的短时记忆。但是如果不及时复习，这些短时记忆就会被遗忘；如果及时复习，这些短时记忆就会成为长时记忆，从而在大脑中保持很长的时间。那么，怎样才算遗忘呢？所谓遗忘，就是我们对于曾经记忆的东西无法再认，也无法回忆，或者是错误地再认和错误地回忆。艾宾浩斯在做这个实验的时候以自己作为测试对象，他得出了一些关于记忆的结论。他选用一些根本没有意义的音节，也就是那些不能拼出单词的众多字母的组合，例如asww，cfhhj，ijikmb，rfyjbc等。他通过对自己进行测试，得到了一些数据，如表6-1所示。

表6-1　不同时间间隔后的记忆成绩(艾宾浩斯)

时间间隔	记忆量
刚刚记忆完毕	100%
20分钟之后	58.2%
1小时之后	44.2%
8~9个小时后	35.8%
1天后	33.7%
2天后	27.8%
6天后	25.4%
1个月后	21.1%

然后，艾宾浩斯根据这些点描绘出一条曲线，这就是非常有名的揭示遗忘规律的艾宾浩斯遗忘曲线，如图6-2所示，竖轴表示人们在学习中记住的知识数量，横轴表示时间(天数)，曲线表示记忆量变化的规律。

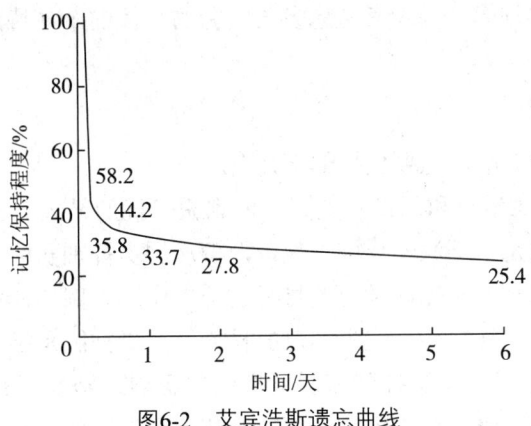

图6-2　艾宾浩斯遗忘曲线

这条曲线告诉人们，在学习中遗忘是有规律的，遗忘的进程是不均衡的，并不是一天固定忘记几个，转天又忘记几个，而是在记忆的早期阶段遗忘的速度很快，后来逐渐减慢，过了相当长的一段时间后，几乎就不再遗忘了，这就是遗忘的发展规律，遵循"先快后慢、先多后少"的原则。观察这条遗忘曲线会发现，人们对于学到的知识，如果不抓紧复习，一天后就只能记住原来的33.7%；随着时间的推移，遗忘的速度减慢，遗忘的数量也会随之减少，两天后能记住原来的27.8%；六天后，能记住原来的25.4%，与27.8%相比，差距不大。

2. 不同性质的材料对应不同的遗忘曲线

艾宾浩斯还在关于记忆的实验中发现，记住12个无意义的音节，平均需要重复16.5次；记住36个无意义的音节，需要重复54次；而记忆6首诗中的480个音节，平均只需要重复8次。这个实验告诉人们，理解知识，才能记得迅速、全面而牢固；如果只是死记硬背，通常事倍功半。因此，比较容易记忆的是那些有意义的材料，而那些无意义的材料比较难记，以后回忆起来也不轻松。艾宾浩斯通过将无意义的音节与其他材料进行对比，得出了不同性质的材料对应的遗忘曲线。这些曲线有一定的差异，不过大体上是一致的，如图6-3所示。

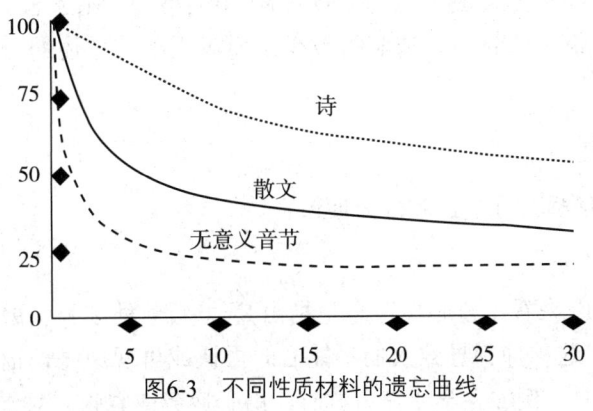

图6-3　不同性质材料的遗忘曲线

艾宾浩斯的实验充分证实了一个道理：学习要勤于复习，记忆的理解效果越好，遗忘得越慢。

艾宾浩斯遗忘曲线是艾宾浩斯在实验室中经过大量测试后，根据不同的记忆数据生成的，是具有共性的群体规律，并没有考虑参与实验的个体的个性特点，而是反映处于平衡点的记忆规律。

3. 遗忘的影响因素

遗忘受很多因素的影响，主要包括如下几个。

(1) 干扰。遗忘是在学习和回忆时受到其他刺激干扰的结果。干扰一旦排除，记忆就能恢复。此学说的依据是"刺激—反应"理论，可从倒摄抑制和前摄抑制两个角度阐释。倒摄抑制是指后学习的材料对先前学习的材料的干扰作用。例如，学习完一种材料，马上就学习另一种新材料，这样就会忘记先学习的材料。前摄抑制是指先前学习的材料对回忆后学习的材料的干扰作用。前摄抑制和倒摄抑制的影响通常表现在对课文的学习上。例如，人们在学习一篇课文时，通常容易记住开头部分和结尾部分，最容易遗忘中间部分，其原因就在于中间部分受到前摄抑制和倒摄抑制的干扰。

因此，在学习过程中，最好将长段的内容分段后再记忆。同时，要利用好早晨起床后的时间和晚上临睡前的时间进行记忆。

(2) 识记材料的性质与数量。识记材料的性质对识记有重要影响，那些不重要、不能激起人们兴趣、不符合人们需要的材料，篇幅过长、内容较难理解、无意义的材料，以及排列在中间位置的材料，都很容易被遗忘；而那些重要的、符合人们兴趣和需求的材料，能够运用于日常生活和工作中的材料，比较形象的材料，则遗忘得较慢。在学习程度相等的情况下，识记材料越多，遗忘得越快；识记材料越少，则遗忘得较慢。因此，在学习时我们应根据材料的性质来确定记忆的数量，切忌贪多求快。

(3) 学习的程度。一般认为，对材料的识记达到恰能成诵的标准，称为低度学习；如果在达到恰能成诵之后还继续学习一段时间，则称为过度学习。实验证明，低度学习容易遗忘，而过度学习的记忆效果要好一些。当然，过度学习也应有一定的限度，花费在过度学习上的时间太多，会造成精力与时间的浪费。

(4) 识记者的态度。识记者对识记材料的需求、兴趣等对遗忘的速度有一定的影响。研究表明，在人们的生活中不占主要地位、不能引起兴趣、不符合需求的事物，将很快被遗忘；而人们对于符合需求、感兴趣、具有情绪作用的事物，则遗忘得较慢。另外，人们对于经过理解和积极组织的材料，遗忘得较少；而对于单纯重述的材料，识记的效果较差，遗忘得也较多。

(三) 遗忘的种类

遗忘分为两类，即暂时性遗忘和永久性遗忘。

1. 暂时性遗忘

从导致遗忘的原因来看，暂时性遗忘是指由其他刺激(外部强刺激或自身内部状态的干扰)而引起的抑制。这种抑制导致人们不能立即再认或再现原先识记的事物，但一旦抑制解除，记忆仍能恢复。例如，学生在考试时，由于疲劳或紧张，对于原本很熟悉的题目却不知从何答起，待疲劳或紧张缓解后才能想起答案，这就是暂时性遗忘。

2. 永久性遗忘

永久性遗忘是指由于没有进行复习和运用，导致已经识记的事物在头脑中保留的痕迹自动消失，不经重新学习记忆不能再恢复。例如，学生在考试中遇到一些问题，因没有复习而答不出、想不起来，即永久性遗忘。

三、记忆力提升策略

无论是在学习中掌握知识，还是在工作中积累经验，良好的记忆力具有非常重要的意义。旅游服务工作对从业人员的记忆力提出了很高的要求。例如，导游要熟记各地的风景名胜、物产民情、历史典故及民间传说等资料；酒店前台接待员要记住几种外语的日常用语、酒店服务设施情况、本地的旅游交通、天气等信息，以备客人询问；餐厅服务员要记住餐厅各种菜肴的名称、材料、烹饪方式以及价格等。所以，良好的记忆力是一名优秀的旅游从业人员应具备的基本素质。要培养良好的记忆力，可从以下几个方面入手。

(一) 明确记忆的目的和任务，树立记忆的信心

如果没有明确的记忆目的，即使是经常接触的事物，也很难记住。例如，我们每天都要走楼梯，却不一定能记住梯级的数目。所以，我们在学习一门课程前或者开展一项工作前，首先要明确学习或工作的目的和任务。这样，在具体的活动中，我们才能有目的地进行记忆，并自觉克服各种干扰，确保有关信息在大脑中长期保持。

在记忆时要树立信心，有了信心才能在记忆过程中保持积极的态度、高度的注意力和活跃的思维，记忆的效果和质量也会提高。有些人常常感叹"我记忆力不好"，有些人面对一大堆记忆材料时总是担心自己记不住。这些都是对自己的记忆力缺乏信心的表现，会给自己的记忆过程设下障碍。为了培养良好的记忆力，我们应树立信心，暗示自己"一定能记住"，这种积极的心理引导非常重要。

(二) 加深理解，培养兴趣

理解是记忆的金钥匙。心理学家认为，在大脑中建立联系或产生联想，达到理解，就能记得牢固，因为理解的实质是建立各知识点的广泛联系。这样，在记忆时就可"顺藤摸瓜"。

兴趣是提高记忆力的加速器。子曰："知之者不如好之者，好之者不如乐之者。"如果人们对所学的知识有浓厚的兴趣，就能积极主动而且心情愉快地学习，同时还能使注意力高度集中，强化各感觉器官和思维器官的活动，形成大脑的兴奋中心，将各种知识信息不断地传给大脑的神经中枢，从而留下较深的印象；反之，如果人们对所学的知识不感兴趣，长期处于被动吸收的状态，就不能安心学习，也无法牢记知识。因此，要提高记忆力，应积极培养自己对学习的兴趣。

(三) 防止遗忘，避免干扰

没有适当的复习，就很容易遗忘识记的材料。但是如果复习安排得不合理，也会影响记忆效果。在具体记忆时，可从以下几方面着手。

1. 充分利用多种感官

如果仅靠一种感官记忆，往往容易使人感到疲劳；如果能同时利用多种感官记忆，即眼看、口读、手写、耳听，则记忆效果会比单纯地看或听更好。心理学家曾经做过这样的实验，在相同的时间里，让3个班的学生记忆几十个英语单词。甲班采用看、读、听、写4种方式同时进行的方法，乙班采用看、读、听3种方式同时进行的方法，丙班只采用听的方法。结果，甲班默写这些单词的正确率为96%，乙班为72%，丙班为10%。可见，在记忆时使用尽量多的感官，可以提高记忆效果。

2. 采用尝试回忆的方法

尝试回忆是指记忆材料之后努力回忆，如果无法回忆再重新识记的记忆方法。例如，导游在记忆导游词时，可以先读、抄、听；识记几次后，尝试不看原文进行回忆；如果回忆不起来再看一下原文，继续回忆，直到可以完全背诵或默写出来为止。采用这种方法的记忆效果比单纯地重复诵读的效果好，可以使大脑保持积极的活动状态，有意识地集中精力识记那些难记的部分，从而提高记忆效果。

3. 记忆的内容数量较大时，采取分记法

对于内容繁多的材料，可以将其拆分成一些小段落分别识记，减少每次识记的材料数量。分段、分散记忆的效果一般比集中记忆的效果更好。例如，记忆5000字的文章，如果采取从头到尾一遍一遍识记的方式进行背诵，需要花27.5小时；如果采取分段背诵的方式，只需9.5小时。采用分段背诵的方式所花费的时间是采用完整背诵的方式所花费时间的1/3，可见分记可以大大提升记忆效果。

4. 采取过度学习

过度学习是指初步掌握学习的内容后仍不停止，继续巩固学习直至达到完全掌握的程度。我们平时学习时，如果能达到150%～200%的过度学习程度，就能实现高效率学习。

5. 及时复习，复习安排应先紧后松

通过艾宾浩斯的遗忘曲线可以发现，遗忘经常发生在识记完成后的一段时间内，这是因为新学的材料在大脑中保持得很不牢固，容易消失。所以，复习一定要及时，以便信息即将在大脑中消失时对其进行强化、巩固。如果错过了时机，就只能重新识记。复习的效果不取决于复习的次数，而取决于复习的时间。因此，对于刚学过的知识，不但要及时复习，还要适当增加复习的时间。随着记忆巩固程度的提高，复习的时间和次数可以逐渐减少。复习并不意味着机械重复，多样化的复习，可以使新旧知识结合得更牢固。

6. 充分利用最佳记忆时间

人在什么时间记忆力最好呢？人的大脑在一天中有一定的活动规律。一般来说，人在一天之中有4个记忆的黄金时间段，即晨起后1小时、8：00—10：00、18：00—20：00、临睡前1小时。合理利用这几个时间段记忆难记的学习材料，效果较好。另外还应注意，由于每个人的实际情况有所差异，记忆的黄金时间也不会完全一样，我们应根据自己的特点和生活规律找出最佳记忆时间加以利用。

拓展阅读

记忆的黄金时间

记忆效率与时间密切相关，以下是4个记忆黄金时段。

1. 清晨起床后(6:00—8:00)。大脑经过一夜休息，清醒且干扰少，适合背诵重要信息，如单词、诗词或公式。

2. 上午(9:00—11:00)。大脑精力充沛，逻辑思维活跃，适合学习需要理解和分析的内容，记忆效果好。

3. 傍晚(17:00—19:00)。傍晚是记忆力的第三个高峰期，大脑兴奋，适合复习当天内容，加深记忆。

4. 睡前一小时(21:00—22:00)。大脑放松，记忆内容易长期存储，适合回顾重点知识或简单练习。

(四) 采用适当助记法

我们在仓库中存放物品时，会将物品分门别类地堆放整齐，以方便储存和提取。如果随意堆放，物品很容易丢失，日后查找也比较困难。同样，如果记忆时只是盲目地死记硬背，即使花了很大的力气，效果也不会很好。所以，在识记时，要根据材料的特点选择适当的方法，一般常用的助记方法有以下几种。

采用适当助记法
提高记忆能力

1. 列表对比记忆法

列表对比记忆法将记忆材料按其结构特点，用图表的形式进行归类、对比，通过图表使繁杂的内容简单化、特征化、条理化，一目了然，从而易于记忆。例如，要识记白酒香型的分类知识，就可以采用列表记忆法，白酒香型的分类如表6-2所示。

表6-2　白酒香型的分类

香型	又名	特点	代表
酱香型	茅香型	酱香突出，优雅细致，酒体醇厚，回味悠长	贵州茅台
清香型	汾香型	清香纯正，口味协调，微甜绵长，余味爽净	山西汾酒
浓香型	窖香型	窖香浓郁，绵柔甘洌，香味协调，尾净余长	四川五粮液
米香型	蜜香型	清雅纯和，入口柔绵，落口爽洌，回味怡畅	广西桂林三花酒

2. 画图记忆法

通过画图，找出复杂知识的内在联系，寻找规律进行记忆。例如，利用五行相生相克图来记忆五行知识，如图6-4所示。

3. 自编提纲记忆法

例如，对于一辆自行车，如果只抓住它的车把或车轮，很难将它整辆提起来；如果抓住它的车架，就能很容易地将它提起来。记忆也是一样，要善于抓住材料的骨架，掌握它的结构，就能较容易地将它完整记住。编写提

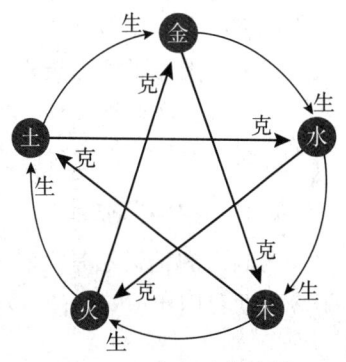

图6-4　五行相生相克图

纲是一种有逻辑思维参与的智力活动，在对记忆材料理解消化的基础上，挖掘材料的结构主线，回忆时通过主线的辐射作用，便可将材料的具体内容引出来。

4. 特征记忆法

在旅游服务工作中，服务人员每天都要接待不同的客人，怎样才能迅速地记住众多客人，不至于"张冠李戴"而产生误会呢？一些有经验的服务人员会采用特征记忆法，通过观察，抓住客人一两个比较明显的特征，根据这些特征来识别客人。所以，有时候我们不必花很多精力去了解材料的全部内容，而只需把握一些有代表性的特征，就可以比较容易地达到良好的记忆效果。例如，一个人名叫"文强"，他戴着眼镜，看起来文质彬彬，就可以通过"戴着眼镜，很斯文的文强"来辅助记忆。

拓展阅读

中国"四大名楼"特征记忆

黄鹤楼：以"仙人驾鹤"传说为特征，可记作"黄鹤仙人驾鹤去"。
滕王阁：以"滕王高阁临江渚"为特征，可记作"滕王阁临江渚"。
岳阳楼：以"洞庭天下水"为特征，可记作"岳阳楼洞庭水"。
鹳雀楼：以"白日依山尽，黄河入海流"为特征，可记作"鹳雀楼黄河入海流"。

5. 谐音记忆法

当记忆材料是一些无意义的、比较枯燥的数字和字母时，如果仅靠死记硬背，不但需要花费很多时间，而且容易忘记。我们可以将这类记忆材料通过谐音组合到一起，与某种自己熟悉的、有一定意义的事物联系起来，将机械识记转化成意义识记，往往能够取得"记中乐，乐中记"的事半功倍的效果。例如，"唐宋八大家"可以用谐音"三叔流汗拱石休"来记忆，正好对应唐宋八大家的名字——韩愈、柳宗元、欧阳修、苏洵、苏轼、苏辙、王安石、曾巩。再如，中国旅游日是5月19日，可以运用谐音记忆法，记作"我要走"。

6. 奇特联想法

奇特联想法将要识记的材料在头脑中人为地形成一些稀奇古怪的联想，以帮助记忆。例如，以"36计"的前3计为例，我们可以运用奇特联想法进行记忆。第1计"瞒天过海"。我们可以由数字"1"联想到"大树"，然后把"大树"放入这个计谋中，想象一个男孩砍倒了大树，钻入树洞里面，上瞒着天下瞒着海，偷偷渡过大海这个画面。第2计"围魏救赵"。由数字"2"联想到"鸭子"，然后我们把"鸭子"放入这个计谋中，想象一群鸭子围住了魏国想要救赵王出去这个画面。第3计"借刀杀人"。由数字"3"联想到"耳朵"，我们把"耳朵"放入这个计谋中，想象一个刺客借了一把刀想要杀人，但是由于刀法不熟练，误把自己的耳朵割掉了。

7. 编顺口溜记忆法

编顺口溜记忆法是一种通过将复杂的信息或知识点编成简单、押韵、朗朗上口的句子，帮助我们快速记忆的方法。例如，记忆中国旅游标志"马踏飞燕"的相关信息时，可以编一段顺口溜:"马踏飞燕真神气,东汉青铜第一名,甘肃武威出土的,旅游标志它第一。"再如,记忆"导游词撰写要点"时,也可以编一段顺口溜:"开头吸引人,内容有重点;语言要生动,结尾留悬念。"编顺口溜记忆法不仅能帮助我们快速、轻松地记住重点内容,还能让学习变得更加有趣!

拓展阅读

导游服务中的"三要素"

导游服务有三宝,语言知识技能好;
语言表达要清晰,知识储备要丰富;
服务技能要熟练,游客满意最重要。

导游服务中的"三多"原则

导游服务要用心,多观多通多反馈;
观察游客需求明,沟通交流情谊深;
反馈意见促提升,游客满意乐开颜。

8.争论记忆法

争论记忆法是一种通过讨论和争辩来加深记忆和理解的技巧,其核心在于通过与他人交流和争论,激发思维碰撞,从而巩固和检验所学知识。在争论过程中,大脑因"吃惊"或"顿悟"而产生新异刺激,这有助于增强记忆效果。同时,通过交流,可以及时纠正错误,加深对知识的理解。例如,在讨论"四大名著"的作者时,甲同学认为《西游记》的作者是吴承恩,但不确定《红楼梦》的作者;乙同学通过争论,指出《红楼梦》的作者是曹雪芹,并补充《水浒传》和《三国演义》的作者分别是施耐庵和罗贯中。通过争论,双方不仅巩固了已掌握的知识,还填补了知识空白。

拓展阅读

增强记忆力的食物

增强记忆力的食物主要有两大类,一类富含脂肪、蛋白质、胆碱、卵磷脂、钙、镁等,如橘子、玉米、花生、鱼、菠萝、鸡蛋、牛奶、小米、菠菜、蓝莓等;另一类富含蛋白锌,如牡蛎、核桃、蛋黄、芝麻等。此外,饮食应营养均衡,不可偏食。

项目测验

一、单选题

1.2秒~1分钟的记忆属于( )。
　　A.长时记忆　　B.瞬时记忆　　C.短时记忆　　D.感觉记忆
2.短时记忆的容量为( )。
　　A.7+2个组块　　B.5+2个组块　　C.7±2个组块　　D.5±2个组块

3. 感觉记忆又称为(　　)。
   A. 短时记忆　　B. 瞬时记忆　　C. 长时记忆　　D. 机械记忆
4. 记忆是人脑对于过去经验的(　　)。
   A. 反应　　B. 反射　　C. 反映　　D. 保持
5. "余音绕梁,三日不绝"是(　　)现象。
   A. 感觉　　B. 知觉　　C. 记忆　　D. 听觉

二、多选题

1. 记忆的3个环节包括(　　)。
   A. 识记　　B. 保持　　C. 再认　　D. 再现
2. 记忆按时间的长短可分为(　　)。
   A. 感觉记忆　　B. 短时记忆　　C. 永久记忆　　D. 长时记忆
3. 识记按有无明确的目的性和自觉性可分为(　　)。
   A. 意义识记　　B. 有意识记　　C. 机械识记　　D. 无意识记
4. 记忆按照内容可划分为(　　)。
   A. 形象记忆　　B. 逻辑记忆　　C. 语言记忆　　D. 情感记忆
5. 子曰:"知之者不如好之者,好之者不如乐之者。"这句话反映了(　　)在记忆中的作用。
   A. 理解　　B. 信心　　C. 目的　　D. 兴趣

项目实训 | 导游资格证备考助记法集锦

◇ 任务导入

国家导游员资格考试由文化和旅游部主办,是国家级职业资格考试。考生通过考试后可获得导游证,这是从事导游职业的必备证书,也是进入导游行业的"敲门砖"。持有导游证是合法从事导游工作的前提,更是旅游管理部门对导游进行管理的重要依据。因此,每年都有大量人员报考。该考试内容丰富、知识繁杂、范围广泛,对考生的记忆力提出了很高要求。因此,每位备考者都希望掌握有效的记忆方法,以提高备考效率,达到事半功倍的效果。

◇ 任务要求

一、编写一份"导游资格证备考助记法集锦"
二、"导游资格证备考助记法集锦"内容要求
1. 基于国家导游员资格考试的内容,提出助记方法。
2. 每一份项目文件所列举的助记方法不得少于6种。
3. 不限于教材所列出的助记法。
三、项目任务成果形式
提交"导游资格证备考助记法集锦"Word文档。
四、"导游资格证备考助记法集锦"文档排版要求

1. 版面设计美观，格式规范。

2. 标题：小二号字，宋体，加粗，居中，与正文内容之间空一行。

3. 一级标题：四号字，宋体，加粗，首行缩进2字符。

4. 正文：宋体，小四号字，首行缩进2字符。

5. 纸型：A4纸，单面打印。

6. 页边距：上2.5cm，下2cm，左2.5cm，右2cm。

7. 行距：1.5倍行距。

◇ **任务实施**

一、教学组织

1. 教师向学生阐述项目任务及要求。

2. 由4～5名学生组成一个学习团队，以团队形式完成项目任务。

3. 学习团队通过查阅教材、教师授课资料以及上网查找高效记忆法案例等，完善项目任务知识。

4. 教师解答学生的相关咨询，监督、指导、检查、评价项目任务的实施。

5. 提交项目任务成果，教师进行成果评定并进行提升性总结。

二、知识运用

良好记忆力的培养。

◇ **任务成果范例**(参见二维码)

荒岛寻宝记忆力测试

假设你是一位探险家，到太平洋某荒岛上寻宝，历经千辛万苦后，你发现了4扇门，你感觉哪扇门后藏着宝贝？

A. 雕花的双扇金属门

B. 陈旧的双扇木门

C. 沉重的单扇石门

D. 模糊的单扇毛玻璃门

测试结果分析 (详见二维码)

项目二　情绪与情感调控

项目目标

◇ 知识目标

1. 理解并掌握情绪与情感的概念、功能和两者之间的关系。
2. 理解并掌握情绪的要素。
3. 掌握情绪与情感的种类。
4. 掌握情绪调控方法。

◇ 能力目标

1. 能够理解情绪调控的重要性。
2. 能够通过情绪的外部表现,正确识别不同的情绪体验。
3. 能够运用情绪调控方法,进行自我情绪管理。

◇ 素质目标

1. 提高自我认知、自我激励和自我调节能力。
2. 理解和感受他人的情绪和情感,培养同理心。
3. 提高社会适应性。

项目知识

一、认识情绪和情感

(一) 情绪和情感的概念

人非草木,孰能无情。人生活在社会中,为了自身的生存和发展,需要不断地认识和改造客观世界,为人类文明的进步和发展创造条件。人在变革现实的过程中,必然要接触自然界或社会中各种各样的对象和现象,必然要面对得失、顺逆、荣辱等各种情境。因此,人有时感到高兴和喜悦,有时感到气愤和憎恶,有时感到悲伤和忧虑,有时感到爱慕和钦佩等,这里的高兴、喜悦、气愤、憎恶、悲伤、忧虑,都是情绪和情感的不同表现形式。

那么,究竟什么是情绪和情感呢?百余年来,心理学家对这一问题进行了长期而深入的研究,针对情绪和情感的实质提出了许多学说。但由于情绪和情感的复杂性,各人研究的角度、重点和方法不同，至今没有得出一致的结论。当前，一种比较流行的观点是，情绪与情感是人对客观事物是否满足自己的需要、愿望和是否符合自己的观点而产生的态度体验及相应的行为反应。

人们在活动与认知过程中，既表现出对事物的态度，又表现出这样或那样的情绪、情感。例如，儿童会因为取得好成绩而高兴，也会因为做错事受到老师的批评而感到内疚。又如，人们遇到危险时会产生紧张感或恐惧感，遇到那些违反社会道德标准的丑恶现象会产生厌恶感或愤怒感。这些以特殊方式表现出来的主观感受或体验，就是情绪和情感。

情绪和情感作为主观感受，也是对现实的反映，但它反映的不是客观事物本身，而是具有一定需要的主体和客体之间的关系。在主客体关系中，并不是任何事物都能引起人的情绪与情感体验。例如，在一般情况下，车声、铃声不能引起我们的情感体验，但当我们在聚精会神地思考某些问题时，这些声音就会让我们产生厌恶的情绪；当我们急切地盼望下课时，或在车站等候来车时，铃声和车声又会让我们产生愉快、高兴的情绪。这说明客体能否引起人的情绪与情感体验，是以人的需要为中介的。凡是能满足人的需要或符合人的愿望、观点的客观事物，就会使人产生愉快、喜爱等肯定的情绪与情感体验；凡是不符合人的需要或违背人的愿望、观点的事物，就会使人产生烦闷、厌恶等否定的情绪与情感体验。

(二) 情绪和情感的区别与联系

情绪和情感是十分复杂的心理现象。在西方的心理学著作中，常把情绪和情感合称为感情，即感情的概念包括心理学中的情感和情绪两个方面。

1. 情绪与情感的区别

情绪和情感是两种难以分割又有区别的主观体验，两者的区别表现在以下几个方面。

(1) 情绪更多地与人的物质或生理需要相联系，而情感更多地与人的精神或社会需要相联系。情绪是人和动物共有的，尽管人的情绪由于需要的社会化而不同于动物的情绪，但在表现形式上还是带有原始性动力特征的；而情感是人所特有的，带有显著的社会历史制约性，是个体社会化的重要组成部分。

(2) 情绪具有一定的情境性、激动性和暂时性，它往往随着情境的改变和需要的满足而迅速增强或减弱或消失，一般不具有稳定性；而情感虽然也会受一定的情境的影响，但情感是个性结构或道德品质中的重要成分之一，是对人对事稳定态度的反映，具有较强的稳定性、深刻性和持久性。

(3) 情绪是情感的表现形式，通常具有明显的冲动性和外在表现形式，常常伴随一定的机体生理反应，如欣喜若狂的同时伴随手舞足蹈、怒不可遏的同时伴随肾上腺素的急剧上升等；情感则显得更加深沉，常以内心体验的形式存在，如深沉的爱、殷切的期望、痛苦的思虑等，往往深埋心底，不易外露。另外，情绪一旦爆发，往往一时难以控制，有时甚至带有破坏性；而情感不存在这种情况，它始终在意识控制范围内。

2. 情绪与情感的联系

情绪和情感虽有区别，但两者都是需要是否得到满足的一种主观体验。在具体的人的身上，它们总是彼此依存、融于一体、难以分开。情感离不开情绪，稳定的情感是在情绪的基础上形成的，同时又通过情绪反应得以表达，离开情绪的情感是不存在的；情绪也离不开情感，情绪的变化往往反映情感的深度，在情绪发生的过程中，常常深含情感。

情绪与情感体验是错综复杂、细腻多样的，一种情感往往还包含几种不同的情绪，在表现方式上有时不易辨认清楚。例如，苦闷和绝望、忧伤和悲痛、默许的微笑和否定的微笑等，就不容易一下辨认清楚，要根据当时的客观情况仔细观察、深入了解。

(三) 情绪和情感的功能

1. 信息交流功能

情绪和情感是重要的非言语信息交流工具。在旅游活动中，旅游者和旅游从业者的情绪和情感状态可以通过面部表情、肢体语言、语调等非言语方式传递给他人。例如，当旅游者在景区遇到困难时，他们可能会表现出焦虑或困惑的表情，这种情绪信号能够迅速被旅游从业者捕捉到，从而及时提供帮助。同样，旅游从业者热情、友好的情绪表达也能让旅游者感受到温暖和欢迎，提高旅游者的满意度和忠诚度。情绪和情感的信息交流功能有助于促进旅游过程中旅游者与旅游从业者的沟通与理解，减少双方的误解和冲突。

拓展阅读

非言语表情的作用

心理学家研究发现，在英语国家居民的日常交往中，信息传递有55%是通过非言语表情实现的，有38%是通过言语表情(如语调、语气等)传递的，而真正依靠言语内容传递的信息仅占7%。从信息交流的发生来看，表情交流比言语交流出现得更早，如婴儿最初通过表情与成人沟通。表情不仅能有效传递信息(如微笑表示友好、点头表示同意)，还能补充言语交流，使信息更明确。在言语模糊时，表情可提供关键线索。表情比语言更具生动性、表现力和感染力，有时甚至能产生"此时无声胜有声"的效果。

2. 调节功能

情绪和情感对个体的行为和心理状态具有调节作用。在旅游情境中，积极的情绪和情感能够激发旅游者的探索欲望和行为积极性。例如，旅游者在欣赏美丽的自然风光时，会产生愉悦和兴奋的情绪，这种情绪会促使他们更主动地参与旅游活动，如拍照、分享感受等。相反，消极的情绪和情感可能会抑制旅游者的行为。例如，当旅游者遇到恶劣的天气或不愉快的事件时，可能会产生沮丧或愤怒的情绪，从而降低旅游活动的参与度。此外，情绪和情感还能调节个体的心理平衡。在旅游过程中，旅游者可能会遇到各种压力和挑战，如行程安排紧张、交通拥堵等。此时，通过调节情绪和情感，旅游者可以更好地应对这些压力，保持良好的心理状态，从而提升旅游体验。

3. 感染功能

情绪和情感具有很强的感染性，能够在人与人之间传播。在旅游活动中，旅游者之间、旅游者与旅游从业者之间的情绪和情感感染作用尤为明显。例如，当一位旅游者在景区中表现出对某个景点的极度喜爱和兴奋时，这种积极的情绪可能会感染周围的旅游者，使他们也对该景点产生兴趣。同样，旅游从业者的情绪状态也会对旅游者产生影响。如果旅游从业者始终保持热情、积极的情绪，这种情绪会感染旅游者，使旅游者在整个旅游过程中都保持良好的心情。相反，如果旅游从业者表现出冷漠或不耐烦的情绪，可能会让旅游者感到不愉快，从而影响整个旅游体验。情绪和情感的感染功能不仅能够增强旅游活动的氛围和趣味性，还能够促进旅游者之间的互动和交流，提升旅游的社会性体验。

总之，情绪和情感在旅游活动中具有重要的功能。旅游从业者应该充分认识到情绪和情感的作用，通过积极的情绪表达和情感管理，为旅游者提供更好的服务，提升旅游者的满意度和忠诚度。同时，旅游者也应该学会调节自己的情绪和情感，以更好地应对旅游过程中的各种情况，享受愉快的旅游体验。

拓展阅读

掌控90%，提升生活幸福感

美国社会心理学家费斯汀格(Festinger)提出"费斯汀格法则"，他认为生活的10%是由发生在你身上的事情组成，而另外的90%则是由你对所发生的事情如何反应来决定。换言之，生活中有10%的事情是我们无法掌控的，而另外的90%却是我们能掌控的。

费斯汀格举了这样一个例子。卡斯丁早上洗漱时，随手将自己的高档手表放在洗漱台边。妻子怕手表被水淋湿，就随手拿起放在餐桌上。儿子起床后到餐桌上拿面包时，不小心将手表碰到地上摔坏了。

卡斯丁很喜欢这只手表，就把儿子揍了一顿，然后黑着脸骂了妻子一通。妻子不服气，于是两人吵了起来，卡斯丁一气之下没有吃早餐，直接开车去了公司。快到公司时，他突然发现自己忘了拿公文包，又立刻返回家中。可是家中没人，卡斯丁的钥匙在公文包里，他进不了门，只好打电话向妻子要钥匙。妻子慌慌张张地往家赶时，撞翻了路边的水果摊，她赔了一笔钱才脱身。待拿到公文包后，卡斯丁已迟到15分钟，挨了上司一顿严厉的批评，卡斯丁的心情坏到了极点。下班前，他又因一件小事和同事吵了一架。妻子也因早退被扣除当月全勤奖。儿子这天参加棒球赛，原本夺冠有望，却因心情不好发挥不佳，第一局就被淘汰了。在这个事例中，手表摔坏是其中的10%，后面发生的一系列事件就是另外的90%。

我们每个人都是不良情绪的始作俑者，同时也是不良情绪的受害者。其实，只要事件中的某个人可以控制自己的情绪，这个恶性循环就会停止。所以，我们在生活中应该掌控自己的情绪，不要让坏情绪到处"惹祸"。同时，要把自己快乐、积极的情绪传递给他人。因为每个人都希望自己是快乐的，当你把积极情绪传递给他人的时候，必然会被他人所接受。

二、情绪的要素

美国心理学家伊扎德(C.E.Izard)认为，情绪包括生理层面上的生理唤醒、认知层面上的主观体验、表达层面上的外部行为。当情绪产生时，这3个层面共同活动，构成一个完整的情绪体验过程。情绪与有机体的需要联系紧密，它是以需要为中介的一种反应形式。客观世界中的某些刺激并不一定能引发人的情绪，只有与人的需要有直接或间接联系的事物才能使人产生情绪。通常，那种能满足人的某种需要的对象，会引起肯定的情绪体验(如满意、愉快、喜悦等)；反之，那种妨碍与干扰需要得到满足的对象，就会引起否定的情绪体验(如不满意、痛苦、忧愁、恐惧、愤怒等)。

生理唤醒、主观体验和外部行为作为情绪的3个组成部分，只有3者同时活动、同时存在，才能构成一个完整的情绪体验过程。例如，当一个人佯装愤怒时，他只有愤怒的外在行为，并没有真正的内在主观体验和生理唤醒，因而也就称不上有真正的情绪过程。因此，情绪必须满足上述3个方面同时存在并且有一一对应的关系这两个条件，一旦出现不对应的情况，便无法确定真正的情绪是什么。

(一) 情绪的生理唤醒

在不同的情绪状态下，与人的心律、血压、呼吸乃至内分泌、消化系统等相关的生理指数都会发生相应的变化。例如，人在焦虑状态下，会感到呼吸急促、心跳加快；人在恐惧状态下，会出现身体战栗、瞳孔放大的生理特征；而在愤怒状态下，则会出现汗腺分泌增加、面红耳赤等生理特征。这些变化都是受人的自主神经支配的，是不由人的意志所控制的。因此，情绪状态下的这些变化，具有极大的不随意性和不可控制性。例如，当我们遇到考试失利、情感挫折、学习压力时，不可避免地会出现一些情绪上的反应，即使你再不愿意，甚至努力控制，情绪也会出现。

(二) 情绪的主观体验

人在不同情绪下的状态生理变化必然会反映在人的知觉上，反映到人的意识中来，从而形成不同的内心感受和体验。情绪的主观体验是人的一种自我觉察，即大脑的一种感受状态。人有许多主观感受，如喜、怒、哀、乐、爱、恶、惧等。人对自己、对他人、对事物都会产生一定的态度并产生不同的感受。例如，对朋友遭遇的同情，对敌人凶暴的仇恨，因事业成功的欢乐，因考试失败的悲伤等。这些主观体验只有个人内心才能真正感受到或意识到。例如，我知道"我很高兴"，我意识到"我很痛苦"，我感受到"我很内疚"等。

(三) 情绪的外部行为

情绪和情感发生时，通常伴随外部表现。这种外部表现是指可以直接观察到的某些行为特征，如面部可动部位的变化、身体的姿态、手势以及言语器官的活动等。心理学中通常把这些与情绪、情感有关联的行为特征称为表情动作。其中，以面部表情最为重要。表情是人际交往的一种形式，是表达思想、传递信息的手段，也是了解情绪、情感的主观体验的客观指标之一，常见的表情有以下几种。

1. 面部表情

面部表情是情绪最直接和明显的外在表现形式。面部肌肉的细微变化能够传达丰富的情感信息。例如，当旅游者感到快乐时，通常会嘴角上扬、眼睛眯起，眉眼之间散发着愉悦的光芒；而当旅游者感到愤怒时，通常会眉头紧锁、眼睛瞪大、嘴角下撇，整个面部肌肉紧绷。在旅游场景中，导游可以通过观察旅游者的面部表情来判断他们对景点的兴趣、满意度或是否遇到问题。例如，旅游者在欣赏风景时面带微笑，说明他们可能对眼前的景色感到满意；而当旅游者皱眉或面露不悦时，则可能需要导游及时上前询问是否需要帮助。

> **拓展阅读**

面部不同部位在情绪表达中的作用

美国心理学家保罗·艾克曼(Paul Ekman)的研究表明，人脸的不同部位在表达情绪时的作用各不相同。例如，眼睛在表达忧伤时起着重要作用，口部则对表达快乐和厌恶最为关键，而前额能够传递惊奇的信号。此外，艾克曼还通过研究发现，眼睛、嘴巴和前额在表达愤怒情绪时都扮演着重要角色。

中国心理学家林传鼎的研究指出，人的口部肌肉在表达喜悦和怨恨等少数情绪时比眼部肌肉更为重要，但在表达忧愁、愤恨、惊骇等情绪时，眼部肌肉的作用则更为显著。

这些研究结果表明，面部表情在传递情绪信号时各有侧重，而这种差异也反映了情绪表达的复杂性和多样性。

2. 身体表情与手势表情

除了面部表情，身体和手势也能传递出旅游者的情绪状态。身体姿势和动作是情绪表达的重要组成部分。例如，当旅游者感到放松和舒适时，他们的身体姿态通常是自然舒展的，双手自然下垂或轻轻摆动；而当他们感到紧张或不安时，身体会不自觉地紧绷，双手可能会紧紧握住背包或互相交叠。手势是情绪表达的重要方式。例如，在导游讲解过程中，旅游者频繁点头，表示他们对导游的讲解感兴趣并表示认同；而如果他们频繁摇头或双手交叉抱胸，则可能意味着他们对某些内容持怀疑或不感兴趣的态度。在旅游活动中，导游可以通过观察旅游者的身体和手势动作，及时调整讲解内容或服务方式，以更好地满足旅游者的需求。

3. 语调表情

语调表情是指通过语言的音调、节奏和音量来表达情绪。语调的变化能够传递旅游者的内心感受。例如，当旅游者用轻快、高昂的语调说话时，通常表示他们处于兴奋或愉悦的情绪状态；而当他们用低沉、缓慢的语调说话时，则可能暗示着他们心怀不满、感到疲惫或者沮丧。在旅游过程中，旅游者可能会对某些景点或服务发表评论。导游可以通过倾听他们的语调来判断情绪倾向。例如，旅游者在讨论某个景点时语调欢快，说明他们对该景点印象深刻；而当他们用抱怨的语调提及某个问题时，导游则需要及时关注并解决，以提升旅游者的满意度。

总之，面部表情、身体姿势与手势、语调等，构成了人类的非言语交往形式，心理学家和语言学家称之为"体语"(body language)。人与人之间除了可以使用语言沟通达到互相了解的目的之外，还可以通过由面部表情、身体姿势与手势以及语调等构成的体语，来表达个人的思想感情和态度。在许多场合中，人们无须使用语言，通过观察脸色、手势、动作，听听语调，就能知道对方的意图和情绪。在日常生活中，体语经常成为人们判断和推测情绪的外部指标。

三、情绪和情感的种类

(一) 依据情绪的性质分类

人的情绪是多种多样的,我国古代就有"喜、怒、哀、乐、爱、恶、惧"七情的说法。心理学界一般认为,快乐、愤怒、悲哀和恐惧是人的4种基本情绪。这些基本情绪与生俱来,与人的基本需要相联系。

1. 快乐

快乐主要是指个体盼望的目的达到或需要得到满足,继而解除紧张感时的情绪体验。快乐的程度取决于目的的重要程度和目的达到的意外程度。追求的结果对个体而言越重要,或者达到目的的意外程度越高,那么所引起的个体快乐感也就越强烈。

2. 愤怒

愤怒主要是指由于个体所追求的目的和愿望不能达到或顽固地、一再地受到妨碍,逐渐积累而成的情绪体验。愤怒的程度取决于所受干扰的大小及违背愿望的程度,同时也受人的个性的影响。愤怒的情绪不一定是由个体所遭受的挫折引起的,只有那些不合理的挫折才是造成愤怒情绪的原因。

3. 悲哀

悲哀主要是指个体在失去所盼望的、所追求的事物或有价值的东西时产生的情绪体验,如亲人去世、考试失败等。悲哀的程度取决于所失去的对象的重要性和价值,越是具有重要意义或是价值越高的对象,个体在失去以后所引起的悲哀情绪也就越强烈。有时伴随着悲哀会出现哭泣行为,哭泣可以适当地释放紧张感,给个体带来轻松感。

4. 恐惧

恐惧主要是指个体由于缺乏处理或摆脱可怕或危险的情境(事物)所需的力量和能力而带来的情绪体验。恐惧与快乐、愤怒不同,快乐和愤怒都是会使个体产生接近意图的情绪,而恐惧是会使个体产生企图逃脱、回避危险的情绪,它比其他情绪更具有感染力。

上述4种基本情绪在体验上是单纯的、简单的,在这4种基本情绪的基础上,可以衍生许多种不同组合的复合情绪和情感,例如厌恶、羞耻、悔恨、嫉妒、喜欢、同情等。这些复合情绪和情感往往有着相对复杂的社会内涵和主观体验。

(二) 依据情绪状态分类

情绪状态是指在某个事件或某种情境的影响下,在一定时间内产生的激动不安的状态。其中,较为典型的情绪状态有心境、激情、应激。

1. 心境

心境是一种比较微弱、平静而持久的情绪状态。平稳的心境可持续几个小时、几周或几个月,甚至一年以上。它可能是愉快的或忧郁的,也可能是恬静的或朝气蓬勃的。

心境一经产生，就不只表现在某一特定对象上，在相当长一段时间内，它能使人的整个生活都染上某种情感色彩。例如，当一个人高兴的时候，会觉得周围的环境仿佛变得清新明亮、赏心悦目；反之，当一个人心灰意冷的时候，良辰美景也会给他带来一种无可奈何之感。古语"忧者见之而忧，喜者见之而喜"正是对心境的生动描述。

引起心境的原因是多种多样的。例如，师生关系、学习成绩、环境条件变化、工作变动、身体状况变化等，都可能成为引起某种心境的原因。

心境对生活、工作和学习的影响很大。良好的心境能使人处于欣喜状态，保持头脑清醒，从而克服前进中的困难，提高工作效率；消极的心境能使人厌世消沉。因此，为了高效地工作和学习，我们应主动控制心境，经常保持积极的良好心境。

2. 激情

激情是一种猛烈的、迅速爆发而持续时间短暂的情绪状态，这种情绪状态通常是由对个人有重大意义的事件引起的。例如，重大成功之后的狂喜，惨遭失败之后的绝望，突如其来的危险所带来的异常恐惧，亲人突然死亡引起的极度悲痛等，都是激情状态。

激情状态往往伴随生理变化和明显的外部行为表现。例如，盛怒时，全身肌肉紧张、双目怒视、怒发冲冠、咬牙切齿、紧握双拳等；狂喜时，眉开眼笑、手舞足蹈；极度恐惧、悲痛和愤怒之后，可能导致精神衰竭、晕倒、发呆，甚至出现所谓的激情休克现象，有时表现为过度兴奋、言语紊乱、动作失调。

激情有积极和消极两种，积极的激情可以成为人们投入行动的巨大动力，对学习、生活、工作具有重大意义，例如见义勇为。消极的激情会带来不良后果，人在消极激情状态下往往会出现"意识狭窄"现象，即认知活动的范围缩小，理智分析能力受到抑制，自我控制能力减弱，进而导致人的行为失去控制，甚至做出一些鲁莽的行为或动作。

对于消极的激情要用意志力加以控制，转移注意力以减弱激情爆发的强度，不让消极的激情支配自己。有人以激情爆发为理由来原谅自己的错误，认为"激情时完全失去理智，自己无法控制"，这种说法是不对的。人能够意识到自己的激情状态，就能够有意识地调节和控制它。因此，任何人对自己在激情状态下的失控行为所造成的不良后果都要负责任。

3. 应激

应激是指人对某种意外的环境刺激所作出的适应性的反应。当人陷入困难和危险的情境，必须当机立断作出重大决策时，便进入了应激状态。例如，疾驶中的司机突然发现距车很近的地方有个障碍物，于是紧急刹车；战士排除定时炸弹时，紧张而又小心翼翼地动作；飞机发动机突然发生故障，驾驶员紧急与地面联系着陆等。在这些情况下，人们所产生的一种特殊紧张的情绪体验，就是应激状态。

应激状态下可能有两种表现：一种表现是人的心理活动立即动员起来，调动身心各种潜力，保持旺盛的精力，使思想特别清晰，使动作机敏、准确，从而推动人化险为夷、转危为安、摆脱困境；另一种表现是人的活动处于抑制状态，注意和知觉范围缩小，手脚失措、行动紊乱，做出不适宜的动作。

在应激状态下，某些消极表现可以通过提高认识、接受训练加以调节。例如，导游员在长期的带团工作中，积累了丰富的经验和处理各种突发事件的方法，便能从容而顺利地解决旅程中突然发生而又必须立即做出决策的问题。

(三) 依据情感的社会性内容分类

依据情感的社会性内容，可以把情感分为道德感、理智感和美感。

1. 道德感

道德感是关于人的言行是否符合一定的社会道德标准而产生的情感体验，它是人的行动与道德需要之间的关系的反映。当自己的思想意图和行为举止符合一定社会道德准则的需要时，就会产生幸福感、自豪感和欣慰感，感受到道德上的满足；否则，就会感到惭愧、内疚、自责或不安等。同样，当别人的言行符合道德标准时，人们就会对他产生爱慕、崇敬、尊重、钦佩等情感；而对那些违背道德标准的思想和行为，人们就会产生厌恶、反感、鄙视、憎恨等体验。我们爱祖国、爱人民、爱劳动、富有同情心和对事有责任感，这些都属于道德感。

道德感是品德结构中的重要成分，对人的行为有巨大的推动、控制和调节作用，它可以促使人们把自己的精力用于有益的活动，作出高尚的举动。

2. 理智感

理智感是人在智力活动过程中，认识和评价事物时所产生的情感体验，是人们因认识现实、掌握知识和追求真理的需要能否得到满足而产生的一种情感体验。例如，人们在解决问题的过程中出现的疑虑、惊讶、焦躁以及问题解决之后的喜悦、快慰，人们在探索未知事物时所表现的求知欲望、认知兴趣和好奇心等，都属于理智感。理智感主要表现为好奇心、求知欲、质疑感和追求真理的强烈愿望等。

3. 美感

美感是人根据一定的审美标准，在对客观事物、艺术品以及人的道德行为的美学价值进行评价时，所产生的情感体验。例如，对锦绣河山、名胜古迹、艺术珍品、体育竞赛、文艺表演、英雄人物的行为等的赞美、歌颂、感叹；对损人利己、虚伪、两面三刀、狡猾奸诈等品质和行为的厌恶、憎恨等。美感能使人精神振奋、积极乐观、心情愉快，能丰富人的心灵，能增加生活情趣，还能引导人们以美丑的评价去赞扬美好的事物，贬斥丑陋的行为。

四、情绪的调控

一般而言，喜、怒、哀、乐是人的情绪的正常反应。但是，在什么时间、什么地点和场合，对什么人采取什么样的反应方式，要以社会和道德的规范标准为依据。也就是说，情绪是可以调控的，情绪的反应以及情绪所表现的行为要符合社会规范。此外，情绪的调控还包括自我情绪调节能力。例如，当我们表达愤怒的情绪时，要控制在他人能够接受的程度内；当我们表达兴奋的情绪时，要确保自己不失态；当我们的情绪陷入忧虑时，要尽量将其保持在不影响正常学习和生活的程度。

情绪是可以调控的，情绪与个人的态度是紧密相连的。在生活中，我们可以通过改变自己的态度来控制自己的情绪。

拓展阅读

情绪ABC理论

情绪ABC理论是由美国心理学家艾利斯(A.Ellis)创建的。该理论认为，激发事件A(activating event的第一个英文字母)只是引发情绪和行为后果C(consequence的第一个英文字母)的间接原因，而引起C的直接原因则是由个体对激发事件A的认知和评价而产生的信念B(belief的第一个英文字母)。也就是说，人的消极情绪和行为障碍结果C不是由某一激发事件A直接引发的，而是由经受这一事件的个体对它不正确的认知和评价所产生的错误信念(非理性信念)B直接引起的。

(一) 情绪调控的重要性

情绪如四季变换一样自然地发生，一旦情绪产生波动，个人会将愉快、气愤、悲伤、焦虑或失望等各种不同的内在感受表现出来。如果负面情绪经常出现而且持续不断，就会对个人产生负面的影响，如影响身心健康、人际关系或日常生活等。

1. 影响生理健康

据统计，目前由情绪引起的疾病已超过200种，不良情绪是引起我们身体疾病的"罪魁祸首"之一。大量临床医学研究表明，小到日常感冒，大到危及生命的恶性肿瘤，都与坏情绪有着密不可分的关系。

曾有人做过一个心理学情绪实验，他把刚出生的两只羊分别放在不同的环境中生活。一只羊散养在草原上，每天可以自由快乐地奔跑；另一只羊则被拴在一个木桩旁，并且在它的旁边拴了一只狼，但狼并不能吃到这只羊。一段时间后，自由生活的那只羊长得非常健康，而被拴住的那只羊却死了，它不是被狼吃掉，而是因为每天面对凶恶的狼，心里非常恐慌，根本无心进食，最后因为过度焦虑而死。

实验表明，不良情绪会导致身体疾病的发生与病情的恶化。情绪致病主要有两种情况：一是情绪波动太大，过于激烈。例如狂喜、暴怒、骤惊等，往往会致病伤人。《范进中举》描述了范进中举后喜极而疯的故事，生活中也有很多因过喜而致疯、因惊恐而晕厥、因暴怒引起脑出血的事例。二是情绪波动强度虽然不大，但是波动持续时间过长。例如长时间的悲伤、忧虑、思念，使人经常处于心境不佳的状况，很容易导致疾病。因此，我们在表达情绪时，不能任其发展，要做到"喜怒有常"和"喜怒有度"。

拓展阅读

美国生理学家爱尔马曾通过一个实验揭示了情绪对健康的重大影响。他收集了人们在不同情绪状态下呼出的"气水"，发现：当人处于心平气和的状态时，水是澄清透明的；当人处于悲痛的状态时，水中会出现白色沉淀物；当人处于悔恨的状态时，水中会产生蛋白质沉淀物；当人处于生气的状态时，水中会出现紫色沉淀物。更令人震惊的是，他将人生气状态下的"气水"注入大白鼠体内，仅12分钟后，大白鼠便死亡。这表明，人在生气时分泌的物质复杂且具有毒性，长期处于这种情绪状态的人，健康和寿命都会受到严重影响。

生活中，我们应学会宽容与理解，避免让愤怒主导心灵，时刻铭记"气大伤身"的道理，以宁静、博爱的心态面对世间万事，烦恼自然会悄然退去。

2. 影响人际关系

情绪表达对人际关系的经营具有重要影响。倘若一个人总是任由负面情绪失控，例如乱发脾气，久而久之，他人便会视该人为难以相处之人，甚至将其列为拒绝往来的对象；反之，如果能经常面带微笑，多赞美他人，以亲切的态度与别人和谐相处，人际关系自然会逐渐改善，人生也会远离寂寞和孤独。

(二) 情绪调控的方法

"月有阴晴圆缺，人有喜怒哀乐。"但这并不意味着我们是情绪的奴隶，任它支配自己的行为。当我们受负面情绪困扰时，不妨采用下述方法自主调控情绪。

1. 注意力转移法

注意力转移法是指把注意力从产生消极否定情绪的活动或事物上转移到能产生积极肯定情绪的活动或事物上来。例如，转移话题、做感兴趣的事等，给情绪一个缓解的机会，让自己摆脱消极情绪的影响。这种方法的生理机制是大脑皮层优势兴奋中心的转移。当人陷入逆境时，一味地沉湎于否定情绪中，会使身心受到伤害，所以，必须把受挫后集中于否定情绪的注意力转移到愉快的、有意义的活动上来。具体有以下几种方法。

(1) 做自己感兴趣的事。当我们陷入负面情绪时，不妨试着做一些自己感兴趣的事情，如读书、绘画、科研、学技术等；还可以做一些层次较低的活动，如吃东西、逛街、打牌等。当然，我们强调层次较高的转移。例如，第二次世界大战时期，美国总统富兰克林·罗斯福用集邮来调节自己紧张的情绪。他每天强迫自己挤出一个小时的时间用来集邮，在这段时间里，他把自己关在一幢房子里，摆弄各种邮票，借此摆脱周围的一切。在集邮之前，他满脸阴沉，心情忧郁，疲惫不堪；而结束集邮活动后，他的精神状态完全变了，甚至感觉整个世界都变得明亮了。

(2) 改变环境。环境对情绪有重要的调节和制约作用。素雅整洁、光线明亮、颜色柔和的环境，会使人产生恬静、舒畅的情绪；相反，阴暗、狭窄、肮脏的环境，会给人带来憋闷和不快的情绪。因此，改变环境，也能起到调节情绪的作用。例如，列宁就经常通过郊游来放松心情。当你受到不良情绪困扰时，不妨到外面走走，看看美景，大自然的美景能够旷达胸怀、欢愉身心，对于调节人的心理活动有着很好的效果。

(3) 音乐陶冶。曲调和节奏不同的音乐可以使人产生不同的情绪体验。在国外，音乐疗法已经广泛应用于外科手术及精神病、抑郁症、焦虑症等病症的治疗。音乐作为一种艺术形式，是情绪情感的一种表现方式。音乐会把你带入另一个时空，然后，你会发现让你不快的事情可能已经没有那么严重了，因为人的不良情绪经常是因一时钻牛角尖而起的。音乐的神奇作用早有例证，在美国汽车城底特律的许多加油站，加油者都需要排长队，加油者常因等候时间太长而心急火燎，甚至争执吵闹。自从各加油站播放古典音乐和轻音乐后，这类吵闹现象大大减少。音乐还可以使人忘掉恶癖。例如，大音乐家肖邦弹奏的钢琴声曾吸引了一个抽烟成瘾的人，他自称一时一刻也离不开烟(除了睡觉)，然而，当他凝神倾听肖邦演奏时，竟然没有发觉他的烟早已熄灭了。可见，音乐具有神奇的作用。在医学领域，也常用音乐疗法治疗某些疾病，因为音乐具有镇痛的作用。据此，当人受挫后产生否定情绪时，同样可以通过音乐来转移注意力。在实际应用中，可让不同情绪的人欣赏不同的音乐。例如，忧郁烦恼时，可以听《蓝色多瑙河》《卡门》《渔舟唱晚》《步步高》等意境广阔、充满活力、轻松愉快的音乐；失眠时可以听莫扎特幽雅宁静的《摇篮曲》、门德尔松的《仲夏夜之梦》等乐曲；情绪低落时可以听贝多芬高亢激昂的《命运交响曲》。

2. 合理宣泄法

一个人的情绪应该表达而没有表达出来的状况，称为"情绪便秘"。美国著名外科医师希格尔曾表示，一个人如果无法表达内心的冲突，生命机能的运作将受到影响。相关研究证明，人在愤怒的情绪状态下，常伴有血压升高，这是正常的生理反应。如果怒气能适当宣泄，紧张情绪就能松弛下来，升高的血压也会降下来；如果怒气受到压抑，长期得不到发泄，那么紧张情绪得不到平定，血压也降不下来，持续过久，就有可能导致高血压。由此可见，情绪需要及时宣泄。情绪宣泄是平衡心理、保持和增进心理健康的重要方法。当不良情绪来临时，我们不应一味控制与压抑，而应该用一种恰当的方式，为不良情绪找一个适当的出口，让它远离我们。

情绪应该宣泄，但要合理宣泄。当有怒气的时候，一不要把怒气压在心里，生闷气；二不要把怒气发泄在别人身上，迁怒于人，找替罪羊；三不要把怒气发泄在自己身上，如自己打自己耳光、自己咒骂自己，甚至选择自残的方法来自我惩罚；四不要大叫大闹、摔东西，以很强烈的方式把怒气发泄出去。上述做法不但于事无补，反而会使问题进一步恶化，给自己带来更大的伤害。

拓展阅读

在美国，有一家"泄气服务中心"，专门帮助人们发泄不良情绪。该中心提供三项服务：一是器皿摔掷服务，失意者可以随意砸摔残次品器皿，虽然需要照价赔偿并支付高额服务费，但这种方式很受欢迎；二是模拟挫折情景，通过橡皮人或模拟头像，让失意者"攻击"导致挫折的"仇人"；三是提供倾诉对象，让失意者表达感受，宣泄情绪。尽管该中心收费高昂，但这种服务有效减轻了人们的心理压力，避免了因直接攻击他人而产生的负面后果，因此生意兴隆。类似的服务模式也出现在日本丰田汽车公司，该公司为员工设置了"职工泄气室"，以帮助员工释放压力，这一举措深受员工欢迎。

在我国古代，许多人遭遇不幸时，常常有感赋诗，这实际上也是一种宣泄情绪的正常方式。培根曾说过："如果你把快乐告诉一个朋友，你将得到两份快乐；而如果你把忧愁向一个朋友倾吐，你将分掉一半忧愁。"在日常生活中，当我们遇到情绪困扰时，不妨找老师、同学或亲朋好友，向他们倾诉自己的积郁情绪。这样，一方面，能使不良情绪得到发泄；另一方面，在倾诉烦恼的过程中，也可以得到更多的情感支持和理解，并能获得认识问题和解决问题的新启示，增加克服困难的勇气。

此外，如果你喜欢运动，可以在生气和郁闷的时候跑步、打球或者打沙袋，把令你产生不良情绪的人想象成沙袋；你也可以到歌厅里去吼几嗓子，你的不快情绪很快就会随着你的歌声宣泄出去；你还可以把不满情绪尽情地写出来，想怎么说就怎么说，怎么解气就怎么骂，写完后，将这些"负面情绪"一把火烧掉。此时，你会发现，你的怒气也化作云烟了。

另外，哭泣也是一种很有效的情绪宣泄方式。当我们感到过度痛苦和悲伤时，放声痛哭比强忍眼泪要好。研究证明，情绪性的眼泪和其他情境下的眼泪不同，它含有一种有毒的化学物质，会引起血压升高、心跳加快和消化不良等症状。通过流泪，可把这些物质排出体外，对身体有利。在亲人和挚友面前痛哭流涕，是一种真实情感的宣泄，哭过之后痛苦和悲伤就会减轻许多。

拓展阅读

世界范围内，女性平均寿命普遍高于男性，这一现象的形成源于多重因素。从行为模式看，相较于女性群体，男性群体中有吸烟、酗酒等健康风险行为的比例更高；从外部环境看，男性群体承担更多高强度工作，加之家庭经济责任带来的持续性压力较重，更容易引发身心损耗；从情绪管理差异来看，女性群体经常通过倾诉、流泪等方式释放负面情绪，而社会文化对男性"坚强"的刻板期待，迫使其将压力内化为沉默、隐忍等隐性消耗。

研究表明，压抑情绪会导致皮质醇水平升高，加速细胞衰老。因此，打破性别标签对健康管理尤为重要。男性主动建立情绪宣泄渠道，如运动疗愈、心理咨询或艺术表达，恰是对生命的负责与尊重。正如现代医学所倡导的——真正的强者，应从学会科学纾解压力开始。

视频在线
课程6-2

情绪调节的
合理化作用法

3. 合理化作用

在《伊索寓言》中，《狐狸与葡萄》的故事广为人知。故事中，狐狸想吃葡萄，但由于葡萄长得太高无法吃到，便说葡萄是酸的，没有什么好吃的。心理学领域以此为例，把个体在追求某一目标失败时，为了冲淡自己内心的不安，常将目标贬低为"不值得"追求而聊以自慰的现象，被称为"酸葡萄机制"或"酸葡萄效应"。比如，旅游者原本计划前往风景优美的海边度假村，但由于天气原因，行程被迫取消。旅游者可能会抱怨："海边的风太大了，根本没法玩，去那里也没意思。"这种抱怨实际上就是一种"酸葡萄机制"的表现。旅游者通过贬低自己无法体验的旅游项目，来减轻内心的失落感。与其相反，有的人得不到葡萄，而自己只有柠檬，就说柠檬是甜的。这种不说自己达不到的目标或得不到的东西不好，却百般强调，凡是自己能达到的目标或自己有的东西都是好的，借此减轻内心的失落和痛苦的心理现象，被称为"甜柠檬机制"。例如，一位旅游者在旅游旺季前往热门景区游玩，由于旅游者过多，行程体验不如预期。面对拥挤的人群，他可能会感到失望。然而，为了缓解这种情绪，这位旅游者可能会说："人多也挺热闹的，说明这个地方真的很受欢迎。"通过这种自我安慰的方式，旅游者将原本不满意的体验重新定义为一种"热闹"的体验，从而减轻了内心的失落感。

"酸葡萄机制"与"甜柠檬机制"在日常生活中都是较为常见的心理现象，是心理学中合理化作用的典型表现。合理化作用是指当个人的行为不符合社会价值标准或未达到所追求的目标时，为减少或免除因挫折而产生的内心不安和焦虑、保持自尊，而对自己不合理的行为给予一种合理的解释，以消除紧张、减轻压力，使自己从不满、不安等消极心理状态中解脱出来，保护自己免受伤害。虽然合理化作用可以帮助我们在短期内调节情绪，但它也有局限性。过度依赖合理化可能会让我们习惯于逃避现实，而不去面对真正的问题。从长期来看，我们应该学会正面面对挫折。

4. 理智控制法

(1) 自我激励。自我激励是指因遇到困难、挫折、打击、逆境、不幸而感到痛苦时，善于用坚定的信念、伟人的言行、英雄榜样、生活哲理来安慰自己，由此产生一种力量与痛苦作斗争。自我激励是人类精神活动的动力源泉之一，一个人在痛苦、打击和逆境面前，只要能够有效地进行自我激励，就会感受到力量，就能在痛苦中振作起来。

拓展阅读

公元前496年，吴王阖闾派兵攻打越国，但被越国击败，阖闾也伤重身亡。阖闾生前让伍子胥选后继之人，伍子胥独爱夫差，便选其为王。此后，勾践闻吴国要建水军，不顾大臣范蠡等人的反对，出兵要灭此水军。结果被夫差奇兵包围，大败，大将军也战死沙场。夫差要捉拿勾践，范蠡出策，假装投降，留得青山在，不愁没柴烧。夫差也不听老臣伍子胥的劝告，留下了勾践等人。三年后，饱受屈辱的勾践，终被放回越国。勾践暗中训练精兵，每日晚上睡觉不用褥，只铺些柴草(古时叫薪)，又在屋里挂了一只苦胆，时不时尝尝苦胆的味道，为的就是不忘过去的耻辱。勾践为鼓励民众、笼络人心，带着王后参与劳动，在与越人同心协力的建设之下，越国日益强大起来。一次，夫差带领全国大部分兵力去赴会，要求勾践也带兵助威。勾践见时机已到，假装赴会，领三千精兵，攻下吴国主城，杀了吴国太子，又擒了夫差。夫差后悔当初未听伍子胥谏言，留下了勾践。死前，他只求不要伤害吴国百姓。

(2) 自我暗示。例如，当你发怒的时候，可以用语言来暗示自己："冷静，千万不要发怒，发怒是无能的表现。"这样就会使不良情绪得到缓和。也有的人在家里或办公桌上贴一些诸如"忍""制怒"之类的警示语，在发怒时看到这些警示语，也会产生心理暗示的作用，对控制情绪有一定的效果。

(3) 心理换位。心理换位法就是我们通常所说的"将心比心""推己及人"。心理换位的实质是要克服"自我中心"，是人们调节自我情绪的一种好方法。当人们对某人的言行产生不满情绪的时候，不妨把自己想象成对方，站在对方的立场上想一想，可自问如果换作自己，会不会作出和他一样的行为、说出和他一样的话语，为对方的言行寻找恰当的理由，从而充分理解对方，化解与对方的对立情绪，进而达到调节自己的不良情绪、理智地解决问题的良好效果。

(4) 学会升华。学会升华就是当个体遭受挫折后，将不为社会所认可的动机和不良情绪转移到有意义的活动中去，变压力为动力，使其上升到有益社会的高度。例如，"化悲痛为力量"就是情感升华的一种表现。

古时候，富贵而湮没无闻的人不可胜记，只有不为世俗所拘的卓异之士才能见称于后世。周文王在被拘禁时推演八卦为六十四卦，写成了《周易》；仲尼一生困顿不得志而作《春秋》；屈原被放逐，写成了《离骚》；左丘眼睛失明，则有《国语》传世；孙子受了膑刑，编著了《孙子兵法》；吕不韦被流放到蜀地，《吕览》才流传于世；韩非被囚于秦，有《说难》《孤愤》传世；《诗》三百篇，大多是圣人贤者抒发悲愤之情的作品。这些人在思想上都有解不开的苦闷，不能实现其理想，所以追述往事，希望将来的人了解他们的抱负。左丘眼睛失明，孙子受膑刑，终归不被当权者重用，他们就不再抛头露面，而论列自己的见解著书立说，以抒发他们的愤懑之情，并让自己的著作流传后世以显示自己的理想志趣。这些从挫折、失败中奋起的先人，正是我们学习和借鉴的榜样。

项目测验

一、多选题

1. 情绪和情感的功能包括( )。
   A. 信息交流功能　　B. 感染功能　　C. 保健功能　　D. 调节功能
2. 最典型的情绪状态包括( )。
   A. 心境　　　　　　B. 恐惧　　　　C. 应激　　　　D. 愤怒
3. 情感按社会性内容分类包括( )。
   A. 道德感　　　　　B. 美感　　　　C. 荣誉感　　　D. 理智感
4. 我们丢失了钱财，往往以"破财免灾"聊以自慰，这一现象属于( )。
   A. "酸葡萄效应"　　　　　　　　B. "甜柠檬效应"
   C. 自我暗示　　　　　　　　　　D. 合理化作用
5. 调节情绪的理智控制方法有( )。
   A. 自我暗示　　　　B. 改变环境　　C. 找替罪羊　　D. 学会升华

二、判断题

1. 情感更多地与人的物质或生理需要相联系。　　　　　　　　　　　　　　( )
2. 情感是情绪的表现形式。　　　　　　　　　　　　　　　　　　　　　　( )
3. 心境是一种比较微弱、平静而持久的情绪状态。　　　　　　　　　　　　( )
4. 采用"心理换位"的方法调节情绪，属于情绪调节的合理宣泄法。　　　　( )
5. 个体在追求某一目标失败时，为了冲淡自己内心的不安，常将目标贬低为"不值得追求"，这一现象被称为"甜柠檬效应"。　　　　　　　　　　　　　　　　　( )

项目实训 | 情绪管理实践报告

◇ **任务导入**

　　情绪与情感调控是个体心理发展的重要组成部分，对于个人的心理健康、人际关系和日常生活都有重要影响。本项目实训设计的目的是帮助学生理解和掌握情绪与情感调控的技巧和方法，提高其情绪管理能力，促进其心理健康发展。

　　假如下述事件发生在你的身上，你该如何调控自己的情绪，不被负面情绪影响你的工作和生活？

　　1. 作为一名旅游管理专业的专科生，本打算毕业后从事酒店管理方面的工作，最终却只能在酒店从事餐厅服务工作。

　　2. 在游览过程中，由于客观原因导致接待计划变更，导游员遭到游客的指责，更有游客提议更换导游员。

　　3. 某导游员在接团当天，由于个人疏忽遗失了相当于自己半个月薪水的钱款。

　　4. 某人从事饭店服务工作两年来，兢兢业业、任劳任怨，得到同事和领导的认可，然而领导却将晋升机会给了其他员工。

　　5. 作为景区检票人员，你严格执行景区规定，要求身高超过1.40米的儿童购买全票，却遭到儿童家长的谩骂。

◇ **任务要求**

一、编写一份"情绪管理实践报告"

二、"情绪管理实践报告"内容要求

(一) 特定事件情绪调控方法

1. 分别写出上述特定事件的情绪调控方法。

2. 需要阐述每种情绪调控方法如何具体实施。

(二) 自我常用的情绪调控方法

1. 至少写出4种自我常用的情绪调控方法。

2. 情绪调控方法不限于教材内容。

三、项目任务成果形式

提交"情绪管理实践报告"Word文档。

四、"情绪管理实践报告"文档排版要求

1. 版面设计美观，格式规范。

2. 标题：小二号字，宋体，加粗，居中，与正文内容之间空一行。

3. 一级标题：四号字，宋体，加粗，首行缩进2字符。

4. 正文：宋体，小四号字，首行缩进2字符。

5. 纸型：A4纸，单面打印。

6. 页边距：上2.5cm，下2cm，左2.5cm，右2cm。

7. 行距：1.5倍行距。

◇ **任务实施**

一、教学组织

1. 教师向学生阐述项目任务及要求。

2. 由4~5名学生组成一个学习团队，以团队形式完成项目任务。

3. 学习团队通过查阅教材、教师授课资料以及上网查找情绪调控方法及案例，完善项目任务知识。

4. 教师解答学生的相关咨询，监督、指导、检查、评价项目任务的实施。

5. 提交项目任务成果，教师进行成果评定并进行提升性总结。

二、知识运用

情绪与情感调控。

◇ **任务成果范例**(参见二维码)

情绪稳定性测试

请仔细阅读题目，根据自己的实际情况作答。

1. 看到自己最近一次拍摄的照片，你有何想法？
　　A. 觉得不称心　　B. 觉得很好　　C. 觉得可以

2. 你是否想到若干年后会遇到使自己极为不安的事？
　　A. 经常想到　　B. 从来没有想过　　C. 偶尔想过

3. 你是否被朋友、同事或同学起过绰号、挖苦过？
　　A. 这是常有的事　B. 从来没有　　C. 偶尔有过

4. 你出门之后，是否经常再返回来，检查门是否锁好、自己是否带钥匙等？
　　A. 经常如此　　B. 从不如此　　C. 偶尔如此

5. 你对与你关系最密切的人是否满意？
　　A. 不满意　　　B. 非常满意　　C. 基本满意

6. 半夜的时候，你是否经常觉得会发生令人害怕的事？
　　A. 经常　　　　B. 从来没有　　C. 极少有这种情况

7. 你是否经常因梦见可怕的事而惊醒？
　　A. 经常　　　　B. 没有　　　　C. 极少

8. 你是否经常做同一个梦？
　　A. 是　　　　　B. 否　　　　　C. 记不清

9. 有没有一种食物使你吃后产生呕吐症状？
   A. 有　　　　　　B. 没有　　　　　　C. 记不清
10. 除了能看见的世界以外，你心里有没有另外一个世界？
    A. 有　　　　　　B. 没有　　　　　　C. 记不清
11. 你心里是否时常觉得你不是现在的父母所生？
    A. 时常　　　　　B. 没有　　　　　　C. 偶尔有
12. 你是否曾经觉得有一个人爱你或尊重你？
    A. 是　　　　　　B. 否　　　　　　　C. 说不清
13. 你是否常常觉得你的家庭成员对你不好，但你又确定他们对你很好？
    A. 是　　　　　　B. 否　　　　　　　C. 偶尔
14. 你是否觉得没有人十分了解你？
    A. 是　　　　　　B. 否　　　　　　　C. 说不清楚
15. 早晨起床后，你经常有什么样的感觉？
    A. 忧郁　　　　　B. 快乐　　　　　　C. 讲不清楚
16. 每逢秋天，你有什么样感觉？
    A. 秋雨霏霏或枯叶遍地　　　B. 秋高气爽或艳阳天　　　C. 不清楚
17. 你在高处的时候，是否觉得站不稳？
    A. 是　　　　　　B. 否　　　　　　　C. 有时是这样
18. 你是否觉得自己身体很好？
    A. 否　　　　　　B. 是　　　　　　　C. 不清楚
19. 你是否一回家就立刻把房门关上？
    A. 是　　　　　　B. 否　　　　　　　C. 不清楚
20. 当你一个人在家时，你在自己的房间里把门关上后，心里是否会觉得不安？
    A. 是　　　　　　B. 否　　　　　　　C. 偶尔
21. 当一件事需要你做决定时，你是否觉得很难？
    A. 是　　　　　　B. 否　　　　　　　C. 偶尔
22. 你是否常常用抛硬币、翻纸牌、抽签之类的游戏来测凶吉？
    A. 是　　　　　　B. 否　　　　　　　C. 偶尔
23. 你是否常常因为碰到东西而跌倒？
    A. 是　　　　　　B. 否　　　　　　　C. 偶尔
24. 你躺到床上后是否需要一个多小时才能入睡，或醒得比你预定的时间早一个小时？
    A. 经常这样　　　B. 从不这样　　　　C. 偶尔这样
25. 你是否曾看到、听到或感觉到别人觉察不到的东西？
    A. 经常这样　　　B. 从不这样　　　　C. 偶尔这样
26. 你是否觉得自己有超乎常人的能力？
    A. 是　　　　　　B. 否　　　　　　　C. 不清楚

27. 你是否曾因感觉有人尾随而心里不安?
    A. 是　　　　　B. 否　　　　　C. 不清楚
28. 你是否觉得有人在注意你的言行?
    A. 是　　　　　B. 否　　　　　C. 不清楚
29. 晚上当你一个人走在街上时,你是否会觉得前面有危险?
    A. 是　　　　　B. 否　　　　　C. 偶尔
30. 你对别人自杀有什么想法?
    A. 可以理解　　　B. 觉得不可思议　C. 不清楚

评分标准

以上各题,选 A 得 2 分,选 B 得 0 分,选 C 得 1 分。请你认真作答,并算出总分。

测试结果分析(详见二维码)

项目三　心理健康的维护

📖 项目目标

◇ 知识目标
1. 理解并掌握心理健康的概念。
2. 掌握心理健康的标准。
3. 理解并掌握影响员工心理健康的因素。

◇ 能力目标
1. 能够应对挫折和困难。
2. 能够应对各种心理压力。
3. 能够通过实践增强自信心。

◇ 素质目标
1. 培养良好的社会适应能力。
2. 培养积极的生活态度，树立正确的价值观念。
3. 提高抗压能力和自信，培养积极、乐观的心态。

📖 项目知识

一、认识心理健康

(一) 健康

在日常生活中，人们常常将"健康"理解为身体上没有疾病与缺陷，并没有将健康的概念推延至人的心理方面。事实上，健康既包括生理方面，也包括心理方面。一个人若是心理上不正常，那么即便他身体上没有疾病与缺陷，仍然不能算是一个健康的人。例如，一个外表看来很结实、健康的人，每次洗手需要花费三四个小时，每次走台阶必须数清台阶的阶数，每次站到高处就恐惧得手脚抽搐，每次见到人多就极度恐慌，即便此人身体上没有器质性疾病与缺陷，他也是不健康的人。现代意义上的健康包括躯体健康、心理健康、社会适应良好和道德健康。世界卫生组织将健康定义为"不但没有身体缺陷与疾病，而且要有完整的生理、心理状态和社会适应能力"。

(二) 心理健康

心理健康是指一种持续的、积极发展的心理状况，在这种状况下，主体具有良好的适应力，能充分发挥身心潜能，而不仅仅是没有心理疾病。

人的健康状况是一个整体，身体的健康状况与心理的健康状况相互影响。身体的缺陷和长期疾病会影响心理的健康和个性的发展；心理的状况也会影响身体的健康，不适当的情绪反应会导致特定的身体症状，诱发疾病。此外，某些特定的性格特点也与某些身体疾病有一定的联系。

二、心理健康的标准

我们结合旅游企业员工的心理特征以及特定的社会角色，将旅游企业员工心理健康的标准概括为以下几点。

(一) 正确评价和悦纳自己

俗话说："人贵有自知之明。"一个心理健康的员工，应能够体验到自己存在的价值，既能了解自己又能接受自己，能对自己的能力、性格和特点做出恰当、客观的评价，并努力发掘自身的潜能。

(二) 正视现实，接受现实

心理健康的人能够面对现实、接受现实，并能积极主动地适应现实、改造现实，而不是逃避现实；能对周围事物和环境做出客观的认识与评价，并能与现实环境保持良好的接触；既有高于现实的理想，又不会沉溺于不切实际的幻想和奢望中；同时对自己的能力充满信心，对于生活、工作中出现的各种困难和挑战，都能妥善处理。

(三) 具有和谐的人际关系

心理健康的员工能够经营和谐的人际关系，具体表现为：一是乐于与人交往，既有稳定而广泛的人际关系，又有知己；二是在交往中能保持独立而完整的人格，有自知之明，不卑不亢；三是能客观评价别人，以人之长补己之短，宽以待人，友好相处，乐于助人；四是交往中的积极态度(如友善、同情、信任、尊敬等)多于消极态度(如猜疑、嫉妒、敌视等)，因而在工作和生活中有较强的适应能力和较充分的安全感。

(四) 智力正常，行为合理

智力正常是人维持正常生活应具备的基本心理条件，是心理健康的首要标准。在世界卫生组织(WHO)制定的国际疾病分类体系中，智力发育不全或阻滞被视为一种心理障碍和变态行为。

心理健康的员工，其行为应该是合情合理的，其行为方式与年龄、性别特征一致，符合社会角色，具有一贯性，受意识控制。例如，女子过分男性化或男子过分女性化，容易造成社会性别角色的反差和冲突，难以适应社会和群体，造成心理的失衡和痛苦。

(五) 能控制情绪，心境良好

心理健康的人，愉快、乐观、开朗等积极的情绪体验始终占优势。虽然有时也会有悲伤、忧愁、焦虑和愤怒等消极的情绪体验，但一般不会持久。他们能保持情绪稳定，善于从生活中寻求乐趣，心情总是开朗乐观的，并能适度地表达和控制自己的情绪。

(六) 具有完整和谐的人格

心理健康的人，其人格结构中的能力、气质、性格特征和理想、信念、动机、兴趣、人生观等各方面能平衡发展。人格作为人的整体精神面貌，能够完整、协调、和谐地表现出来，具体表现为：思考问题的方式是适中和合理的；待人接物能采取恰当灵活的态度，对外界刺激很少有偏颇的情绪和行为反应；能够与社会的步调合拍，也能和集体融为一体；言行一致、表里如一、襟怀坦荡、实事求是，而不是偏执怀疑、盲目自恋、无视他人、背离社会常规和规范。

三、维护心理健康的方法

心理学一般认为，心理健康主要与心理压力、身心疾病、心理应对技能、自信心和社会支持等因素有关，它们之间的关系可用公式表示为

$$心理(健康)状况 = \frac{心理压力+身心疾病}{心理应对技能+自信心+社会支持}$$

式中，分子越大，那么一个人的健康状况受到的消极影响就越大。从某种程度上说，"心理压力"和"身心疾病"都是生活中的客观存在。如果我们不能直接改变它们，我们还可以通过加大公式中分母的比重，来降低分子可能产生的消极影响，从而提高我们的心理健康水平。因此，对于心理健康的维护和保健，可以从分母中的"心理应对技能""自信心""社会支持"三个方面入手。

(一) 增强自己的心理应对技能

心理应对技能是指对待麻烦的态度与处理能力。西方有这样一句谚语："麻烦还不算麻烦，如何解决麻烦才是真正的麻烦。"也就是说，"心理压力"本身并不完全是消极的"压力"，关键在于你如何去对待这种"压力"。同样一种"心理压力"，对不同的人的影响结果是不一样的。对有些人来说，可能是纯粹的消极压力；对另一些人来说，也可能会变成某种积极的动力。这就是"心理应对技能"的意义和内涵，面对挫折、压力，运用适当的心理应对技能，就可以把消极的压力变为积极的动力。

(二) 提高自信心

自信心是个人心理健康的重要基石，它包括自我认可、自我接纳和自我价值感。一个自信的人不仅能更好地应对心理压力，还能在面对生活中的挑战时表现出更强的韧性和适应能力。心理学中的"自我效能感"理论指出，自信心的建立源于对自己能力的肯定以及对成功的体验。通过不断积累成功经验，我们能够逐步提升自信心，从而更好地应对生活中的各种挑战。

(三) 扩展自己的社会支持系统

"社会支持"是一个内涵较为广泛的概念，它包括一个人的社会交往能力，也包括一些针对心理健康问题提供帮助的社会服务系统。一方面，如果一个人能有几个与自己患难与共的朋友，在家中有体贴、理解自己的父母，在单位有支持、关心自己的领导，那么当他遇到心理压力的时候，能够感受到一种强有力的支持和依靠；另一方面，能够提供良好的心理咨询和心理辅导的社会服务系统，也能为遭遇身心疾病和心理压力的人提供及时而有效的帮助，从而降低身心疾病和心理压力对其产生的消极影响。

四、挫折与压力应对

(一) 旅游工作者的挫折

1. 挫折的定义

挫折是指个体从事有目的的活动时，遇到障碍或干扰，导致其需要和动机不能获得满足的情绪状态。

2. 挫折的应对

在旅游行业，挫折是旅游工作者难以避免的经历。它可能源于客户投诉、行程延误、工作压力，甚至是对职业发展的迷茫。然而，挫折并非不可战胜，关键在于如何应对。

(1) 正确认识挫折。旅游工作者面临的挫折多种多样，例如旅游者对服务不满、行程安排出现意外变化、工作强度超出预期等。面对这些挫折，我们应正确认识它们。挫折并非失败的代名词，而是成长的契机。我们需要客观分析挫折产生的原因，是沟通不畅、计划不周还是外部环境的影响？只有明确原因，才能找到解决问题的切入点。

(2) 运用心理防卫机制。在面对挫折时，合理运用心理防卫机制可以有效减轻心理压力。例如，当旅游者对行程安排提出不合理的要求时，我们可以采用"幽默"的方式化解尴尬，用轻松的话语缓解紧张气氛，或者将挫折合理化，告诉自己："这不是我的错，而是不可抗力因素导致的。"此外，转移注意力也是一种有效的方法。当我们遇到棘手问题时，不妨暂时放下，去做一些其他事情，比如整理资料、规划下一个行程，待情绪平复后再回头解决问题。

(3) 调整目标与期望。旅游行业充满变数，我们不能总是按照预想的轨迹前进。因此，调整目标和期望是应对挫折的重要一步。如果旅游者的要求过高，超出我们的能力范围，不妨重新审视目标，调整服务重点。例如，从追求"完美行程"转变为"尽力而为，让旅游者满意"。同时，合理设定短期和长期目标，避免因目标过高而给自己带来过大压力。

(4) 改善挫折情境。改善挫折情境可以从多个方面入手。首先，暂时脱离挫折情境，给自己一个缓冲的时间。比如，遇到旅游者投诉时，在有条件的情况下，先离开现场，深呼吸，平复情绪。其次，避免消极的自我断言，例如"我总是做不好""我没办法让客户满意"。相反，要用积极的话语鼓励自己："我可以解决这个问题。"此外，与亲朋好友交流沟通也是很好的方式。他们可以提供不同的视角，帮助我们找到新的解决办法。

(5) 自我鼓励与积极行动。面对挫折，旅游工作者需要学会自我鼓励，告诉自己："这只是暂时的困难，我有能力克服。"同时，积极寻找解决问题的途径和方法。例如，当旅游者对行程不满意时，主动与旅游者沟通，了解他们的需求，重新调整行程安排。再如，利用业余时间学习新的技能，提升自己的专业能力，为迎接未来的挑战做好准备。

(二) 旅游工作者的压力

1. 心理压力的定义

所谓心理压力是指个体为了适应外界环境中的某些因素而产生的压迫、紧张感。心理压力会影响个体的情绪和工作效率。

2. 正确认识心理压力

心理压力是魔鬼与天使的混合体。说它是魔鬼，是因为它会给人带来身心的双重伤害；说它是天使，是因为在有些情况下，它是动力的源泉。

(1) 在心理压力之下，我们能够保持觉醒状态，智力活动处于较高水平，可以更高效地处理生活中的各种事件。有一幅漫画就很好地展示了压力的好处，画面中，一个人坐在文件堆积如山的办公桌旁边，右手拿着笔，左手拿着一枚定时炸弹，漫画的题目为"我只有在巨大的压力之下才能高效率地工作"。我们都有类似的体会，生活中的很多事情，只要是做成的，基本都与外界的压力有关；没做成的，多半是因为没有压力，所以我们要感谢压力。

(2) 在心理压力没有大到我们不能承受的程度时，它可以是一种享受，而且可能是最好的精神享受。所有的竞技活动，都是人们在心理压力太小时"无中生有"地创造出来的，其目的就在于丰富我们的精神生活。

完全没有心理压力的情况是不存在的，没有压力本身就是一种压力，它的名字叫空虚。无数文学艺术作品描述过这种空虚感，那是一种比死亡更缺乏生气的状况，一种活着却感觉不到自己存在的巨大悲哀。为了消除这种空虚感，很多人选择采取极端的行为来寻找压力或者刺激。例如，一部分吸毒者，在开始时就是被空虚推上绝路的；而一个有适当事业压力的人不会吸毒，一个有家庭责任感的人也不会吸毒。因此，正确对待心理压力，将有益于整个人生。

3. 心理压力的应对

旅游工作者常面临高强度接待、突发状况和多样化需求等压力，若应对不当，易导致职业倦怠、工作满意度降低，甚至影响身心健康。因此，掌握合理应对压力的技能至关重要。应对策略主要分为问题应对和情绪应对两方面。

(1) 问题应对。问题应对是通过直接解决压力源来缓解压力的方法。旅游工作者可以从以下几个方面入手。

① 确立适当目标。旅游工作者应根据自身能力和职业阶段设定合理目标。例如，新入职的导游可以将熟悉本地景点和提升旅游者满意度作为目标，避免盲目追求高收入；资深从业者则可以专注于开发新的旅游线路或提升客户忠诚度。明确的目标有助于集中精力，避免因目标过高或过低而产生压力。

② 制订周密计划。旅游工作涉及行程安排、交通衔接、餐饮住宿等多个环节。制订周密的计划可以有效降低突发状况带来的压力。例如，在接待大型旅行团时，提前与酒店、餐厅和景点沟通，确保行程顺利。同时，预留一定的弹性时间以应对不可预见的情况，如交通拥堵或旅游者突发疾病。

③ 讲究科学方法。在工作中运用科学方法可以提高效率，减轻压力。例如，利用旅游管理软件优化行程安排，通过数据分析了解旅游者需求，从而提供更精准的服务。此外，学习先进的服务理念和沟通技巧，能够更好地应对旅游者的多样化需求，提升工作满意度。

④ 合理运筹时间。合理安排工作和休息时间是应对压力的关键。旅游旺季时，工作强度大，但旅游工作者需要学会在工作间隙进行短暂休息，例如，利用午休时间进行简单的放松活动。同时，避免过度加班，确保有足够的精力应对高强度工作。在淡季时，可以安排培训或学习新技能，提升个人能力。

(2) 情绪应对。旅游工作者可以通过以下几种方法调节情绪。

① 宣泄法。例如，在遇到不讲理的旅游者时，可以找一个安静的地方进行深呼吸，或者向同事倾诉自己的感受。宣泄时要注意方式和场合，避免对他人造成不良影响。

② 转移法。例如，在工作间隙，可以欣赏一段轻松的音乐，或者翻看一些有趣的旅游照片。在接待旅游者时，如果遇到棘手的问题，可以暂时先处理其他事务，待情绪稳定后再解决问题。

③ 放松法。旅游工作者可以在工作间隙进行深呼吸、冥想或简单的伸展运动。例如，在长时间站立或讲解后，找一个安静的地方进行几分钟的深呼吸练习，这有助于缓解身体疲劳和紧张情绪。此外，定期进行瑜伽或健身活动，也能提升身体素质，增强抗压能力。

④ 升华法。旅游工作者可以通过提升专业技能、参加行业培训或考取相关证书，将压力转化为职业发展的动力。例如，通过学习新的旅游线路知识或提升外语水平，增强自身竞争力，从而获得更多的职业成就感。

情绪应对的方法还有幽默法、脱敏法、代偿法、暗示法、自慰法、辩证法等。古希腊哲学家苏格拉底有句名言："真正带给我们快乐的是智慧，而不是知识。"何谓智慧？智慧是科学的世界观和方法论，是辩证法。把知识看成绝对真理，会比无知痛苦更多。应对压力的治本之策是学会积极正向的思维方式，养成辩证的思维习惯。

拓展阅读

抗压食物

常见的抗压食物有香蕉、燕麦和深海鱼类。其中，香蕉富含维生素B_6和钾，能稳定情绪；燕麦含有丰富的膳食纤维和镁，有助于放松神经；深海鱼(如三文鱼)富含Omega-3脂肪酸，能减轻焦虑。此外，坚果、绿叶蔬菜和酸奶也是不错的选择，不仅能提供身体所需营养，还能帮助人们舒缓压力，保持身心平衡。

(三) 旅游工作者的自信心

卢梭曾经说过:"自信对于事业简直是奇迹,有了它,你的才智可以取之不尽、用之不竭。而一个没有自信的人,无论他多么有才能,也不会有成功的机会。"自信是每个人内在"自我"的核心部分。我们在心理辅导的个案研究中发现,许多心理问题的产生往往是因为个体的"自信心"出现了问题。自信心的强弱,在某种程度上决定和制约着心理压力对个体的影响。

1. 自信心的定义

自信心是一个人对自己的积极感受。"积极"意味着一种态度,一种自我认可、肯定、接受和支持的态度;"感受"则包含对自己的情绪、感觉、认识和评价。可以说,"自信"是一个人感受自己的方式,它包括自我接受的程度、自我尊重的程度。

2. 自信心的培养

自信心是旅游工作者在职业发展中不可或缺的心理素质。它不仅影响工作表现,还直接关系到与旅游者的互动质量和自身的职业满意度。然而,许多旅游工作者在面对高强度的工作、旅游者的高要求以及复杂多变的工作环境时,可能会出现自信心不足的情况。因此,培养自信心对于旅游工作者来说至关重要。以下是几种有效的自信心培养方法。

(1) 正确认识自己、接纳自己。正确认识自己是培养自信心的基础。旅游工作者需要全面评估自己的优势和不足。例如,新入职的导游可能对专业知识的掌握还不够熟练,但在亲和力和学习能力方面可能表现出色。通过客观分析自己的能力,旅游工作者可以更好地定位自己在工作中的角色,发挥优势,同时努力弥补不足。接纳自己的不完美也是重要的一步。每个人都有不足之处,只有接受这些不足,才能以平和的心态去改进和提升。例如,面对旅游者的批评时,不要过于自责,而应将其视为成长的机会,积极自我调整和改进。

(2) 实施积极的自我暗示。积极的自我暗示能够有效提升自信心。旅游工作者可以在日常工作中有意识地对自己进行积极的心理暗示。例如,在接待旅游者前,可以对自己说:"我准备得很充分,一定能做好这次讲解工作。"在遇到困难时,告诉自己:"我可以解决这个问题。"这种积极的自我暗示能够激发内在的潜能,增强自信心。此外,旅游工作者还可以通过写日记、制定目标等方式,记录自己的成长和进步,进一步强化积极的自我认知。

(3) 调整不现实的生活目标。不现实的目标往往会导致挫败感,进而削弱自信心。旅游工作者需要根据自己的实际情况,制定合理的职业目标。例如,新入职者不应期望在短时间内成为顶尖导游,可以设定逐步提升旅游者满意度、熟悉更多景点知识等短期目标。随着经验的积累和能力的提升,再逐步调整目标。合理的目标不仅能帮助旅游工作者保持积极的工作态度,还能在实现目标的过程中积累成就感,进一步增强自信心。

(4) 开放自己,积极乐观地与人相处。旅游工作本质上是与人打交道的工作,良好的人际关系对于提升自信心至关重要。旅游工作者需要开放自己,积极与同事、旅游者交流互动。例如,在团队中主动分享自己的经验和见解,不仅能帮助他人,也能增强自己的存在感和价值感。同时，保持乐观的心态，积极面对旅游者的各种需求和反馈，将挑战视为成长的机会，而不是负担。良好的人际交往能力不仅能提升工作满意度，还能在与他人的互动中获得更多的支持和鼓励，从而增强自信心。

(5) 主动尝试承担新任务并提高自己的能力。提升工作能力是增强自信心最直接的方式之一。旅游工作者可以通过不断学习和实践，提升自己的专业技能和服务水平。例如，利用业余时间学习新的旅游线路知识、提升外语水平或参加行业培训课程。在工作中，应主动尝试承担新任务，例如独立策划一次特色旅游活动或处理复杂的客户投诉。每一次成功的尝试都能积累经验，提升能力，进而增强自信心。同时，旅游工作者还可以通过参加行业比赛、获得专业认证等方式，获得外界的认可，进一步巩固自信心。

项目测验

一、判断题

1. 对自己实施积极的自我暗示是一种培养自信心的有效方法。（ ）
2. "社会支持"是指一些针对心理健康问题提供帮助的社会服务系统。（ ）
3. 现代意义上的健康包括躯体健康、心理健康、社会适应良好和道德健康。（ ）
4. 在遭受挫折之后，向专业心理人员咨询以寻求辅导是一种快速有效的方法。（ ）
5. 心理压力是一种享受，而且可能是最好的精神享受。（ ）

二、多选题

1. 世界卫生组织将健康定义为"不但没有身体缺陷与疾病，而且要有完整的(　　)、(　　)状态和社会适应能力"。
   A. 生理　　　　B. 情绪　　　　C. 情感　　　　D. 心理
2. 人的健康状况是一个整体，(　　)的健康状况与(　　)的健康状况相互影响。
   A. 身体　　　　B. 躯体　　　　C. 心理　　　　D. 身心
3. 心理学一般认为，心理健康主要与(　　)和社会支持等因素有关。
   A. 心理压力　　B. 身心疾病　　C. 自信心　　　D. 心理应对技能
4. 自信心包括(　　)。
   A. 自我认可　　B. 自我认知　　C. 自我价值感　D. 自我接纳
5. 应对压力的策略分为(　　)。
   A. 信心应对　　B. 问题应对　　C. 情绪应对　　D. 暗示应对

项目实训｜自我解脱故事分析报告

◇ 任务导入

心理健康与认知功能之间存在深刻的关系。具有积极的认知风格的人，通常能够更好地适应环境和处理问题，更容易取得成功。而消极的认知风格可能导致人的心理出现问题，例如抑郁、焦虑等。因此，认知功能的下降可能与心理健康出现问题有关。我们可以通过加深自我了解、提高自我效能感和提高情绪智力等方式，促进心理健康和认知功能的提高。

请同学们仔细阅读下列被经常用于心理咨询的自我解脱故事，分别阐述每个故事给你带来的启示。通过故事分析，体会认知与心理健康的密切关系。

1. 召唤太阳的公鸡

在庭院里，公鸡得了重病，声音嘶哑，无法在第二天清晨啼叫。母鸡们非常恐慌，它们认为，太阳不经它们夫君的召唤是不会升起来的，太阳之所以会升起来全是公鸡的功劳。但第二天，太阳像往常一样升了起来，而公鸡的病仍未见好转。

2. 肮脏的鸟窝

一只鸽子总是不断地换它的窝。因为它觉得，新窝用了一段时间就会产生一种强烈的气味，使它喘不上气。这只鸽子向一只聪明而富有生活经验的老鸽子诉说烦恼，老鸽子点着头说："你看起来换了许多次窝，其实并没有解决问题。那种使你烦恼的臭味并不是从窝里发出来的，而恰恰是从你身上发出来的。"

3. 一只想学孔雀的麻雀

一只麻雀总想模仿孔雀的样子。孔雀的步伐是多么骄傲啊！它高高地昂起头，抖开尾巴上美丽的羽毛，那开屏的样子是多么漂亮啊！麻雀想："我也要做出这个样子，到时候，所有鸟的赞美对象一定会是我。"麻雀伸长脖子，抬起头，深吸一口气让小胸脯鼓起来，展开尾巴上的羽毛，想实现"麻雀开屏"，然后学孔雀前前后后地踱着方步。可是，麻雀只走了几步，便感到十分吃力，脖子和脚都疼得不得了。更糟糕的是，其他的鸟——趾高气扬的黑乌鸦、时髦的金丝雀以及蠢鸭子，全都在嘲笑这只学孔雀的麻雀。不一会儿，麻雀就觉得受不了了。

"我不玩这个游戏了，"麻雀想，"我当孔雀也当够了，还是当个麻雀吧！"但是，当麻雀还想像原来那样走路时，却发现自己无法适应，只能一步一步地跳。

4. 舍命不舍财

一个人因收受贿赂而被带到法官那里。这个人罪恶昭著，所以每个人都希望他能受到应得的惩罚。法官是个通情达理的人，他提出三种惩罚方式让犯人自己选择。第一种惩罚方式是罚100元钱；第二种惩罚方式是抽50鞭子；第三种惩罚方式是吃下5公斤洋葱。这个犯人既怕花钱又怕挨打，就选择了第三种。"这倒不是什么难事。"吃下第一颗洋葱时，他这样想。可当他吃得越来越多时，便渐渐觉得难以承受，眼泪像喷泉一样往外涌。"法官啊，"他喊道，"我不吃洋葱了，我宁愿挨50鞭子。"他是个守财奴，不愿多花一分钱。执鞭的衙役随即把他按在一张板凳上，他看见衙役凶狠的目光和结实的鞭子，不由吓得浑身发抖。当鞭子落在他背上时，他疼得大叫起来。当衙役抽到第10鞭时，他终于忍受不了，大喊："法官啊，可怜可怜我吧，别再打我了，罚我100元钱吧！"这个犯人既不想挨打，又不想出钱，结果受到了三种惩罚。

5. 珍珠的价值

在一座花园里，一只公鸡发现土里埋着一颗闪光的珍珠。公鸡以为珍珠是好吃的谷粒，便将其刨出来并试图吞下去，这时公鸡才发现珍珠并不是好吃的谷粒，于是又把珍珠吐了出来。公鸡仔细地看了看珍珠——这是什么东西呢？这时，珍珠对公鸡说："我是一颗珍贵的珍珠，从一串美丽的项链上脱落，掉到这个花园里。这里只有我这一颗珍珠，即便是在大海里，像我这么美的珍珠也很少见。一个人想要找到一颗珍珠，就像在大海里捞针一样难，而命运却让我来到了你的脚下。如果你能用智慧的眼光看我，你就会发现我是多么美丽而珍贵。"公鸡听完，傲慢地答道："有什么了不起？如果谁肯给我一颗谷粒，我马上拿你去交换。"

◇ **任务要求**

一、编写一份"自我解脱故事分析报告"

二、"自我解脱故事分析报告"内容要求

1. 写出上述自我解脱故事的名称。
2. 分别写出上述自我解脱故事带来的启示。
3. 故事启示简洁明了，言简意赅。

三、项目任务成果形式

提交"自我解脱故事分析报告"Word文档。

四、"自我解脱故事分析报告"文档排版要求

1. 版面设计美观，格式规范。
2. 标题：小二号字，宋体，加粗，居中，与正文内容之间空一行。
3. 一级标题：四号字，宋体，加粗，首行缩进2字符。
4. 正文：宋体，小四号字，首行缩进2字符。
5. 纸型：A4纸，单面打印。
6. 页边距：上2.5cm，下2cm，左2.5cm，右2cm。
7. 行距：1.5倍行距。

◇ **任务实施**

一、教学组织

1. 教师向学生阐述项目任务及要求。
2. 由4~5名学生组成一个学习团队，以团队形式完成项目任务。
3. 学习团队通过查阅教材、教师授课资料以及上网查找相关资料，完善项目任务知识。
4. 教师解答学生的相关咨询、监督、指导、检查、评价项目任务的实施。
5. 提交项目任务成果，教师进行成果评定并进行提升性总结。

二、知识运用

心理健康的维护。

◇ **任务成果范例**(参见二维码)

心理测试一

心理健康自我测试

想了解自己的心理健康水平吗？请阅读下列各项内容，如果你觉得自己的情况符合"常常"或"几乎是"的描述，记2分；如果符合"偶尔"或"有点儿"的描述，记1分；如果符合"完全没有"的描述，记0分。

1. 上床后，怎么也睡不着，即使睡着也不能熟睡，一直在做梦。

2. 心情焦躁不安，做事没有效率，情绪不停地变化，精力不集中，健忘——符合其中某项。

3. 懒得做任何事情，也没有精神。虽然很焦急，认为"这样不行"，但仍然游手好闲、虚度光阴。

4. 与人见面感到麻烦。

5. 对诸如"口中积着唾液""自己的身体有怪味""有口臭"之类的事情很在意。

6. 某种想法一旦浮现在脑海中，便难以忘记，无论如何都排除不掉。

7. 毫无道理的失败、严重失败、不道德或粗暴的事情、犯罪——会产生与其中某项有关的感觉。

8. 担心是否锁门和存在火灾隐患，躺到床上后又起来确认，或刚出门就要返回查看等。

9. 容易脸红，或与他人见面时，害怕给对方留下不好的印象。

10. 一紧张就出汗或感觉血涌上头，身体莫名其妙地开始颤抖。

11. 高处、宽广的场所、上锁的狭窄房屋、电梯、隧道、地道、拥挤的人群——害怕其中某项。

12. 害怕特定的动物、交通工具(电车、公共汽车等)、尖状物及白色墙壁等稍微奇怪一些的事物。

13. 感觉被人监视、被人窥探，或感觉有人在背后说自己坏话。

14. 感觉某人想加害自己、陷害自己。

15. 如果不触摸什么或不做占卜之类的事情，就不能外出、不能从事工作、不能上台阶；迈步时，如果不隔一块基石就感觉不舒服。诸如此类的感受经常出现。

16. 伏案工作时，对于书纸的页数、铅笔的支数等，必须计算清楚。对其他事情也是如此。

17. 从吃早饭到上班，或从回家到就寝，必须按程序进行。

18. 每天洗手次数固定，公用电话的话筒不擦就不能使用，对不洁事物极端在意。

19. 在鸦雀无声的集会或重要会议中，被想叫喊的冲动所驱使，或有其他冲动倾向。

20. 站在经常有人自杀的著名场所，如悬崖边、大厦顶，会有摇摇晃晃、想要跳下去的感觉。

21. 面对担心的事情和困境，会出现呕吐、腹泻、胃痛、头疼及发热等症状。

22. 白天，突然被不可抗拒的困倦所袭扰，无论怎样抵抗，还是睡着了。

23. 当自己不能完成工作或在工作中出现差错时，会认为自己的职业和业务方面出现了棘手的征兆。

24. 对心脏跳动的声音和呼吸的作用非常在意，或为此难以入眠。
25. 突然感到心脏停止跳动、呼吸困难、要晕倒，或发生类似的事情。
26. 有虚构"灾难临头"或"遭受不幸"等事件的倾向。
27. 非常担心患癌症、脑疾病、公害病、成人病、种种传染病及其他疾病。
28. 悲观地看待诸事，无精打采，情绪忧郁，心情不好。
29. 认为自己不行，或担心给周围人添麻烦，虽然活着，但又无可奈何。
30. 除以上列举的症状之外，常有认定自己是神经病的时候。

★自我诊断的方法：计算总分。

测试一结果分析(详见二维码)

心理测试二

躯体化症状自评表

说明：请您阅读下述1~20项内容，并根据自身情况，分别选择栏目中症状严重度的分值。

分值	症状严重度
1	没有：不存在
2	轻度：偶尔几天存在或尚能忍受
3	中度：一半天数存在或希望缓解
4	重度：几乎每天存在或较难忍受

1. 头晕、头胀、头重、头痛、眩晕、晕厥或脑鸣。
2. 睡眠问题(入睡困难、多梦、易做噩梦、易惊醒、早醒、失眠或睡眠过多)。
3. 易疲劳乏力，精力减退。
4. 兴趣减退，情绪不佳，怕烦。
5. 心血管症状(心慌、胸闷、胸痛、气短)。
6. 易着急紧张，或担忧害怕，甚至感到惊恐，有濒死感。
7. 习惯操心，多思多虑，易产生消极想法。
8. 不易集中精神，注意力下降或记忆力减退。
9. 胃肠症状(腹胀、腹痛、嗳气、食欲差、便秘、便多、口苦、口干、恶心、消瘦)。
10. 肌肉酸痛(常见于颈部、肩部、腰部、背部、腿部等)。
11. 易悲伤或伤心哭泣。
12. 手脚关节或身体某部位麻木、僵硬、抽搐、颤抖、怕冷。
13. 视物模糊，眼睛干涩，短期内视力下降。

14. 易激动烦躁，对声音过敏，易受惊吓。
15. 强迫感(强迫思维、强迫行为)。
16. 皮肤过敏，有斑疹或感觉瘙痒，或潮红、潮热、多汗。
17. 常关注健康问题，担心自己及家人生病。
18. 呼吸困难、易憋闷，喜大叹气，常咳嗽或胁肋痛。
19. 咽部不适，喉咙有阻塞感，鼻塞或耳鸣。
20. 易尿频、尿急、尿痛或会阴部不适。

将1～20项的症状严重度分值相加，得出总分。

测试二结果分析(详见二维码)

参考文献

[1] 吴正平,阎纲.旅游心理学[M].3版.北京:旅游教育出版社,2015.
[2] 孙喜林,荣晓华.管理心理学[M].2版.北京:人民邮电出版社,2022.
[3] 孙喜林,杨金桥.旅游心理学[M].大连:东北财经大学出版社,2022.
[4] 李祝舜.旅游心理学[M].3版.北京:高等教育出版社,2014.
[5] 叶伯平.旅游心理学[M].3版.北京:清华大学出版社,2019.
[6] 舒伯阳,刘苏衡.旅游心理学[M].4版.北京:清华大学出版社,2018.
[7] 吴金林.旅游市场营销[M].3版.北京:高等教育出版社,2014.
[8] 张建融.旅行社运营实务[M].北京:中国旅游出版社,2013.
[9] 李昕,郑岩,李振东.旅游心理学基础[M].2版.北京:清华大学出版社,2011.
[10] 刘纯.旅游心理学[M].4版.北京:高等教育出版社,2019.
[11] 刘军,邵晓阳.消费心理学[M].2版.北京:机械工业出版社,2016.
[12] 马莹.旅游心理学[M].北京:中国旅游出版社,2016.
[13] 张志毅,李灿佳.旅游心理学[M].5版.北京:高等教育出版社,2021.
[14] 车秀英.导游服务实务[M].3版.大连:东北财经大学出版社,2019.
[15] 荣晓华.消费者行为学[M].大连:东北财经大学出版社,2024.
[16] 王杰.心理学原理与应用[M].3版.北京:机械工业出版社,2015.
[17] 全国导游人员资格考试教材编写组.导游业务[M].9版.北京:中国旅游出版社,2024.
[18] 戴尔·卡耐基.人性的弱点[M].北京:中国华侨出版社,2011.
[19] 陶保平.学前教育科研方法[M].3版.上海:华东师范大学出版社,2013.
[20] 张春兴.现代心理学[M].上海:上海人民出版社,2016.
[21] 王志凡,周婵.旅游心理学实务[M].武汉:华中科技大学出版社,2019.
[22] 黄秀琳,林春容.酒店服务与管理教学案例集萃[M].厦门:厦门大学出版社,2020.
[23] 墨非.受益一生的哈佛心理课[M].北京:台海出版社,2014.